Rudolf Kjellén

Die Großmächte der Gegenwart

Rudolf Kjellén

Die Großmächte der Gegenwart

ISBN/EAN: 9783955640996

Auflage: 1

Erscheinungsjahr: 2013

Erscheinungsort: Bremen, Deutschland

@ EHV-History in Access Verlag GmbH, Fahrenheitstr. 1, 28359 Bremen. Alle Rechte beim Verlag und bei den jeweiligen Lizenzgebern.

Die Großmächte
der Gegenwart

Von
Dr. Rudolf Kjellén
Mitglied des schwedischen Reichstags
Professor an der Hochschule zu Gothenburg

Übersetzt von
Dr. C. Koch
Gothenburg

Elfte Auflage

Druck und Verlag von B. G. Teubner in Leipzig und Berlin 1916

Vorwort.

Dieses Buch wurde im Juni des Jahres 1914 geschrieben. Seitdem ist in ihm nichts von Bedeutung hinzugefügt oder gestrichen worden. Es bildet also eine Orientierung über die Gesellschaft der Großmächte unmittelbar vor dem Weltkrieg, dessen naheliegende Möglichkeit zwischen den Zeilen zu lesen ist.

Man wird vielleicht einwenden, daß es Bilder einer im Untergang begriffenen Welt sind, Bilder, die daher im selben Augenblick, wo sie das Licht der Welt erblicken, schon veraltet sind. Bei näherer Betrachtung dürfte sich jedoch diese Bemerkung als weniger begründet herausstellen als auf den ersten Blick. Wenn dem Verfasser die Erfüllung seiner Aufgabe gelungen ist, dann ist der Wert der Arbeit in gewisser Beziehung unabhängig vom Ausgang des großen Kampfes. Dimensionen können verändert, Stellungen verlassen, Gleichgewichtslagen verschoben werden, aber der Kern der Persönlichkeiten bleibt bestehen. Vorliegende Arbeit bildet nur einen Versuch, in den Persönlichkeitskern der geschichtlichen Erscheinungen, die wir Großmächte nennen, einzudringen. Ihre äußeren Proportionen sinken dabei zu einer Nebensache herab; sie werden summarisch in einer statistischen Übersicht vor dem Text behandelt. Das Wesentliche, was die Darstellung geben will, ist die Einheit des Lebens unter der Oberfläche von Linien, Maßen und sonstigen materiellen Umständen. In diese Tiefe hinein dürften Kriege mit ihren Wirkungen nicht reichen, wenn sie auch noch so große Verschiebungen in der Statistik und auf der Karte zur Folge haben mögen.

Die Darstellung ist eine kritische und keine bloß beschreibende. Sie will Klarheit schaffen hinsichtlich der verschiedenen Voraussetzungen, welche die einzelnen Mächte für eine vorherrschende Rolle in der Geschichte mitbringen. Sie weist auf Mängel in ihrer Rüstung zu diesem Beruf und auf Wünsche für ihre Zukunft hin. Damit trägt sie auch zur Beleuchtung der Frage bei, weshalb der große Krieg zum Ausbruch kam, und was er bezweckt.

Es liegt in der Natur einer solchen Aufgabe selbst, daß sie mit Werturteilen arbeitet. Hier läßt sich Subjektivität nicht vermeiden. Aber gerade die sozusagen biologische Betrachtungsweise dürfte dennoch eine gewisse Garantie bieten, daß die Behandlung wenigstens von keinen bewußten persönlichen Sympathien oder Antipathien getrübt wird. Dies Buch ist ohne jede andere Liebe als die zur Wahrheit und ohne jeden andern Haß als den gegen falschen Schein geschrieben.

Stockholm im Februar 1915

Der Verfasser.

Inhaltsverzeichnis.

	Seite
Einleitung	1—5
I. Österreich-Ungarn	6—24
1. Genesis	6
2. Reich	8
3. Volk	10
4. Der Nationalitätsstreit	12
5. Staat	16
6. Auswärtige Politik	21
II. Italien	25—34
1. Genesis	25
2. Reich und Volk	26
3. Gesellschaft und Staat	29
4. Auswärtige Probleme	31
III. Frankreich	35—55
1. Genesis	35
2. Reich	36
3. Volk	39
4. Gesellschaft	43
5. Staat	47
6. Auswärtige Politik	50
IV. Deutschland	56—84
1. Genesis	56
2. Reich	59
3. Volk	62
4. Gesellschaft	66
5. Staat	70
6. Auswärtige Probleme	75

	Seite
V. England	85—126
1. Genesis	85
2. Reich	89
3. Volk	93
4. Gesellschaft	98
5. Staat	104
6. Das Reichsproblem	109
7. Auswärtige Politik	116
VI. Die Vereinigten Staaten	127—155
1. Reich	127
2. Volk	131
3. Gesellschaft	135
4. Staat	141
5. Auswärtige Probleme	144
VII. Rußland	156—181
1. Genesis	156
2. Reich	158
3. Volk	161
4. Gesellschaft	166
5. Staat	169
6. Auswärtige Probleme	173
VIII. Japan	182—198
1. Geschichtliche Entwicklung	182
2. Reich und Volk	184
3. Gesellschaft und Staat	189
4. Auswärtige Probleme	194
Schlußfolgerungen	199—208

Erklärungen zu den statistischen Angaben.

Reich und Volk wird nach der Formel $\frac{\text{Mutterland}}{\text{Kolonien}}$ bezeichnet, in Klammern hinter den Gesamtziffern (Mill. qkm, resp. Menschen). Alle übrigen Ziffern gelten dem Mutterlande allein. Die Ziffern über die Volkszunahme sollen den Durchschnitt für das Jahrzehnt 1902—11 darstellen. Nach diesem Entwicklungstempo, auf Grundlage der letzten offiziellen Bevölkerungsstatistik, ist die Volksmenge eines jeden Landes für Anfang 1914 berechnet. Der natürliche Zuwachs wird unter der Formel $\frac{\text{Nativität}}{\text{Mortalität}}$ dargestellt, berechnet auf Tausend im Durchschnitt für 1906—10. Dieselbe Durchschnittszahl gibt die Auswanderungszahl, in positiven Ziffern, an. Die Angaben für die Eisenbahnen gelten für die Kilometerlänge 1911. Der Handel ist Spezialhandel (in Milliarden Mk.), im Durchschnitt für die zwei Jahre 1910—11 nach der Formel $\frac{\text{Export}}{\text{Import}}$. Die Seefahrt (Handelsflotte) wird in Mill. (zusammengelegten Dampfschiffs- und Segelschiffs-)Tonnen für 1911 berechnet, nach ermittelter Tonnenzahl (1 Dampfschiffstonne = 3,6 Segelschiffstonnen) und mit Ausschluß der Schiffe unter 50 Tonnen. Die Angaben über die Kriegsflotten gelten für die Tonnenzahl von fertigen Schlachtschiffen und Panzerschiffen, die jünger sind als 20 Jahre, im Januar 1914. Die militärischen Ausgaben schließlich, in Mk. auf den Kopf berechnet, werden nach der Formel $\frac{\text{Armeebudget}}{\text{Marinebudget}}$ dargestellt.

Die Quelle dieser letzten Berechnung ist der Nauticus 1913; diejenige der Angaben über die Kriegsflotten Weyers Taschenbuch 1914; die über die Heeresstärken, Staatsschulden und Eisenbahnen Hartlebens Stat. Taschenbuch; die über Handel wie über Reich und Volk Hübner-Juraschefs Tabellen 1913; für alles übrige Stat. Årsbok för Sverige 1914.

Einleitung.

Unser Planet zerfällt gegenwärtig in ungefähr 50 politische Mächte oder Staaten. Unter diesen treten acht als Großmächte in anerkannter Stellung vor den übrigen hervor. Sie bilden die Aristokratie und Oberklasse der Staaten, mit schwankenden Grenzen und unbestimmten Privilegien, aber mit tatsächlichem Einfluß ersten Ranges auf die politische Welt.

Wie jede ursprüngliche Aristokratie sind die Großmächte aus innerer Notwendigkeit hervorgegangen, durch rein historische Prozesse, unabhängig von den Regeln einer formellen Rechtsbildung. Die hohe Gesellschaft ergänzt sich jetzt in Wirklichkeit selber, indem sie bei wichtigen Unternehmungen neue Mitglieder zu gemeinsamem Wirken einlädt. Wann eine solche Ergänzung stattfinden soll, wird ganz allein von der öffentlichen Meinung der Welt bestimmt. Keine Macht hat im Grunde genommen ein anderes Recht auf das Adelsdiplom der Geschichte als das, welches in der eigenen Kraft und dem Willen zur Macht liegt.

Schon ältere historische Epochen haben gewisse Staatenbildungen sich hoch über andere erheben sehen, und zwar nicht nur als ephemere Schöpfungen einer persönlichen Heldenkraft (Alexander, Karl der Große, Dschingis-Chan, Napoleon I.), sondern auch in festerer Entwicklung (das alte Assyrien, das Perserreich, das römische Reich, das arabische Kalifat, das deutsche Kaiserreich im Mittelalter). Sie hatten aber immer die Tendenz, die ganze bekannte Welt zu umfassen, weshalb sie auch regelmäßig nur nacheinander emporkamen. Erst zur Zeit der europäischen Renaissance begannen mehrere Mächte nebeneinander in die Höhe zu steigen: die Türkei auf der einen, Portugal und Spanien auf der anderen Seite des Erben des mittelalterlichen Kaisertums, Österreichs. Um die Mitte des 17. Jahrhunderts erscheint eine neue Generation: Holland, Schweden, Frankreich. Die Zeit schreitet vorwärts, alte Großmächte geben ihre Rollen ab, neue treten auf die Bühne: England zu Beginn, Preußen um die Mitte, Rußland am Ende des 18. Jahrhunderts. Als die napoleonische Herrschaft — die letzte des alten Typus — zerfallen war, konstituieren sich die drei letztgenannten zusammen mit Frankreich und dem alten Österreich als „europäischen Senat" (Heeren) mit angemaßter Vormundschaft über den Erdteil. Der neue Typus ist also fertig. Seine Entwicklung aus einer Pentarchie zu einer Oktarchie ging in der letzten Jahrhunderthälfte vor sich durch Aufnahme von Italien nach der Mitte des 19. Jahrhunderts und von den Vereinigten Staaten und Japan um die Jahrhundertwende.

Rechnen wir die jetzige Großmacht Österreich-Ungarn statt des alten Österreichs, eine Veränderung, die vor kaum einem halben Jahrhundert gleichzeitig mit dem Aufgehen Preußens in Deutschland stattfand, so erweist sich die heutige großpolitische Aufstellung in noch stärkerem Maße als eine späte Erscheinung in der Geschichte. Keine von den acht rechnet ihre Entstehung als Großmacht weiter zurück als bis zum Zeitalter des Absolutismus vor der Französischen Revolution. Aber zwei von den Großmächten jener Zeit (mit Preußen drei) haben in dieser Eigenschaft schon zu existieren aufgehört, und die Generation der Renaissance ist vollständig ausgestorben. In dem jetzigen Staatensystem Europas sehen wir daher fünf „abgedankte" Großmächte neben sechs lebenden, und dieser ganze Entwicklungsprozeß gehört den letzten vier Jahrhunderten an. Die außereuropäische Repräsentation dagegen ist nicht älter als unser eigenes kurzes Jahrhundert. Sie verleiht der heutigen politischen Konstellation den Charakter einer vollständigen Neuheit in der Weltgeschichte.

In Wirklichkeit entspricht der feudal-aristokratische Zug der heutigen politischen Karte zwei stark hervortretenden Eigentümlichkeiten in der allgemeinen Physiognomie der Jetztzeit. Die eine ist die Konzentration bei großen Unternehmungen: Engrosgeschäft auf dem Gebiete des Handels, Großfabrikation auf dem der Industrie, Großreedereien auf dem der Schiffahrt, Großkapital auf dem des Geldmarktes, Ringbildungen auf dem des Arbeitsmarktes. Die andere ist die Ausdehnung des Arbeitsfeldes über unseren ganzen Planeten, oder wie man sie genannt hat, „die planetarische Situation": die Entwicklung eines ökonomischen und politischen Weltsystems mit zunehmender Solidarität und Interessengemeinschaft statt der isolierten Lokalsysteme früherer Zeiten.

In einer solchen Zeit sehen wir ganz natürlich eine Art Kapitalisierung auch der politischen Macht auf dem ganzen Erdkreis. Und wir können die begreifen, welche behaupten, die Entwicklung werde von dem Gesetz beherrscht, daß „die großen Staaten immer größer und die kleinen immer kleiner würden" (Lord Salisbury 1899).

In welchem Maße dieses Gesetz als fest und klar betrachtet werden muß, das hängt von der Auffassung des Wesens der Großmacht selbst ab, so wie uns dasselbe in empirischen Offenbarungen vorliegt. Eine Untersuchung dieser Existenzform wird auch über die Lebensberechtigung des Kleinstaates Licht verbreiten.

Es versteht sich von selbst, daß eine solche Untersuchung streng genetischen Charakter haben muß. Bei dieser Betrachtungsweise sind die Staaten nicht nur geographische, statistische und politische Fakta, sondern vor allem Lebensformen, und zwar die imposantesten aller Lebensformen auf dieser Erde. So wie wir Großmächte haben entstehen und wachsen sehen, in natürlichem Wachstum und durch natürliche Auslese im Kampf ums Dasein, so sahen wir sie bereits dahinwelken und sterben; sie stehen also wenigstens zum Teil unter den Gesetzen des Lebens und können folglich auch zum Gegenstand eines biologischen Studiums gemacht werden. Aber der moderne Zoologe begnügt sich nicht damit, nur das äußere Aussehen der Tiere zu beobachten und zu beschreiben, und ebensowenig darf die Staatswissenschaft bei der Verfassungsform und den Zahlen der Staaten stehen bleiben. Sie muß außerdem der organischen Einheit, dem inneren Wesen ihre Aufmerksamkeit zuwenden. Nur auf diese Weise kann man Aufschluß über die Lebenskraft der einzelnen Individuen und danach über die größere oder geringere Notwendigkeit der Typen erhalten.

Ein Versuch in dieser Richtung soll hier hinsichtlich der heutigen Großmächte gemacht werden. Jede Macht wird hierbei als die politische Einheit von vier Elementen gefaßt, je nachdem man sie von geographischem, ethnischem, sozialem und verfassungsrechtlichem Gesichtspunkt betrachtet; von diesen vier Seiten ihres Wesens betrachtet nennen wir die Macht Reich, Volk, Gesellschaft und Staat im engeren Sinne (Verfassungsform). Von diesen vier Seiten aus soll das Wesen der Großmacht mit Rücksicht auf ihre mehr oder weniger harmonische Entwicklung beleuchtet werden; und es wird sich zeigen, daß in Verbindung mit ihnen die äußere Politik der Großmacht mehr oder weniger organisch aus den Verhältnissen selbst, im Guten wie im Bösen, hervorgegangen ist.

Hierbei werden die subjektiven Faktoren der Politik nicht übersehen: die Meinung der Völker von sich selber und der Außenwelt, der Grad und die Tiefe der Gefühlsstimmungen, die Fähigkeit der handelnden Personen, die Lage zu beurteilen und die Konjunktur auszunutzen. Hier befindet sich die Wissenschaft an ihrer Grenze, und die praktische Staatskunst beginnt. Aber die Staatskunst kann sich ihrerseits nicht allzuweit von den objektiven Voraussetzungen entfernen, in denen die Vernunft und die Torheit der Staaten ebenfalls ihre gegebenen Grenzen haben. Die Wissenschaft leugnet nicht den freien Willen der Staaten, sie sieht aber in ihrer tatsächlichen Bedingtheit einen sie umgebenden festen Rahmen, auf dem sie mit relativer Sicherheit ihre Schlüsse hinsichtlich des Zustandes derselben aufbaut.

Von unserem abseits gelegenen Beobachterplatz wollen wir daher in diesen Blättern eine Art Überschau über die gewaltigsten Offenbarungen des Staatslebens in der Jetztzeit abhalten, soweit unser

Blick reicht. Eine nach der anderen werden sie mit ihren starken und ihren schwachen Seiten an unseren Augen vorüberziehen. Eine gleichmäßige Behandlung der einzelnen Mächte ist hierbei jedoch nicht zu erwarten, da ihre Stärke oder Schwäche auf verschiedenen Gebieten liegen, bei der einen auf dem der Produktion und des Handels, bei der anderen auf dem der rein militärischen Machtmittel, bei der dritten vielleicht auf dem der Bevölkerungsverhältnisse oder dem der Verfassung oder dem der sozialen Struktur; die Behandlung muß mit dem Gegenstand wechseln. Noch weniger kann es sich darum handeln, genaue Beschreibungen zu liefern; dies verbietet sich schon infolge des sehr begrenzten Raumes; es liegt auch nicht in der Natur unserer Aufgabe, die weniger Gewicht auf Einzelheiten als auf das Wesen legt, weniger auf den Reichtum des Materials als auf den Zusammenhang und die Zielpunkte. Was wir in jedem einzelnen Fall erstreben, ist, die Hauptzüge in einem impressionistischen Bild aufzufangen, ohne uns allzusehr um den näheren Umriß zu kümmern, aber doch das Wesentliche zu packen, das nötig ist, um zu einer Auffassung von der gegenwärtigen Machtlage des betreffenden Staates und dem Grad seiner Kompetenz für die hohe politische Aufgabe zu gelangen.

Also eine Reihe von Porträtstudien und Charakterzeichnungen der heutigen Großmächte, so wie sie in der Geschichte und der Tagespolitik auftreten mit ihren von Natur, Kultur und Tradition bestimmten Zügen, ohne allzu große Berücksichtigung persönlicher Zufälligkeiten, das ist es, was die folgende Darstellung zu bieten versuchen will. Dahinter aber liegt das Interesse, die Bedingungen für das Entstehen und Blühen großer Staatenbildungen überhaupt ausfindig zu machen. Und schließlich wird nach einer Antwort auf die wichtige Frage gesucht, in welchem Umfang man annehmen darf, daß die aristokratisch-feudale Staatsform auf Kosten der niedrigeren Formen im internationalen Leben privilegiert ist, nachdem sie in unseren demokratischen Staaten außer Kurs ist.

I. Österreich=Ungarn.
Österreichisch=ungarische Monarchie.

Reich 675,000. Volk 52,7; jährliche Zunahme 420,000; natürlicher Zuwachs $\frac{35}{23,5}$ ‰; Auswanderung 265,000. Eisenbahnen n. 45,000; Handel 4,5 $\left(\frac{2}{2,5}\right)$; Handelsmarine 1,8. Kriegsflotte 175 000 Heer 425,000; militärische Ausgaben pro Kopf n. 12 $\left(\frac{8,7}{3}\right)$. Staatsschuld 16, pro Kopf 312.

1. Genesis. Die Ahnen der Großmacht Österreich=Ungarn reichen bis zum römischen Kaisertum zurück, und es ist noch kein halbes Jahrhundert her, daß sie sich von den Besitzungen auf italienischem Boden, die aus dieser Tradition folgten, vollständig frei machte. Die von Karl dem Großen im Jahre 800 wiedererrichtete alte römische Kaiserwürde wurde nämlich 962 endgültig mit seinem deutschen Erbteil verknüpft. Der Träger der Kaiserkrone war als solcher „Advokat und weltliches Oberhaupt der Christenheit" und stand an Rang vor allen anderen Monarchen. Das Reich war die „Monarchie" schlechthin, eine Großmacht vom älteren, exklusiven Typus. Zu Beginn der Neuzeit sah es aus, als ob die Kaiseridee sich wirklich in einer habsburgischen Universalmonarchie verkörpern sollte. Nachdem dies durch das Schwert Gustav Adolfs und die Diplomatie Richelieus verhindert worden war, löste sich die Großmacht immer mehr in bloße Fiktion auf und fiel schließlich (1806) als leichtes Opfer des Sturmes der Französischen Revolution.

Unterdessen hatte sich jedoch im Schatten dieses „heiligen römischen Reiches" ein festerer Reichskörper entwickelt, der die Kraft besaß, das alte Reich zu überleben und seinen Kaisertitel, wenn auch nicht seine übrigen Traditionen, in unsere Zeit hinüberzutragen. Sein geographischer Ausgangspunkt war der Knotenpunkt der Völkerwanderungen in der Wiener Ebene am Zusammenfluß der Donau und der March. Schon Karl der Große hatte hier eine „Mark" oder

Militärgrenze gegen die wilden Avaren angelegt. Otto der Große erneuerte sie gegen die Magyaren, und am Ende des 10. Jahrhunderts hören wir zum erstenmal den Namen „Österreich". Nun wuchs es durch feudale Vereinigungen, während sich die Magyaren um die Theiß festsetzten. Vor der neuen Gefahr seitens der Türken verbanden sie sich, seit 1526 stand das vereinigte Österreich-Ungarn als eine „Mark" gegen die Türken, und erst in den achtziger Jahren des 19. Jahrhunderts konnte man es wagen, die letzte „Militärgrenze" gegen diese einzuziehen.

Um Europas willen, als Schutzwehr seiner Kultur gegen gefährliche Feinde im Osten, wurde also der österreichische Staat gegründet, und diesen Charakter hat er durch alle Zeiten behalten. Selten ist eine Staatenbildung in der Geschichte mit einer so ausgeprägten, politischen Mission hervorgetreten. Solange der Herrscher Österreichs jedoch die römische Kaiserkrone trug, sehen wir eine gewisse Spannung zwischen dieser lokalen Aufgabe, die eine Konzentrierung auf den Wachtdienst nach Osten gebot, und den Kaisertraditionen, die eine Teilnahme und womöglich den Vorsitz in Europa verlangten. Noch in der ersten Hälfte des 19. Jahrhunderts (in den Tagen Metternichs) überwogen die letzteren; die Monarchie stand mit einem Fuß noch immer im deutschen Bundesstaat, wohin ihre herrschenden nationalen Elemente gehörten. Die entscheidende Epoche fällt mit der politischen Trennung von Deutschland 1866 zusammen. Damit ist der Konflikt gelöst; Österreich ist für die Zukunft auf sein ursprüngliches Programm allein hingewiesen.

Aber dieses Programm selber hat jetzt seine Front geändert. Die türkische Expansionskraft ist längst gebrochen, von der Balkanhalbinsel wird nunmehr die Kultur Europas nicht bedroht, aber statt dessen hat sich eine größere Gefahr direkt im Osten von der Großmacht der Slawen her erhoben. Gegen diese Gefahr deckt Österreich-Ungarn nun Zentraleuropa. Die Frontstellung gegen Rußland, völkerrechtlich sanktioniert durch das Bündnis mit dem neuen Deutschland seit 1879, ist jetzt der wichtigste äußere Zug seines Gesichtes. Eurodas Wachtposten im Osten und sein Puffer gegen niedrigere Kulturen: das ist die geschichtliche Signatur und das politische Pathos der ältesten Großmacht. Damit erscheint ihre Erhaltung schon von vornherein als ein gemeinsames europäisches Interesse ersten Ranges.

2. **Reich.** Österreich-Ungarns historische Aufgabe liegt von Anfang an beschlossen in der Übergangslage des Reiches zwischen Morgen- und Abendland. Eine leise Verschiebung des Reichskörpers weiter hinaus vom Abendlande, wohin er ursprünglich gehört, hat in neuerer Zeit diese Position noch deutlicher markiert; so bereits im 18. Jahrhundert durch die Erwerbung von Galizien und der Bukowina als Ersatz für den Hauptanteil an Schlesien, und dann im letzten halben Jahrhundert durch den Gewinn von Bosnien-Herzegowina gegenüber dem Verlust von Venetien. Dies bezeichnet eine Offensive gegen die slawische Welt und hat eine Verstärkung des eigenen slawischen Charakters des Reiches auf Kosten des europäischen zur Folge, die ihrerseits der Monarchie ihren Platz im deutschen Staatensystem gekostet hat. Andererseits brachte diese Verschiebung eine geographische Konzentration mit sich, indem sie den Charakter des Reiches als Donaustaat noch deutlicher betonte. Der Strom schlängelt sein Verbindungsnetz durch das Reich und verleiht ihm eine innere, positive Einheitlichkeit neben der des bloßen Übergangslandes, während er es gleichzeitig durch seinen Lauf veranlaßt, sein Gesicht nach Osten und Süden zu wenden.

Diese allgemeine Entwicklung ist schließlich auch durch einen negativen Zug in der äußeren Gestalt des Reiches gefördert worden; es steht nur durch ein Stückchen Küste an der Adria in Berührung mit dem Weltmeer. Es ist in dieser Hinsicht die kontinentalste aller Großmächte. In der Entwicklung von Seemacht und Schiffahrt steht es mit an letzter Stelle. Es nimmt auch eine direkte Ausnahmestellung unter ihnen ein als die einzige ohne Kolonie. Keine überseeischen Besitzungen entziehen es seiner mehr lokalen Aufgabe, die ihm durch geographische Lage und tausendjährige geschichtliche Entwicklung angewiesen worden ist. Die Natur vereinigt sich mit der

Geschichte, um Österreich-Ungarn zu der Großmacht zu machen, deren Perspektive am engsten begrenzt ist.

Der beschränkte Zutritt zum Meere mußte auch ungünstig auf die Entwicklung des Handels wirken, der sonst aus der bevorzugten Lage hinsichtlich der Levante hätte größeren Nutzen ziehen müssen. Das ökonomische Bild zeigt in der Tat zwei Gesichter, das eines Agrikulturstaates nach Europa hin, und das eines Industriestaates der Levante zugewandt. Aber die Richtung der Handelsverbindung ist unter dem Einfluß der kulturellen Tradition eine entschieden westliche, mit Deutschlands Vorherrschaft auf dem Markt. Die Produktion steht im ganzen auf einer primitiveren Stufe als die des reinen Abendlandes. Die Gewerbe kompensieren einander innerhalb der Grenzen der Doppelmonarchie in glücklichster Weise (Böhmens Industrialismus gegenüber dem Agrartypus Ungarns), und das Reich kommt in seiner Gesamtheit dem Zustand materieller Selbstversorgung nahe, den man mit einem aristotelischen Wort „Autarkie" nennen kann. Hier liegt der tiefere Grund für den Mangel an Expansionstrieb bei einer Großmacht, der es an Kolonien fehlt, und die einen relativ geringen Warenumsatz hat.

Wir gehen nunmehr dazu über, die Peripherie des Reiches zu betrachten. Hier zeigt es sich, daß die Donau selbst sowohl in ihrem oberen (Passau) wie in ihrem unteren Lauf (dem Eisernen Tor) von der Reichsgrenze geschnitten wird. Diese Nichtachtung des Grenzprinzips der Wasserscheide ist keine Ausnahme; sie kehrt auf allen Seiten wieder, so daß die Grenzprovinzen der Monarchie regelmäßig fremden Flußsystemen angehören: Galizien dem der Weichsel und des Dnjestr, die Bukowina dem des Pruth und des Sereth, Siebenbürgen zum Teil dem der Alt, Tirol dem der Etsch und des Inn, Böhmen dem der Elbe und Schlesien dem der Oder. Diese Großmacht sitzt faktisch an den Quellen der Flüsse anderer Großmächte, Rußlands, Deutschlands und Italiens. Im Nordwesten stellt sich das Böhmische Randgebirge dem den Flüssen innewohnenden Zug nach außen in den Weg, im Südosten die Transsylvanischen Alpen; aber um so stärker tritt die Unnatürlichkeit der Grenze im Osten zutage, wo Galizien, der Rand der russischen Ebene, wie ein Bündel auf dem Rücken der Monarchie liegt jenseits der natürlichen Grenze der Karpaten. Ein empfindlicher Punkt ist ferner die Tiroler Grenze nach Italien zu, welche die alte Völkerstraße des Etschtales schneidet. Auch die Adriagrenze gegen Italien findet keine Stütze in der Natur, und direkt im Süden strebt das Gebiet der Morawa (Serbien) natürlich zur Donau und zieht die Blicke der Monarchie über die politische Grenze hinaus.

Wir konstatieren hier stark künstliche Züge in der Gestaltung des Reiches. Zu der geringen Ausdehnung der Seegrenze kommt noch als weitere bedenkliche Schwäche das teilweise Fehlen natürlicher Grenzen hinzu. Dieser Umstand bildet ein wesentliches Minus in der geographischen Individualität der Donaumonarchie in bezug auf Lage und Raum. Er läßt Österreich-Ungarn als Großmacht mit der schwächsten Peripherie erscheinen.

3. **Volk.** Die praktische Wirkung der schlechten Grenzen der Monarchie ist eine unmittelbare und augenscheinliche. So wie das Territorium in seinem äußeren Rahmen von abgetrennten Quellgebieten von Flüssen anderer Länder gebildet wird, so besteht die Bevölkerung an der Peripherie aus Bruchstücken anderer Völker. Wir sehen sie den ganzen Rand entlang: in Galizien-Bukowina fünf Millionen **Polen** und vier Millionen **Ruthenen** (Kleinrussen), in Bukowina-Siebenbürgen $3^{1}/_{4}$ Millionen **Rumänen**, an der Südgrenze nach der Balkanhalbinsel $5^{1}/_{2}$ Millionen **serbischen** Stammes, im Küstenland und in Tirol 0,8 Millionen **Italiener**, und außer diesen schließlich an der ganzen Westfront (und außerdem in einer Menge über das ganze Reich zerstreuten Sprachinseln) 12 Millionen **Deutsche**. In ihrer Übergangslage zwischen den ausgeprägten Rassen, der germanischen, der romanischen und der slawischen, hat die Monarchie also größeren oder kleineren Anteil an ihnen allen.

Wo ist denn aber das eigene Volk der Großmacht? Wir finden nun innerhalb der Grenzen, ohne Annexe oder Hauptstämme außerhalb, nicht eine, sondern drei Nationen, 10 Millionen Magyaren im Zentrum, nordwestlich von ihnen 8½ Millionen Tschechen, umrahmt von Deutschen auf der Nationalkarte Böhmens, so wie der Dotter vom Weißen in einem verlorenen Ei, im Südwesten schließlich 1⅓ Millionen Slowenen, welche die Deutschen vom Adriatischen Meer abschließen.

Statt einer Nation und einer Sprache zeigt also diese Karte neun selbständige Nationen, zu denen dann noch acht kleinere kommen (Varianten nicht mitgerechnet). Eine solche Mischung ist ja nicht ganz ohne Gegenstück; Rußland und die Vereinigten Staaten umschließen in ihren Grenzen noch mehr Nationen; aber besonders eigentümlich und entschieden verhängnisvoll ist es für Österreich-Ungarn, daß ihm auch die sekundäre Einheit eines herrschenden Elementes fehlt. Die Deutschen besitzen die kulturelle Überlegenheit, ihnen fehlt aber die Selbständigkeit gegenüber der deutschen Großmacht jenseits der Grenze, und sie machen im ganzen nicht einmal den vierten Teil der Bevölkerung aus. Die Magyaren besitzen die zentrale Lage und die vollständige Eigenart, es fehlt ihnen aber die Kulturstärke wie auch die Masse. Die Slawen endlich haben, als Einheit betrachtet, den Vorzug der Quantität, indem sie beinahe die Hälfte der ganzen Bevölkerung ausmachen, es fehlt ihnen aber an der Qualität, und sie sind auch unter sich in mehrere Zweige und Völker in peripherischen Lagen getrennt. Hier ist nicht zu helfen, die Monarchie muß auch einen anziehenden, nationalen Kern entbehren, so wie es der der Großrussen in der russischen und der der Angelsachsen in der amerikanischen Großmacht ist. Wir sehen ein Bild der Verwirrung ohnegleichen.

Die kleinen Hinweise der Karte hinsichtlich der durch die Reichsgrenze abgetrennten Flußteile haben hier eine Bedeutung enthüllt, welche die ganze Aussicht beherrscht. Das Ganze läßt sich als ein in die Breite gestrecktes, abendländisches Zentrum (Italiener — Deutsche — Magyaren — Rumänen) zwischen zwei slawischen Flügeln (Ruthenen — Polen — Tschechen im Norden, Serben — Slowenen im

I. Österreich-Ungarn

Süden) überschauen. Vom allgemeinen Kulturstandpunkt bedeutet dies, daß Österreich-Ungarn zwei slawische Arme, die nach dem Herzen Europas ausgestreckt sind, abgeschnitten und unter seine staatliche Hoheit genommen hat. Für die Großmacht selber bedeutet dies, daß sie hinsichtlich der allgemeinen Kulturaufgabe auf ein eigenes Persönlichkeitsziel verzichtet hat. Ihr fehlt die Volksseele.

Damit aber erscheint diese Macht als ein reiner Anachronismus in einer Zeit, welche auch bei Staaten das Persönlichkeitsprinzip entdeckt hat. Das ist nämlich die Bedeutung des modernen Nationalitätsprinzips, daß es für jede Nation staatliche Existenz und für jeden Staat nationale Unterlage verlangt. Ähnlich etwa wie eine tertiäre Tierform inmitten der heutigen Fauna, so steht die Großmacht Österreich-Ungarn unter den modernen Nationalstaaten als ein Überbleibsel eines primitiveren Entwicklungsstadiums, des mittelalterlichen Territorialstaates.

Diese Herausforderung der heutigen Staatsidee muß sich an der Großmacht selbst rächen. Es ließ sich nichts anderes erwarten, als daß das Nationalitätsprinzip, einmal erwacht, auch hier sein Recht fordern werde. Nachdem der alte, große Konflikt zwischen der universalen Kaiseridee und der lokalen Aufgabe mit dem Siege letzterer durch den Austritt Österreichs aus Deutschland gelöst worden war, geriet die Monarchie unmittelbar in einen neuen, inneren Konflikt, der noch immer den auffallendsten Zug ihrer politischen Physiognomie bildet und ihre Stärke als Wachtposten wesentlich geschwächt hat, nämlich den Konflikt zwischen dem Ganzen und den einzelnen Teilen, der Streit um das Zusammenhalten verschiedener Elemente, die im Namen der Nationalität auseinander wollen.

4. Der Nationalitätsstreit. Wir wollen nun den chronischen inneren Krieg auf dem Boden Österreich-Ungarns im letzten halben Jahrhundert betrachten. Hier, wo der Staat mehrere Nationen umfaßt, muß der Nationalitätsgedanke als Zentrifugalkraft wirken; die verschiedenen Volksterritorien wollen sich von der Staatseinheit und voneinander losmachen. Es ist dasselbe Problem, das den Untergang

der Türkei und die Entstehung der Kleinstaaten auf der Balkanhalbinsel herbeigeführt hat.

Direkte Trennungstendenzen liegen natürlich da am nächsten, wo die Nationen jenseits der Grenze Attraktionsherde in nationalen Königreichen haben ("Irredentismus"). Dies gilt nicht von den Völkern Galiziens, denen ja auch losgelöst von der Gemeinschaft mit Österreich eine staatliche Eigenart fehlen würde; die Trennung würde für sie nur ein Vertauschen der Souveränität Österreichs mit der noch weniger wünschenswerten Rußlands bedeuten. Bei den Polen und Ruthenen sind daher keine derartigen Gedanken zu merken. Dagegen liegen an den anderen Peripherien, wo Rumänien, Serbien-Montenegro, Italien und Deutschland auf ihre abgetrennten Zweige warten, die Voraussetzungen des Irredentismus klar auf der Hand.

Immer stärker ließen sich auch solche Bewegungen an der rumänischen und der serbischen Front verspüren, besonders nach den Balkankriegen 1912—13, die das Prestige der Nationalstaaten stärkten. Das serbische Problem steht im Vordergrund der ganzen auswärtigen Politik dieser Großmacht und soll dort näher betrachtet werden. Nicht weniger heikel erwies sich die italienische Frage; hier ist ja gerade das Prototyp aller "Irredenta"; ihre Gefahr wurde aus praktischen Gründen (Triests Vorteil, der Haupthafen in Österreich zu sein, statt einer von vielen in Italien) und auch aus politischen gedämpft, seitdem Österreich-Ungarn und Italien im Jahre 1882 sich im Dreibund mit Deutschland begegnet sind.

Das Hauptproblem ist jedoch das Verhältnis der Österreichisch-Deutschen zu den Reichsdeutschen. Daß sie bei der Sammlung des Deutschen Reiches dort gelassen wurden, beruhte hauptsächlich auf der Notwendigkeit, dem neuen Reich einen festen Stamm in Preußen zu verleihen, und daher das süddeutsche Element nicht zu stark zu machen. Die Österreichisch-Deutschen ihrerseits fanden, daß eine eigene Staatshoheit ihren speziellen Interessen dienlicher sei als eine Konkurrenz mit anderen Deutschen; sie richteten sich daher in der cisleithanischen

Reichshälfte auf die Hegemonie ein und bildeten in ihrer „Verfassungspartei" die stärkste Stütze des österreichischen Staatsgedankens. Diese Stellung änderte sich jedoch nach dem Berliner Kongreß 1878. Dadurch, daß sie sich der Okkupation von Bosnien widersetzten, riefen sie einen Bruch mit dem Monarchen hervor und verloren gleichzeitig die Majorität im Reichsrat. Man könnte sich ja denken, daß sie, nachdem sie so ihr politisches Erstgeburtrecht eingebüßt hatten, für den „alldeutschen" Nationalgedanken mehr eingenommen worden wären. Aber „deutsch-radikale" Strömungen nach dieser Richtung haben keine Tiefe gewinnen können; man sagt sich noch immer, daß es besser sei „sieben Nationen zu führen, als ein Hinterland der Hohenzollern zu bilden", und daß „jede deutsch-österreichische Irredenta eine Flucht vom Posten sei" (Springer). Jenseits der Grenze ist die Haltung auch eine vollständig korrekte. Das Nationalitätsprinzip scheint hier mit der politischen Allianz „saturiert" zu sein.

Im großen ganzen sieht es also so aus, als ob dem Irredentismus augenblicklich keine allzugroße Bedeutung im Problem der Monarchie zuzuschreiben sei. Statt dessen finden wir, daß die Nationalitätsidee sich durch das schadlos hält, was Blaskovich den „Rassenimperialismus" nennt: den Kampf der Nationen um die Macht im Reiche.

Zunächst finden wir hier den beinahe tausendjährigen Sprachenstreit zwischen Deutschen und Tschechen in den böhmischen Ländern, in Wirklichkeit das am weitesten nach Westen vorgeschobene Glied in dem weltgeschichtlichen Konflikt zwischen Germanentum und Slawentum. Die Tschechen haben auch mehr als einmal (1848, 1867, 1901) panslawistische Gefühle zu ihrer Unterstützung aufgerufen. Sie verlangen „Gleichberechtigung" mit den Deutschen, d. h. die obligatorische Anwendung ihrer lokalen Sprache in der Verwaltung neben der deutschen Weltsprache (Sprachenverordnungen Badenis 1897). Die Deutschen dagegen fordern „Einsprachigkeit" durch Trennung der Gemeinschaft unter verschiedene Verwaltung. Seit 30 Jahren haben die Tschechen die Majorität im Landtag, ihr Verhältnis zum Gegner ist ungefähr das des größeren Teiles im „goldenen Schnitt", aber es ändert sich kaum zu ihrem Vorteil.

Nicht weniger bitter ist der Nationalkampf zwischen Polen und Ruthenen in Galizien. Jene, die hier die Rolle einer Oberklasse spielen, haben ihre knappe numerische Majorität lange aufs rücksichtsloseste zur Alleinherrschaft im Landtag und in der Verwaltung ausgenutzt. Die Ruthenen fordern jetzt nationale Autonomie in ihrem geographischen Gebiet und vollständige Gleichstellung in der Verwaltung. Der dritte Hauptstreit besteht zwischen den Magyaren und den Kroaten in Ungarn. Letztere, die mit ihrer erweiterten Selbstverwaltung von 1868 nicht zufrieden sind, verlangen volle Selbständigkeit in Form eines Bundesstaates zugleich mit der Einverleibung von Dalmatien auf österreichischer Seite. Außer diesen treten auch Rumänen und Slowaken (eine tschechische Variante) scharf gegen die zielbewußte Unterdrückungspolitik der Magyaren auf, wie auch die Deutschen auf der anderen Seite in kleinere Streitigkeiten mit den Slowenen in Kärnten-Steiermark und mit den Italienern in Tirol verwickelt sind. Fügen wir noch hinzu, daß das Verhältnis der Hauptvölker selber, der Deutschen und Magyaren, ein Verhältnis starker Spannung und Rivalität ist, erträglich nur durch den gemeinsamen Gegensatz zu den Slawen, so glauben wir in diesem Reich eher das Bild der ursprünglichen Anarchie der Natur als das der Ordnung der Kultur zu sehen. Die Verletzung des Nationalitätsprinzips hat sich in Wirklichkeit schwer gerächt.

Der österreichisch-ungarische Staat erhält seine bestimmende Eigenart von diesen nationalen Querschichten. Zusammenhaltende und versöhnende Längsschichten fehlen nicht ganz und gar. So muß der internationale Charakter der Sozialdemokratie hier verbindend wirken. Nichts vermag das abnorme Staatswesen der Monarchie deutlicher hervorzuheben, als daß der starke parlamentarische Erfolg der Sozialdemokratie in neuester Zeit als ein Gewinn für den Staat bezeichnet werden konnte! In Ungarn und Galizien wird die

I. Österreich-Ungarn

nationale Spannung einigermaßen von Agrarinteressen durchkreuzt, die die Bauern auf beiden Seiten der Nationalgrenzen vereinigen. Die römisch-katholische Kirche vereinigt zwei Drittel der gesamten Bevölkerung zu einem geistigen Zusammenhang; sie ist besonders dazu geeignet, die Anziehungskraft der griechisch-orthodoxen Serben auf die Kroaten im Reiche einigermaßen zu neutralisieren. Andererseits wird der Gegensatz zwischen Ruthenen und Polen gerade durch diese Verschiedenheit der Konfession verschärft. Die päpstliche Kirche selbst steht in einem Kulturkampf („Los von Rom" seit 1899), der einen Keim der Zersplitterung in die deutsche Nation selbst geworfen hat (Klerikale und Liberale). Eine heftige antisemitische Agitation in gewissen österreichischen Kreisen, mit allgemeiner Wendung gegen Ungarn (Lueger), erhöht die Disharmonie im Reiche noch mehr.

5. **Staat.** Das Nationalitätsprinzip ist eine Schöpfung desselben Jahrhunderts, das die repräsentative Staatsform als Garantie der politischen Freiheit erzeugt hat. Da, wo Staat und Nation sich decken, ist dieses System dazu geeignet, die bürgerliche Solidarität zu vertiefen. Da aber, wo der Staat nationale Gegensätze in sich vereinigt, wird im Parlament diesen direkt Gelegenheit geboten, durch ihre Streitigkeiten die Staatsarbeit zu erschweren. Dies ist der Fall mit Österreich-Ungarn, da es das Repräsentationsprinzip eingeführt hat, ohne dessen Voraussetzung im Nationalitätsprinzip zu besitzen.

Die natürliche Wirkung war die, daß der Nationalitätenstreit sich in Verfassungskämpfen und parlamentarischer Unruhe widerspiegelte, die in der cisleithanischen Reichshälfte einen traurigen Weltrekord erreicht haben. Der Streit bewegt sich hier auf zwei Gebieten, der des Kronlandes in dem Landtag und der des Reiches in dem Reichsrat. In beiden Fällen ist Obstruktion die Methode; diese Anomalie hat sich hier beinahe zu einem Rechtsinstitut mit der Bedeutung eines nationalen Vetos entwickelt. In den Kronländern mit gemischter Bevölkerung scheint es geradezu zu den Ausnahmen zu gehören, wenn der Landtag arbeitsfähig ist, und der deutsch-tschechische Kampf brachte einmal (1897—1902) die ganze parlamentarifche Reichsmaschine fünf Jahre lang zum Stillstand. Das Regieren mit einem solchen Reichsrat hat man respektwidrig mit dem Fahren mit einem Hundeschlitten verglichen (Lowell 1896); es ist auch vorgekommen (November 1911), daß man bei der parlamentarischen Debatte die Hundepeitsche als Argument benutzt hat!

Es gibt ein Wort, das die Not Österreich-Ungarns zusammenfaßt: „Ausgleich". Ursprünglich bezieht es sich nach der Unionsverfassung zwischen Österreich und Ungarn auf gewisse periodische Abrechnungen, in beiden Ländern ist es aber zur stehenden Parole der inneren Politik geworden. In Wirklichkeit ist das Problem der Monarchie nichts anderes und nichts Geringeres als das des Weltstaates en miniature: das Problem, verschiedene und sich ihrer Verschiedenheit voll bewußte Menschenarten zu einer höheren politischen Einheit zu vereinigen. An der Lösung dieses Problems arbeiten auch die österreichischen Staatsmänner in dem immer deutlicher werdenden Gefühl, daß es sich hierbei für ihren Staat um Leben und Tod handelt.

Als die Repräsentationsform 1861 zum erstenmal eingeführt wurde, dachte man daran, die gesamte Monarchie zu einer konstitutionellen Einheit mit gemeinsamem Reichstag zu sammeln. Dies ließ sich aber gegen die Obstruktion der Magyaren und Tschechen nicht durchführen, und 1867 fand eine erste Lockerung der Einheit statt in Form der dualistischen Union mit Ungarn. Fortgesetzte tschechische Obstruktion veranlaßte die Regierung 1871, eine Fortsetzung, einen „Trialismus" mit Böhmen-Mähren als drittem Mann, zu planen. Infolge des Widerstandes der Deutschen mußte dieser Plan jedoch aufgegeben werden, da ein böhmisches home rule sie in dieselbe Lage versetzen würde wie die Protestanten von Ulster ein irisches. Ein deutscher Vorschlag („das Pfingstprogramm" 1899), Galizien statt dessen abzusondern, wodurch die Deutschen von der Konkurrenz der Polen im Reichsrat befreit würden, ist aus demselben Anlaß totgeboren. Es bietet sich noch ein Trialismus auf rein nationaler Grundlage dar durch die Emanzipation der Südslawen in einem Königreich „Illyrien" (Kroatien mit Dalmatien und Bosnien, Gonnard 1912); er würde aber vielleicht die serbische Gefahr erhöhen. So behält also die Monarchie noch heute, abgesehen von allen kleineren Zersplitterungen, ihre dualistische Hauptform bei.

Ohne Zweifel sehen wir auch zwischen Österreich und Ungarn eine Rivalität von höherem geschichtlichem Werte als die anderen nationalen Reibereien. Auch die volle Gleichstellung, die in Wirklichkeit für Ungarn eine Bevorzugung ist, hat die Magyaren nicht von politischen Forderungen zurückgehalten, die 1905—10 eine gefährliche Unionskrisis zu den übrigen Leiden der Monarchie hinzufügten. Eine „Unabhängigkeitspartei" unter Franz Kossuth, die seit langem die „Kommandofrage" (die Zersplitterung der Reichsarmee durch Einführung des Ungarischen als Kommandosprache beim ungarischen Kontingent) als Sprengkeil des Unionsverhältnisses benutzt hatte, erhielt nämlich 1905 die parlamentarische Majorität und damit der Praxis gemäß den Anspruch auf die Ministersessel. Durch kräftiges unparlamentarisches Eingreifen (1906 und 1910) gelang es jedoch der Krone, die Gefahr zu mäßigen und in neuester Zeit sie für diesmal zu beseitigen, nachdem die Volksmeinung von dem Separatismus der „Achtundvierziger" zu dem verfassungsgemäßen Dualismus der „Siebenundsechziger" zurückgekehrt ist.

Eine Auflösung der Union dürfte jetzt auch, als in zu offenbarem Streit mit den eigenen Interessen der Kontrahenten stehend, als ausgeschlossen erscheinen. Man hat sie nicht ohne Grund mit den siamesischen Zwillingen verglichen, die nicht ohne Gefahr für das Leben beider getrennt werden können (Szell 1902). Schon die Territorialgestalt Österreichs, mit den beiden weit vorgestreckten Fangarmen Galizien und Dalmatien, ist etwas Ungereimtes, falls sie nicht von Ungarn ausgefüllt wird. Und auch Ungarn kann man sich schwer auf eigenen Füßen stehend vorstellen, da es keinen natürlichen Hafen besitzt. Auch Ludwig Kossuth konnte sich kein isoliertes Ungarn vorstellen, sondern dachte an einen Anschluß an die Balkanhalbinsel. Beide Länder ergänzen einander auch in ökonomischer Hinsicht als In-

dustrie- und Agrarländer und sind rein politisch aufeinander angewiesen, da sie beide unter demselben Druck der slawischen Hauptmacht stehen. Es ist daher kaum zu befürchten, daß das Band infolge
ungarischer Ambitionsstürme reißen werde, solange die dualistische
Verfassung der ungarischen Freiheit auf eigenem Boden vollen Raum
gewährt.

Dagegen kann man sich fragen, ob nicht die föderative Form als
ein den anderen Nationen dargebrachtes Sühnopfer über das ganze
Reich ausgedehnt werden könnte. Warum nicht die Monarchie in
„Vereinigte Staaten" auflösen? Falls es aus Rücksicht auf die nationalen Minoritäten, wie die Beispiele Böhmens und Galiziens zeigten, unmöglich ist, jedes Kronland als Staat zu konstituieren (nach
dem Schlagwort „Verländerung"), warum löst man dann nicht die
Kronländer mit gemischter Bevölkerung auf, zeichnet eine neue Karte
den Sprachen gemäß und konstituiert die Sprachgebiete als Teilhaber
der Föderation (Auerbach 1898)? Leider sind diese Sprachgrenzen
an vielen Stellen schwankend, ineinander verwickelt oder sonst geographisch unmöglich. Die Arbeit des Nationalitätgedankens ist nicht
nur auf der Karte, sondern auch in der Wirklichkeit noch ungelöst.

Beim Streben, das Nationalproblem auf dem Boden Österreichs zu
lösen, hat man daher bis auf weiteres bei dem „Personalitätsprin-
zip" statt dem der Territorialität haltgemacht. Man geht (nach
Springers Idee von 1902) von den kleineren Kreisen aus, wo
die Nationalität ungemischter ist, und legt sie der Volksvertretung
zugrunde, nachdem die Zahl der Reichsratsplätze im voraus für jede
einzelne Nationalität festgelegt worden ist. Auf diese Weise sollten
die Nationalitäten wenigstens dem Streit bei den Wahlurnen entzogen werden. Das ist der Grundgedanke der Wahlreform vom
Jahre 1907. Indem man sie auf die Grundlage des allgemeinen
Wahlrechts stellte, suchte man gleichzeitig ein soziales Gegengewicht
gegen den nationalen Partikularismus zu finden.

Selten ist eine Verfassungsreform mit größeren Hoffnungen begrüßt worden. „Ich würde es als das höchste Glück betrachten," sagte

I. Österreich-Ungarn

Kaiser Franz Joseph am 29. April 1907 in Prag, dem Hauptbrennpunkt des Nationalkampfes, „wenn ich, der ich alle Leiden des Kampfes mit durchgemacht habe, auch die Freude des nationalen Friedens erleben dürfte." Leider scheinen die neun Nationen noch immer nicht imstande zu sein, ihrem hochbetagten Herrn dies Glück zu bereiten. Die Wahlkarten Freytags für die Jahre 1907 und 1911 zeigen mit ihren 28 verschiedenen Parteibezeichnungen noch immer das Bild einer parlamentarischen Zersplitterung ohnegleichen, und die Diskussion im Reichsrat zeigt nur geringe Tendenz zu größerer Eintracht. Die Reibungsfläche hat man vermindert, die Reibung selber aber nicht aufheben können!

Jenseits der Leitha ist das Bild infolge der festen überwältigenden magyarischen Majorität ein normaleres, ein Umstand, der Ungarn auch zur Vorherrschaft in der Union prädisponiert hat. Aber dies beruht wiederum auf einem Wahlgesetz, das kaum mehr als 6 % der Bevölkerung der ungarischen Monarchie das Bürgerrecht verleiht. Hier liegt also Material für eine Stimmrechtsfrage, die noch ungelöst ist. Der Kaiser hat selbst diese Rechtsfrage bei der letzten Unionskrise als Trumpf benutzt im Spiel gegen die „Unabhängigkeitspartei" — ein Schachzug gegen die Kommandofrage —, und hier schlummern noch manche Keime zu neuen Verwicklungen.

In dieser Welt von Trennung und Streit bieten Verwaltung und Krone die einzigen festen Punkte dar. Mehr als sonst sehen wir in Österreich-Ungarn einen „Komplex von Verwaltungsmechanismen, der von einer langsam arbeitenden zentralen Kraftmaschine in gleichmäßigem Gang gehalten wird" (Schultheß 1909); gerade die altertümliche Langsamkeit und die feste Tradition dieses Systems bilden eine konservierende Kraft. Aber das wirkliche Einheitsband, den höchsten lebendigen Ausdruck des Staatsgedankens der ältesten Großmacht stellt heute noch die Krone dar. Unter diesen Umständen muß ihre Autorität in Wirklichkeit größer sein als in dem geschriebenen konstitutionellen Schema; die Einführung des allgemeinen Wahlrechts in Österreich dürfte eher ihren Einfluß erhöhen (Herrnritt 1907), und in Ungarn hat sie stets die Kraft bewiesen, nötigenfalls die parlamentarische Sitte zu durchbrechen. Zwei Menschenalter treuer und geduldiger Pflichterfüllung unter den schwierigsten Verhältnissen haben außerdem in der Person des jetzigen Kaisers einen Schatz von Untertanenpietät um sie gesammelt, der nicht leicht vergeudet werden kann. So ist schließlich die habsburgische Dynastie, nach innen wie nach außen, die stärkste Garantie für den Bestand des Reiches gegenüber den gefährlichen Kräften, die an seinen Wurzeln nagen.

6. Auswärtige Politik. Kein Staat ist frei von inneren Gegensätzen, und das ist an und für sich kein Unglück, darin kann ein wohltuender Ansporn für die nationale Kraft liegen. Eine Großmacht kann auch ohne Schwierigkeit ein Irland ertragen, wie England, ja sogar drei, wie Deutschland (Polen, Elsaß, Schleswig). Anders verhält sich die Sache aber, wenn die Großmacht nur aus Irlanden besteht. Das ist bei Österreich-Ungarn der Fall. Dies bereitet seinen Staatsmännern einen „Rattenkönig von Problemen" (Lamprecht), die sich aber zum überwiegenden Teil nach innen auf die Zusammenhaltung und die Selbsterhaltung richten; hier bleibt wenig Zeit und Kraft übrig für selbständige Aufgaben nach außen.

Daß eine Großmachtsentwicklung auf die Dauer nicht möglich ist, wenn der Bestand des Reiches selbst eine schwierige und immer vorhandene Frage bildet, liegt auf der Hand. Einen Preis im Wettrennen gewinnt man nicht hinkend. Selbst wenn die streitenden Nationen nicht direkt die Existenz des Staates bedrohen, die ja die Voraussetzung dafür bildet, daß der Kampf ohne allzu große Gefahren für sie selber geführt werden kann (Ruedorffer 1914), so unterbinden sie doch die Kraftquellen der Großmacht und sind ein lähmendes Hindernis für ihre Handlungsfreiheit. Es ist also nicht bloß der Mangel an hinreichender Meeresküste und Flotte, der Österreich Zurückhaltung in der Weltpolitik auferlegt; sondern dies rührt mit logischer Notwendigkeit von der schwachen inneren Struktur des Reiches her.

I. Österreich-Ungarn

Seit der Berliner Kongreß Bosnien der Verwaltung von Österreich-Ungarn übergeben hat, hat man sich daran gewöhnt, Mazedonien (mit Saloniki) als Interessensphäre dieser Großmacht und als den ihr reservierten Erbteil am türkischen Besitz zu betrachten, also eine Verschiebung der Expansionsperspektive von der apenninischen zur Balkanhalbinsel. Man glaubt um so mehr Anlaß dazu zu haben, als der Kongreß gleichzeitig Österreich-Ungarn das Recht einräumte, Novibazar, den Keil zwischen Serbien und Montenegro, militärisch zu besetzen und kommunikatorisch mit sich zu vereinigen.

Indessen wurde die Eisenbahn durch Bosnien—Herzegowina nur schmalspurig gebaut, und als der Kaiser 1908 „seine Souveränität auf diese Landschaften ausdehnte", zog er gleichzeitig die Garnisonen aus Novibazar zurück. Diese Zurückhaltung erhielt ihre Bekräftigung während der Balkankrise 1912—13, wo Österreich-Ungarn ohne einen Finger zu rühren zusah, wie ganz Mazedonien unter die Kleinstaaten der Halbinsel verteilt wurde. Eine günstigere Gelegenheit, sich eine Zukunftshypothek auf den Weg nach Saloniki zu sichern, konnte es nicht geben; es handelte sich auch um die einzige Aussicht auf Vergrößerung; daß Österreich-Ungarn sie sich untätig aus Händen gehen ließ, scheint entschieden zu beweisen, daß es in sich nicht das Kraftgefühl und die Expansionslust verspürt, die dem Wesen einer Großmacht eigen sind.

Wenn also die Monarchie wirklich Absichten auf Mazedonien gehabt hat, so hat die Entwicklung im Innern sie dazu veranlaßt, dieselben ad acta zu legen. Seine Balkanpolitik erweist sich als eine rein defensive, gegen die serbische Gefahr gerichtete. Dadurch daß es Albanien als besonderen Staat zwischen die Serben und das Adriatische Meer schob, schützte es seinen eigenen, freien Wasserweg. Es konnte aber Serbien nicht daran hindern, eine Landverbindung mit seinem Bundesstaat Montenegro herzustellen und zusammen mit diesem einen Menschenzuwachs von 3,2 auf nahezu 5 Millionen zu gewinnen, was eine erhöhte Anziehungskraft auf die serbischen Elemente innerhalb der Grenzen Österreich-Ungarns bedeutet.

Dies kann noch immer als ein ungleiches Spiel erscheinen, und man wird sich zuerst wundern müssen über die auffallende Unruhe der Großmacht wegen des wachsenden, kleinen Nachbarn. Aber das Spiel gleicht sich aus und erhält seinen ernsten Hintergrund durch die Haltung Rußlands. Serbien ist Rußlands Schützling und Handlanger an der Südfront Österreich=Ungarns, während Rußland selbst auf die östliche (Galizien) drückt. Hiermit wächst das serbische Problem zu weltgeschichtlichen Dimensionen an. Über demselben steht die Perspektive, Europa gegen Rußland. Dies bezeichnet den besonders verwundbaren Punkt, an dem Österreich in der Gegenwart für seine geschichtliche Mission gegen den Slawismus eintreten muß. Wir fügen hinzu, daß das Problem jetzt vollständig aktuell ist, nachdem der Entente, die 1897—1908 die beiden großen Antagonisten Seite an Seite als Bürgen des Friedens auf der Balkanhalbinsel hingestellt hat, ihre Maske abgestreift wurde.

In dieser akuten Gefahr hat Österreich=Ungarn seine nächste und festeste Stütze in der „Nibelungentreue" Deutschlands. Ein ganzes Menschenalter hindurch ist die Allianz mit dem jüngeren und glücklicheren Rivalen der feste Punkt in der auswärtigen Politik Österreichs gewesen, und die Prüfungen der letzten Jahre haben diese Allianz zu einem Block gehärtet, den man wohl die stärkste Realität in der jetzigen internationalen Situation Europas nennen kann. In Deutschlands Orientpolitik bildet das geeinte und verbündete Österreich=Ungarn ein unentbehrliches Glied. Wenn die Integrität Österreich=Ungarns ein gesamteuropäisches Interesse ist, so ist es ganz besonders ein deutsches. Das Bündnis mit Deutschland ist mehr als eine Allianz, es ist eine Lebensversicherung.

Dagegen ist das Verhältnis zum Dritten im Bunde eher als ein Schleier zu betrachten, der über die große wirkliche Rivalität auf der Balkanhalbinsel sowohl wie in der Irredenta gezogen ist. Man hat behauptet (Guiccardini 1902), daß Österreich=Ungarn und Italien entweder Verbündete oder Feinde sein müssen. Nach der Eroberung Tripolitaniens wird jedoch Italien infolge seiner heiklen Stellung zu den Mittelmeermächten der Tripelentente darauf bedacht sein, seine Zusammengehörigkeit mit der Tripelallianz zu stärken, und so Österreich-Ungarns Deckung auf dieser Seite sicherstellen.

Die Patrioten der Monarchie sehen mit Sehnsucht dem Tag entgegen, wo die zügellosen Nationen einen modus vivendi gefunden haben werden, wie die Religionen im Deutschen Reich, unter der Macht eines „Nationalitätenrechtes", das sie zu loyalen Klassen im Staate zähmen wird. Wird dieser Tag kommen? Wird die einmal geweckte Nationalität sich wieder einschläfern lassen, ehe sie ihr Ziel erreicht hat? Wir wollen nicht prophezeien. Wir bestreiten keineswegs die Möglichkeit der weiteren Existenz Österreich-Ungarns im Dienste des Staatensystems; man mag es sich alsdann als „Riegel zwischen Pangermanismus und Panslawismus" (Blaskovich) oder vielmehr auf Kosten dieses als Schlüssel zur Levante denken. Ohne Zweifel aber würden die Aussichten in Zukunft besser werden, falls ein „Quadralismus" aus Alt-Österreich, Galizien, Ungarn und Südslawien sich durchführen ließe, nach dem allerneuesten Vorschlag (von Winterstetten).

Literatur: Benoist, L'Autriche future et la future Europe, 1898 (Revue des Deux Mondes); Auerbach, Les races et les nationalités en A.-H., 1898; Zemmrich, Die Völkerstämme Österreich-Ungarns, 1899 (Geogr. Zeitschrift); Springer (Dr. Renner), Der Kampf der österr. Nationen um den Staat, I, 1902; v. Peez, Die Aufgaben der Deutschen in Österreich, 1907; Herrnritt, Die österr. Parlamentsreform, 1907 (Archiv des öff. Rechts); A. v. Blaskovich, Die Grundprobleme der Monarchie, 1909 (Das neue Europa); Tezner, Das staatsrechtl. und polit. Problem der österr.-ungar. Monarchie, 1913 (Archiv des öff. Rechts); Gonnard, Le Trialisme, 1912—13 (Revue polit. et parlamentaire); v. Winterstetten, Berlin-Bagdad, Neue Ziele mitteleurop. Politik, 1914.

II. Italien.
Regno d'Italia.

Reich 1,9 $\left(\frac{0,29}{1,6}\right)$. Volk n. 37 $\left(\frac{35,3}{1,4}\right)$; jährl. Zunahme 220,000; nat. Zuwachs $\frac{32,4}{21}$; Auswanderung 400,000. Eisenbahnen üb. 17,000; Handel 4,35 $\left(\frac{1,7}{2,65}\right)$; Handelsmarine 2,8. Flotte 240,000; Heer üb. 300,000; Militärausgaben 15,3 $\left(\frac{9,5}{5,8}\right)$. Staatsschuld 12, pro Kopf 345.

1. Genesis. Von der ältesten unter den heutigen Großmächten Europas wendet sich nun die Betrachtung der jüngsten zu. Berücksichtigen wir Ahnen und Traditionen, dann ist die jüngste Großmacht älter als irgendeine andere; denn über ihr schwebt direkt der Glanz des römischen Namens, der Mittelmeerherrschaft und des Kaisertums. Hier haben Italien und Österreich in Wirklichkeit ihren gemeinsamen idealen Ursprung. Lange Zeit haben sie auch im Namen der wiedererstandenen Kaiserkrone zusammengehört, wie zwei getrennte Pfeiler, im Kaisertum des Mittelalters. Und heute stehen sie wiederum als Mitglieder der Tripelallianz Schulter an Schulter. Aber dieses Zusammenstehen hat nie Sympathie erzeugt, und es hat Zeiten gegeben, wo der deutsche Name der Österreicher („tedeschi") für die Italiener der gehaßteste von allen war.

Dieser Name bezeichnet nämlich für die Söhne Italiens das Fehlen aller der drei Werte, welche die modernen Völker am höchsten schätzen: nationale Freiheit, nationale Einheit und politische Freiheit. Noch im 19. Jahrhundert lag die Hand Österreichs, direkt oder indirekt, schwer auf der apenninischen Halbinsel. Das Befreiungs- und Einheitswerk mußte sich also in erster Reihe gegen Österreich richten. Die italienische Großmacht hat sich direkt aus der österreichischen emanzipiert.

Der Weg ging durch die Freundschaft Frankreichs, die durch Anschluß an dessen Politik im Krimkriege gewonnen worden war. Die erste Belohnung war ein Platz für das Königreich Sardinien am grünen Tisch in Versailles 1856. Von da ab pflegt man die Existenz der sechsten Großmacht zu rechnen. Es waren aber noch große Umwälzungen nötig, bis Victor Emanuel I. sich 1861 die Krone Italiens aufs Haupt setzen konnte, und erst nach einem weiteren Dezennium war das Reich unter der Krone gesammelt (Venetien 1866, der Kirchenstaat 1870).

Zwei Züge gibt es in diesem Einigungswerk, die von vornherein unsere Aufmerksamkeit fesseln. Erstens ist das Werk nicht aus eigener Kraft durchgeführt worden. Das Programm „Italia farà da se" machte 1849 bankrott; das heutige Italien mußte starke Helfer in Anspruch nehmen, Frankreich für den Eckstein und Deutschland für den Schlußstein seines Gebäudes. Zur Großmachtstellung gelangte Italien durch eigene Niederlagen und durch den Sieg der Verbündeten. Diese Genesis drückt der neuen Großmacht von Geburt an ein Zeichen von Schwäche auf. Zweitens führte die Einigung des Staates eine tiefgehende Trennung zwischen Staat und Kirche herbei. Sie war zu keinem anderen Preis möglich, da der Staat, um seine historische Hauptstadt zu gewinnen, die weltlichen Besitzungen des päpstlichen Stuhles säkularisieren mußte. Seitdem reagiert die gesamte kirchliche Phalanx, die in einem so erzkatholischen Lande doppelt stark ist, bewußt und energisch gegen das nationale Staatsleben. Für die Großmacht war dies von Anfang an ein Hemmschuh.

2. Reich und Volk. „Italien ist fertig, aber nicht die Italiener", so sprach 1866 Massimo d'Azeglio. Es ist fraglich, ob nicht diese Diagnose noch heute eine Wahrheit enthält, wo das Volk ein halbes Jahrhundert Zeit gehabt hat, sich in die Staatseinheit einzuleben, welche die Konjunkturen geschenkt haben.

Italien ist fertig. Die äußere Einheit, auf geographischer und ethnischer Basis, ist gründlicher durchgeführt als bei den allermeisten Staaten. So hat das Reich den Vorzug, in den Alpen und dem Meere die natürlichsten Grenzen zu besitzen. Im Grenzrahmen finden wir nur zwei auffallend schwache Punkte, nämlich da, wo die Grenze die Täler der Etsch und des Ticino schneidet; hier öffnen sich natürliche Wege ins Land hinein, die jetzt von den großen internationalen

Eisenbahnlinien über den Brennerpaß (1867) und durch den St.-Gotthard (1882) bezeichnet werden; hier hat sich auch die italienische Nation über den österreichischen Trentino und den schweizerischen Ticino ausgebreitet. Hier finden wir also noch Lücken in der nationalen Einheit nach außen. Dasselbe ist auch der Fall beim Zusammenstoß der Festlandsgrenzen mit dem Meere (das österreichische Littorale, das französische Nizza) und in den Grenzmeeren (das französische Korsika, das englische Malta). Aber dies ganze „Italia irredenta" repräsentiert höchstens eine Bevölkerung von $1^2/_3$ Millionen, also keine 5% des Stammes. Die Einheit der Nation im Innern ist ihrerseits so groß, daß der Verlust noch nicht 1% erreicht.

Das erste, große Debüt des Nationalitätsprinzips in der Weltgeschichte als einender Faktor hat also zu einem Resultat geführt, das man wohl als ein befriedigendes bezeichnen muß. Auch die Forderung der geographischen Individualität erfüllt das neue Italien in seltenem Grade. Es ist ein wirklicher Nationalstaat innerhalb eines natürlichen Rahmens, eine selbständig lebende Persönlichkeit in eigenem Hause, in völliger und tiefer Übereinstimmung mit der heutigen Staatsidee. Hierin liegt ein grundlegender Unterschied und ein entschiedener Vorzug gegenüber der Großmacht an der Donau.

Fragen wir dagegen nach spezifischen Großmachtvoraussetzungen auf der apenninischen Halbinsel, so erhalten wir eine mehr zurückhaltende Antwort. Zwei wichtige Vorteile hat jedoch der Staat von der Natur als Geschenk erhalten, die Lage und die Maritimität. Auf jene gründete sich im Altertum Roms politische, auf diese außerdem im Mittelalter Venedigs kommerzielle Mittelmeerherrschaft. Italien ist der große Molo des Mittelmeers, in der Mitte zwischen Gibraltar, dem Bosporus und Suez gelegen; an seiner Seite entlang dringt das levantinische Meer tief hinein nach dem Herzen Europas. Hier liegt deutlich seine Kulturaufgabe als Vermittler zwischen Europa und der Levante, eine maritime Konkurrenz zu der entsprechenden Aufgabe Österreich-Ungarns auf kontinentalen Wegen. Als die Türken in der Renaissancezeit ihren Riegel zwischen Morgen- und Abendland schoben, war dies der Untergang der alten Handelsmacht (Venedig, Genua, Pisa); aber ungefähr gleichzeitig mit dem italienischen Einigungswerk kehrte die Konjunktur wieder durch den Durchstich des Isthmus von Suez für Schiffe und durch den der Alpen für die Eisenbahn. Italien hat also jetzt seinen privilegierten Platz wiedererhalten. Um denselben auszunutzen, besitzt es auch den Vorteil, an mehr als drei Viertel seines Grenzrahmens das Meer als Grenze zu haben. Zusammen mit der schmalen Gestalt des Reiches erhält es dadurch einen maritimen Charakter, der mit dem Englands und Japans wetteifert. Dies ist der reine Gegensatz zum Typus Österreich-Ungarns und schafft eine neue große Überlegenheit, die sich bereits in der Statistik über Schiffahrt und Seemacht kundgibt.

Die Natur hat also Italien denselben Entwicklungstypus zuerteilt wie England, den kommerziellen. Hierin liegen in Wirklichkeit seine einzigen Großmachtchancen, da man ja sonst seine Landbasis für zu schmal halten muß, um eine solche Stellung aufrecht zu erhalten. Man ist jedoch überrascht, wenn man sieht, daß seine kommerzielle Entwicklung recht bescheiden ist, nicht größer als die Österreich-Ungarns. Dies kann ja von der kurzen Zeit herrühren, die Italien bis jetzt gehabt hat, um den Vorsprung anderer Mächte einzuholen; in Wirklichkeit ist sein Entwicklungstempo auf dem Gebiete des Handels in den beiden letzten Dezennien ein hastigeres gewesen als das irgendeiner anderen europäischen Großmacht, doppelt so groß wie das Österreich-Ungarns. Aber wir merken auch tiefer liegende Gründe. Wir können nicht umhin, seinen zurückgezogenen Platz auf dem Weltmarkt im Zusammenhang mit einer geringen Produktion im eigenen Lande zu sehen, die wiederum mit der Armut des Binnenlandes an Kohlen- und Erzvorräten zusammenhängt, wie auch im Zusammenhang mit gewissen ungünstigen Eigenschaften der Küste selbst (Mangel an Häfen, Malaria). Im Vergleich zu den Verhältnissen in England ist dies eine große Schwäche, die Norditaliens Reichtum an Wasserkraft wohl nicht aufzuwiegen vermag.

Aber es gibt noch einen anderen Grund, weshalb Italien auf ökonomischem Gebiete zurückgeblieben ist, die Italiener sind noch „nicht fertig" — in Staat und Gesellschaft.

3. **Gesellschaft und Staat.** Italien ist „das klassische Land der Auswanderung, ein großes Exportland von Arbeitskraft" (Frescura). Die Statistik berichtet, daß kein Land eine größere Emigrationsziffer aufzuweisen hat. Gewisse Landesteile (Kalabrien) beginnen geradezu sich wie Irland zu entvölkern. Dies ist ein ernstes Zeichen nationaler Krankheit.

Italiens Krankheit ist die soziale Frage, und sie ist hier noch vor allem eine agrarische. Der Grund des Übels liegt in der Verteilung des Besitzes: im Süden zu große Güter (Latifundien), mit allen Übelständen des Verpachtungssystems, im Norden dagegen kleine Parzellen, die ihre Besitzer zwingen, sich nach Extraeinkommen umzusehen. Dazu kommen die drückenden Steuerlasten, die eine Folge des Einigungswerkes und der Großmachtstellung sind — nicht zu vergessen die durch Erdbeben, Wolkenbrüche usw. herbeigeführten wiederholten Katastrophen, die das Los des Landmannes trüben. Gegen solche Dinge können der Fleiß und die Anspruchslosigkeit des gemeinen Volkes wenig ausrichten. Die Landwirtschaft ist kein konservierendes Element mehr, sondern selbst ein Herd für Unruhen, eine Pflanzschule sozialistischer Unzufriedenheit und eine Gefahr für den inneren Frieden. Aber dieser Zustand des Haupterwerbszweiges hemmt die Entwicklung des Wirtschaftslebens auch auf anderen Gebieten und macht Italien, trotz der Goldströme der Touristen und der in der Fremde weilenden oder der wieder heimgekehrten Emigranten, zu einem der ärmsten Länder Europas („siamo poveri", Saracco 1897).

In diesem trüben Bild dürfte sich vieles im neuen Jahrhundert geändert haben. „In den letzten 30 Jahren", sagte Giolitti 1908, „hat das Land Fortschritte von 100 Jahren gemacht", und auswärtige Beobachter haben das vielleicht nicht unparteiische Zeugnis des Staatsmannes hinsichtlich des materiellen Aufschwungs bestätigt. Die blühende Lage der Staatsfinanzen, die die Führung des Tripoliskrieges ohne neue Anleihe ermöglichte, kann kaum nur einer geschickten Politik zugeschrieben werden. Ohne Zweifel ist Italien auf bestem Wege zu einem gesunderen Staatsleben. Aber zweifelhafter ist es, wann sein Volk auf dem Gebiete des Staatslebens „fertig" sein wird.

Die jahrhundertlange politische Zersplitterung läßt sich nämlich nicht so leicht aus dem Gedächtnis streichen, besonders nicht in einem Land, dessen hundertmeilige Ausdehnung von vornherein dazu geeignet ist, selbst bei derselben Nation Gegensätze in Charakter und Denkweise zu erzeugen. Die langjährige staatliche Mißwirtschaft hatte außerdem das Volk, besonders im Süden, mit Mißtrauen gegenüber dem Staatsgedanken selbst erfüllt; stellenweise war man so weit gekommen, daß man den Staat als natürlichen Feind betrachtete, gegen den man sich keinen anderen Schutz wußte als geheime Vereinigungen (die „Camorra", die „Mafia"). Das neue Italien trat also in die Welt hinaus mit der primitiven Aufgabe, das Volk mit der Staatsidee als solcher zu versöhnen. Es war dies eine neue Belastung zu der Spannung mit der Kirche. Vielleicht wäre es am besten gewesen, wenn man dem Gedanken Cavours gemäß das Werk in zwei Ansätzen angepackt hätte, wenn man also beim Befreiungswerk im Norden haltgemacht hätte, bis der Einheitsgedanke von selbst im Süden gereift wäre, und wenn man es ebenso bei einer stark monarchischen Form belassen hätte, bis die Staatsidee in den Gemütern des Volkes zum Durchbruch gekommen wäre. Sicher ist es, daß das parlamentarische Regierungssystem, das nach dem Durchbruch des Radikalismus 1876 Praxis geworden ist, gleichzeitig mit der Verschiebung des Schwerpunktes nach Süditalien das öffentliche Leben in bedenklichem Grad durch die Überhandnahme der Privatinteressen bloßgestellt hat. Etwas anderes war kaum in einem Staat zu erwarten, dem sowohl Englands feste Rechtsordnung wie die starke Verwaltung Frankreichs fehlen, und in dem der Mangel des politischen Lebens an großen idealen Gegensätzen gleichzeitig die Entstehung wirklicher Reichsparteien verhindert hat. Das Resultat zeigt sich in einem Abgeordnetenhaus, das an politischer

Entartung dem Österreichs kaum nachsteht, aber für den Staat um so gefährlicher war, als es größere Macht besaß. Die stark fortschreitende Sozialdemokratie konnte auch hier als die loyalste Partei bezeichnet werden, insofern sie weniger als die anderen Deputiertengruppen rein private Zwecke verfolgte.

Auch in dieses Dunkel scheint jedoch die Entwicklung einen Lichtstrahl gebracht zu haben. Die beginnende Teilnahme des Klerikalismus am parlamentarischen Leben ist ein Signal zu festerer Parteisammlung, und die Einführung des allgemeinen Wahlrechts 1912 dürfte auch hier eine heilsame Verschiebung der Autorität nach dem Monarchen hin zur Folge haben. Inzwischen hat die auswärtige Politik des Staates in neuester Zeit ein allgemeines Aufflammen des Nationalgefühls hervorgerufen, das auch dem Staate selbst unter der Form erhöhten Verantwortungsgefühls für bürgerliche Pflichten zugute kommen wird.

4. **Auswärtige Probleme.** Italiens auswärtige Probleme fußen auf dem Nationalcharakter und dem geographischen Milieu. Der ästhetische Sinn der Nation und ihr starker, aber oberflächlicher Ehrgeiz, der sich u. a. in der Vorliebe der gebildeten Klasse für die „freien" Gewerbe vor den praktischen zeigt, prädisponieren für eine „starke" auswärtige Politik. Die Umstände lenkten Italiens erstes Streben auf die Vollendung des Einigungswerkes; es entwickelte sich zum Irredentaprogramm, als Italien 1878 mit leeren Händen von Berlin gehen mußte, während sein Erbfeind Bosnien erhielt. Gleichzeitig entstand aus der Lage, Gestalt und den früheren Traditionen des Reiches ein Mittelmeerprogramm, das zunächst auf Tunis als „eine Art Verlängerung Siziliens" (Fiamingo) berechnet war. Mit diesen beiden Segeln steuerte das neue Italien ins Fahrwasser der hohen Politik.

Da geschah etwas, was die Richtung der italienischen Politik auf zwei Dezennien hinaus bestimmen sollte. Frankreich pflückte 1881 die auserlesene Frucht vor dem Hause Italiens für sich, „als ein natürliches Anhängsel von Algerien". Dies bedeutete nicht nur den

II. Italien

Verlust einer nationalen Hoffnung, sondern zugleich eine verschärfte nationale Gefahr. Schon vorher von dem älteren lateinischen Bruder von Toulon und Korsika aus in der Flanke bedroht, würde Italien jetzt bald die Mündungen von Bisertas Kanonen gegen seinen Fuß gerichtet sehen. Der Nachbar hatte damit eine um so hervorragendere strategische Stellung geschaffen, als Italien mit seiner der Küste entlang laufenden Haupteisenbahn im vorderen Mittelmeer besonders empfindlich ist. Und gleichzeitig mit dieser Verdunkelung des politischen Horizontes schrumpften die Hoffnungen auf die kommerzielle Herrschaft zusammen, besonders da England durch den Gewinn von Zypern (in Berlin) und seine darauffolgende Aktion gegen Ägypten eine übermächtige Position im inneren Mittelmeer errichtete.

Derart waren die Voraussetzungen für den Eintritt Italiens in die Tripelallianz 1882. Derselbe geschah nicht aus innerem Antrieb, sondern aus politischer Not. Aber es fand, was es suchte, eine Stütze sowohl für defensive wie für aggressive Zwecke. Die Spannung mit Frankreich führte 1888 zu einem zehnjährigen Zollkrieg, der Italien in eine schwere innere Krise brachte, da der Nachbar bisher seinen Handelsmarkt beherrscht hatte. Es war Frankreichs Absicht, „Italien durch den Hunger wiederzuerobern" (Billot); jetzt konnte aber Italien eine handelspolitische Umlegung nach der Seite seiner Verbündeten vornehmen. Die Allianz lieferte die Kraft zu einer ganz neuen ökonomischen Organisation, und zwar in dem Maße, daß man das ganze moderne Italien als „ein Werk Deutschlands" bezeichnet hat (Fiamingo). Zu gleicher Zeit zeigte sich ein Ersatz für die Irredenta, die man jetzt ad acta legen, und für das Mittelmeer, das man der Zukunft überlassen mußte, nämlich ein reines Kolonialprogramm ohne nationales oder geographisches Recht. Auf Grund dieses Programms wurden die Kolonie am Roten Meer und die übrigen jetzigen Kolonien im östlichen Afrika erworben. Als es aber seine Hand nach einem wirklichen Wert wie Abessinien ausstreckte, war die Folge eine disqualifizierende Niederlage (Adua 1896). Es gelang

Italien auch nicht, ein Los bei der großen chinesischen Realisation zur Zeit der Jahrhundertwende zu gewinnen. Da hielt es die Zeit für gekommen, zum Mittelmeerprogramm zurückzukehren auf dem einzigen Wege, der dahin führte, auf dem Wege des Einverständnisses mit Frankreich. Nun begannen „die Extratouren" (Bülow), die seine Bundestreue in ein zweifelhaftes Licht stellten. Die Belohnung kam schließlich, gerade im Jubeljahr 1911, im 50. Jahre des neuen Reiches, mit „Libyen", dem nordafrikanischen Küstenland zwischen Frankreichs Tunesien und Englands Ägypten.

Man sieht ein, daß Italiens Anspruch gleichsam von Tunis auf dieses herabglitt; es war dies die einzige noch übrige Stelle, wenn es sich überhaupt als Mittelmeermacht außerhalb der heimischen Grenzen geltend machen wollte. Die Besitznahme von Tripolis hat auch Gefühle von Nationalstolz ausgelöst, die für den auswärtigen Betrachter nicht in richtigem Verhältnis zum wirklichen Werte der Beute zu stehen scheinen. Unter der Macht dieser Gefühle hat sich Italien jetzt auch eine Hypothek im türkischen Asien zu verschaffen gewußt (die Konzession auf eine Adalia-Eisenbahn 1913) und außerdem eine Interessensphäre in dem neuen Albanien, auf das sowohl alte venezianische Hoheitsrechte wie auch die politische Anziehung, die ein Vorland ausübt, schon längst seinen Blick gelenkt haben. Daß letzteres Interesse die Form eines mit Österreich-Ungarn geteilten Protektorats besitzt, beweist seinerseits, daß in dieser schlauen und geschmeidigen Politik jetzt die Allianz wieder zu Ehren gekommen ist, nachdem die neueste Form seiner Mittelmeerpolitik einen neuen Rückschlag und einen neuen Druck seitens Frankreichs zur Folge hatte.

Bei einem Überblick über das moderne Italien müssen einem der nationale Wille zum Leben und das Streben nach Wachstum imponieren, deren elementarer Macht auch die Sozialisten und die Pazifizisten des Landes sich nicht ganz entziehen konnten. Sie sticht ganz besonders gegen den Alterstypus Österreichs scharf ab. Man darf aber auch seinen entschieden extensiven Charakter nicht übersehen; wir sehen einen Baum, der mehr auf das stolze Ausbreiten seiner Äste bedacht ist als auf die Vertiefung seiner Wurzeln in der Erde.

Diese unorganische Forcierung der Kräfte nach außen hin bildet den Kernpunkt in der Diagnose der sechsten Großmacht und den Schatten in ihrer Prognose. So wie sie bei ihrem Entstehen nach den teuersten Schätzen der Völker griff, nach Selbständigkeit, Einheit, Selbstverwaltung, nach allen auf einmal, ohne die Reife abzuwarten, so hat sie auch die Großmachtstellung ausbauen und ihre Früchte einheimsen wollen, ehe der Grund in innerer Konsolidierung festlag. Hierdurch erwies sich die Großmacht nicht als Blüte der Entwicklung des Staates, sondern gewissermaßen als ein Hindernis für diese Entwicklung, indem sie für sich Kräfte und Opfer in Anspruch nahm, die dem Staat selbst hätten zugute kommen sollen.

Das, worauf Italien mit unabweisbarer Notwendigkeit hindrängt, ist die Konzentration der inneren Aufgaben, Kampf gegen die Malaria und die Versumpfung, nicht bloß in der Natur, sondern auch in der Gesellschaft, Versöhnung der sozialen Gegensätze, Abhilfe der agrarischen Mißstände, Ausgleich und Linderung der Steuerlasten, Säuberung des parlamentarischen Augiasstalles. Zwar sind die Fortschritte auf diesem Gebiete groß, aber man muß sich vor einer allzu häufigen Sinnestäuschung hüten; nicht mit sich selber in der Vergangenheit, sondern mit ihrer Umgebung in der Gegenwart haben Großmächte wie Staaten den Kampf ums Dasein zu führen. Auf dieser Wage wiegt Italien leicht. Sein Typus ist ein entschieden progressiver, und seine europäische Bahn führt unverkennbar aufwärts; aber in der planetarischen Konkurrenz ist sein Maß noch zu klein, seine Decke noch zu niedrig.

Literatur: Cinquanti anni di storia Italiana, Jubiläumsschrift I—II, 1911; Deecke, Italien, 1898; P. D. Fischer, J. und die Italiener, 1901, und J. als Mittelmeermacht, 1912 (Geogr. Zeitschrift); Frescura, I moderni problemi dell' emigrazione it., 1907; Fiamingo, Les raisons économ. de la politique étrangère de l'It., 1907 (Revue polit. et parlam.); Billot, La France et l'It., histoire des années troubles, 1905; Orsi, Das moderne Italien, deutsch von Goetz, 1902.

III. Frankreich.
République française.

Reich 8,5 $\left(\frac{0,54}{7,9}\right)$. Volk 88 $\left(\frac{39,7}{48,5}\right)$; Zunahme 64,000; Zuwachs $\frac{19,9}{19,2}$. Eisenbahnen 50,000; Handel 9,4 $\left(\frac{4,3}{5,1}\right)$; Handelsmarine 3,93. Flotte üb. 500,000; Heer üb. 600,000; Militärausgaben n. 30 $\left(\frac{19,3}{10,4}\right)$. Staatsschuld 26,4, pro Kopf 665.

1. Genesis. Am ältesten unter den lebenden Großmächten nächst der altertümlichen habsburgischen Kaisermacht ist Frankreich. Vor 14 Jahrhunderten von Chlodwig gegründet, kam es durch den Sieg der Jungfrau von Orleans über die Engländer in der ersten Hälfte des 15. Jahrhunderts zu nationalem Selbstbewußtsein und durch den Sieg Ludwigs XI. über die Lehnsaristokratie in der zweiten Hälfte desselben Jahrhunderts zu staatlicher Konzentration. Frankreich war also in Europa am ersten „fertig", vier Jahrhunderte vor Italien und Deutschland.

Lange Zeiten hindurch erhielt unser Staatensystem seinen bestimmenden Zug aus der Konkurrenz zwischen der ersten und der zweiten Großmacht. Frankreich war es in erster Linie, das die Hoffnung auf eine Universalmonarchie Habsburgs vereitelte. Durch diese Tat gewann es selbst im Westfälischen Frieden eine definitive Großmachtstellung. Aber darum wurde auch Österreich der natürliche Verbündete Englands, als es sich später darum handelte, das Gleichgewicht des Erdteils gegenüber der Übermacht Frankreichs zu bewahren, zuerst unter Ludwig XIV. und dann unter Napoleon I. Schließlich fand auch Italien während des Bruches zwischen Österreich und Frankreich Gelegenheit, seine Großmachtsidee neben ihnen zu verwirklichen, eine Tatsache, die natürlich an und für sich auf die beiden alten Streiter schwächend wirken mußte.

III. Frankreich

In einer starken Rhythmik von Fortschritten und Rückschritten, von Flut und Ebbe, liegt Frankreichs spätere Geschichte vor uns, aber immer saß es auf der ersten Bank des Staatensystems. Als das Staatensystem sich zu einem Weltsystem zu erweitern anfing, folgte auch Frankreich mit, in geographischer Forschung und politischer Kolonisation. Die atlantische Küste schuf damals ein rein transozeanisches Reich mit seinen Ecksteinen in Nordamerika und in Vorderindien. Es war dies zur Zeit der mächtigen Entwicklung Frankreichs in Europa in der letzten Hälfte des 17. Jahrhunderts. Dieses erste große Kolonialreich konnte in der Konkurrenz mit England nicht bestehen; es fiel zum wesentlichen Teile mit dem „ancien régime" vor Beginn des 19. Jahrhunderts. Aber in der Verbindung mit der Türkei seit dem 16. Jahrhundert und in der anerkannten Stellung als Beschützer der Christen gegen die Mohammedaner lag der Keim zu einer neuen Herrschaft auf einer inneren Linie innerhalb des Horizonts des Mittelländischen Meeres. Ihr Aufbau begann während der europäischen Restauration (Algerien 1830); er kam in Fluß unter der dritten Republik in den achtziger Jahren des 19. Jahrhunderts (Hinterindien) und ganz besonders nach dem Bündnis mit Rußland 1891, das Frankreich durch dessen Deckung in Europa sein Selbstvertrauen wiedergab. Nun beginnt eine Hochflut von Expansion, und wir sehen die Frucht in einem einheitlichen afrikanischen Riesenreich unter der Trikolore.

In dieser gewaltigen Machtentwicklung, die an der Oberfläche größer ist als irgendeine vorher in seiner Geschichte, steht heute Frankreich, ein stolzes Gebäude im Sonnenschein modernster Zivilisation. Der Beschauer befindet sich also nicht mehr auf weniger beachteten Plätzen der Staatenwelt. Es ist ein Großmachtstypus höherer Ordnung als die oben betrachteten. Vor uns liegt eine Macht, die den höchsten Rang zu beanspruchen scheint — den der Weltmacht.

2. Reich. Man hat in Frankreich eine Zusammenfassung von Europa sehen wollen, ein Land, in dem die verschiedenen Naturtypen Europas „sich begegnen und ineinander hinübergleiten". Sicher ist,

daß sich dieses Land in seiner physischen Gestaltung einer auserlesenen Mannigfaltigkeit und eines harmonischen Gleichgewichts erfreuen kann, wie auch eines natürlichen Systems von Verkehrsverbindungen, wie man es auf unserem Erdteil nur in Rußland wiederfindet. Wir sehen ein Reich mit großen Möglichkeiten, sein Volk mit dessen verschiedenen Bedürfnissen aus Feld und Wiese, Berg, Wald und Wasser zu versehen; also mit auffallender Anlage für Autarkie, ähnlich wie Österreich-Ungarn, und zugleich mit weit größeren Voraussetzungen zu Großproduktion als Italien.

Zu gleicher Zeit besitzt dieses Reich die höchsten Vorzüge eines Durchgangslandes. Welcher Platz kann dazu geeigneter erscheinen als der direkt im Zentrum von Westeuropa, dem Hochsitz der Kultur gelegene? Und Land und Meer halten sich in der Gestalt des Reiches das Gleichgewicht, so daß keines von beiden die Perspektive auf Kosten des anderen beherrscht. Österreich-Ungarn ist eine reine Landmacht, die im Kontinent eingeschlossen ist und nur ein Fenster nach einem versteckten Winkel des Mittelländischen Meeres besitzt; Italien ist ganz überwiegend eine Seemacht, deren Aussicht auf dasselbe Binnenmeer beschränkt ist; Frankreich steht von vornherein auf einem größeren und weiteren Plan, es besitzt zwei Meeresfronten, nämlich die des offenen Ozeans und die des Mittelländischen Meeres; es hat sogar eine Öffnung nach einem dritten Meer, der Nordsee. Mit Marseille und Toulon sieht es nach Afrika und der Levante, mit Bordeaux und Le Havre nach Amerika und England, mit Dünkirchen nach der skandinavischen Welt. Das ist eine Weltlage in eminentem Sinne, um so mehr, als seine geographische Lage ihm die besten Vorzüge eines gemäßigten Klimas verleiht.

Mit den Vorzügen seiner Lage und seiner Küste verbindet Frankreich den grundlegenden Vorteil eines größeren, zusammenhängenden, quadratisch geformten Landkomplexes, der an sich viel leichter zusammenzuhalten ist als der lange, schmale Reichskörper Italiens. Durch dieses Gleichgewicht zwischen maritimen und kontinentalen Voraussetzungen zeigt sich dieses Reich auf einer solideren Grundlage als die bisher betrachteten. Es ist ein dritter Typus, der amphibische. Diese Bezeichnung deutet andererseits ein Hindernis für die Entfaltung der vollen Stärke an, welche die Konzentration nach einer einzigen Richtung mit sich bringt. Land und Meer gehen hier auseinander, die natürliche Schwäche der Harmonie gegenüber der einseitigen Begabung. Besonders bemerkenswert ist die Teilung der Küste in zwei Küsten, die man bisher noch nicht mittels eines Kanals nach den Forderungen der Neuzeit hat miteinander vereinigen können, eine Erschwerung für die Verteidigung zur See.

Nach außen hin besitzt das Reich zum überwiegenden Teil gute Grenzen. Die Alpen gegen Italien, die Pyrenäen gegen Spanien, der Kanal gegen England sind Grenztypen vorzüglichster Art. Seit 1871 besitzt es auch im Gebirgszug der Vogesen eine gute Grenze gegen Deutschland, besser als die alte Stromgrenze des Rheins. Zwischen den Vogesen und dem Juragebirge läßt jedoch „le trou de Belfort" eine Lücke in dem natürlichen Grenzrahmen offen, die der Befestigungskunst ernste Aufgaben gestellt hat. Südlich davon sehen wir den kleinen Rhoneteil bei Genf; nördlich von den Vogesen schließlich wird die politische Grenze in keiner Weise mehr von der Natur gestützt, sie durchschneidet dort sämtliche Wassersysteme jener Gegend (Mosel, Maas, Sambre, Schelde und Lys), und ganz Belgien sitzt auf der Karte wie ein ganz natürlich dahingehörender Hut auf dem Kopfe Frankreichs. Hier im Nordosten befindet sich die empfindliche Seite des Reiches, denn hier hat die Natur die Tür nach Zentraleuropa offen gelassen.

Zwei Tatsachen lassen uns diesem Grenzrahmen große Aufmerksamkeit schenken: auf der einen Seite die starke Grenzmauer gegen die romanischen Stammesgenossen im Süden und auf der anderen Seite das Fehlen jeglicher natürlichen Grenze gegenüber der fremden germanischen Welt im Osten. Diese Ordnung der Natur hat auf die Geschichte Frankreichs tiefgehenden Einfluß ausgeübt. Von seinen Stammesgenossen getrennt, hat es den Hauptanteil an dem Kampf mit der deutschen Rasse tragen müssen, und die große Zahl von Schlachtfeldern auf diesem von Kriegen am meisten heimgesuchten Boden Europas zeugt von der Härte des Kampfes. Aber für ein großes Volk ist eine derartige Grenzschwäche nicht unbedingt nachteilig. Hat sie Frankreich von den Einflüssen des Mittelländischen Meeres und des Ozeans abgelenkt und ungewöhnlich schwere Opfer zu Kriegszwecken gefordert, so hat sie ebenfalls einen ständigen Antrieb zu innerer Zusammenhaltung, eine Stählung durch das Blut für große geschichtliche Aufgaben gewährt.

3. **Volk.** Entsprechend der Anweisung der Geopolitik erwarten wir auf der östlichen Front stärkere Ausnahmen von der Einheit der Nation und finden auch außerhalb der Grenze hier 4 Millionen Französischsprechender (3 in Belgien, 0,2 in Lothringen, 0,8 in der Schweiz), also eine „Gallia irredenta" von 10% des Stammes, die aber im ganzen nicht stark nach dem Sprachpol gravitieren. Die fremden Elemente im Lande betragen, selbst wenn man die stark patriotischen Bretagner und die Ausländer in den Städten mitrechnet, nicht einmal 9% der staatlichen Bevölkerung. Alles in allem ist die französische Nationalität eine der konzentriertesten auf der Welt und hat im Reiche im vollsten Sinne des Wortes ein eigenes Heim.

Die fundamentalen Forderungen einer selbständigen Persönlichkeit in einer natürlichen Behausung erfüllt also Frankreich im selben Maße wie Italien. Hierin besitzen die romanischen Großmächte den gleichen, entschiedenen Vorzug vor der österreichischen. Auf das besondere Konto des französischen Volkes im Vergleich mit dem italienischen kommt dann noch ein vielhundertjähriges Zusammenleben in Einigkeit und Freiheit, das es mit einem weit höheren Grad von Bürgersinn durchdrungen hat.

Auf dieses auserwählte Volk fällt aber in unseren Tagen von anderer Seite ein so tiefer Schatten, daß er von vornherein die ganze Prognose der Großmacht verdunkelt. Wir hatten bisher keinen Anlaß, uns bei anthropologischen Faktoren aufzuhalten, denn das physische Leben der betrachteten Völker wies keine Abnormität auf. Frankreichs wegen müssen wir jetzt eine ganz neue Seite aufschlagen, um dort das Urteil über eine Großmacht zu lesen, deren Bevölkerung begonnen hat den Willen zu verlieren, sich selbst durch alle Zeiten hindurch zu erneuern.

Über das Zeugnis der Statistik in diesem Punkte kann man nicht hinwegkommen. Wir sehen eine gesamte Bevölkerungszunahme von $1/6$%, während das Normale ein volles Prozent beträgt. Hierbei ergibt sich eine natürliche Zunahme durch Geburtenüberschuß von weniger als $1/10$, während die Durchschnittszahl für Europa 1,2 ist. Gleichzeitig gewahren wir eine normale Sterblichkeit von kaum 2%; es ist also die Nativität, die Lebensquelle selbst, die versagt; ihre Zahl beträgt nur 2, während die allgemeine Ziffer für Europa $3^1/_2$ und für Westeuropa volle 3 ist. Dies bedeutet in positiven Zahlen, daß Frankreich jährlich mit 450000 Menschen hinter dem Normalen zurückbleibt. Italiens Bevölkerung von weniger als 35 Millionen ergibt jährlich 350000 Menschenleben mehr als die Frankreichs von 39 Millionen. In letzter Zeit ist es nichts Ungewöhnliches, in den jährlichen Tabellen Frankreichs über Geburten und Todesfälle eine direkte Unterbilanz zu finden.

Ein näheres Studium der Statistik zeigt eine normale Heiratsfrequenz und eine verhältnismäßige Anzahl kinderloser Ehen. Sucht man nach den Wurzeln dieser Erscheinung, so wird hiermit der Gedanke an eine beginnende Sterilität der Rasse selber ausgeschlossen, um so deutlicher, als dasselbe französische Blut sich in Kanada durch reiche Fruchtbarkeit auszeichnet. Es kann also nur eine Erklärung geben, nämlich eine freiwillig beschränkte Kinderzahl, das sogenannte Zweikindersystem. Diese Erklärung wird von besonderen Untersuchungen bestätigt, die gezeigt haben, daß diese Erscheinung ihren Höhepunkt bei den begüterten Gesellschaftsklassen besitzt. Man merkt die Berechnung: je weniger Kinder, desto bessere Versorgung derselben, desto größere Garantie auf dem Lande für die Erhaltung des Besitzes in der Familie, und gleichzeitig desto weniger Mühe für die Eltern. Aber dieser reingezüchtete Individualismus droht für die Nation eine Krankheit zu werden, die zum Tode führen muß. Mathe=

matisch ist es klar, daß ein solches System mit der Zeit den Fluß der Generationen zur Stagnation bringen muß. Aber ein Volk steht nicht allein, es steht mitten in einer Welt, in der die Entwicklung ihren ruhigen Gang geht mit mehr oder weniger normalem Umsatz des Menschenmaterials bei den Nachbarn. Und die Geschichte hat ihren horror vacui ebenso wie die Natur: ein Staat mit sinkender Einwohnerzahl wirkt wie ein barometrisches Minimum in der Luft, er zieht die ihn umgebenden Schichten an. So ist es bereits in Frankreich; die Bevölkerungszahl wird mehr durch Einwanderung aus den Nachbarländern als durch eigene Kraft aufrechterhalten, und es ist eine vergebliche Hoffnung, daß es dem einheimischen Stamme auf die Dauer gelingen werde, die Eingewanderten, ohne an seinem eigenen Mark Schaden zu leiden, sich zu assimilieren. Auch ohne gewaltsame Eingriffe von außen muß infolge eines solchen Systems seine Selbständigkeit mit der Zeit in die Brüche gehen. Wir haben diesen Prozeß einmal vorher in der Geschichte Europas gesehen, nämlich in dem Rom der Kaiserzeit: das Zweikindersystem vermengte die Weltmacht mit barbarischen Elementen, bis sie zum Untergang reif war.

„Zunehmende Bevölkerungszahl", sagt Waitz in seiner Politik (1862), „bedeutet nicht immer Lebenskraft, aber sinkende Einwohnerzahl bedeutet stets Verfall." Das imponierende Bild der französischen Macht schrumpft auch zusammen, sobald wir den Maßstab der Entwicklung anlegen. Die Zahlen sprechen eine laute Sprache. Vor einem Jahrhundert war das französische Volk an Einwohnerzahl das zweite in Europa, $14^1/_2\%$ der gesamten Bevölkerung des Erdteils. In den vierziger Jahren des 19. Jahrhunderts wurde es von der Deutschlands (innerhalb der heutigen Grenzen), in den sechziger Jahren von der Österreich-Ungarns und der Vereinigten Staaten Nordamerikas, in den siebziger Jahren von der Japans und 1893 von der Englands überflügelt. Heute ist es also Nummer 5 in Europa und Nummer 7 im Kreise der Mutterländer der Großmächte und repräsentiert nur 9% der Bevölkerung des Erdteils. In einem Jahrhun-

III. Frankreich

dert ist Frankreich von $1/7$ auf $1/11$ von Europa gesunken und vom zweiten Platz auf den vorletzten unter den acht Großmächten; ja, man kann bereits ausrechnen, wann es auch von Italien überflügelt werden und so auf den letzten Platz in der Rangordnung kommen wird.

Was dies in politischer Hinsicht bedeutet, zeigt sich am besten vom Gesichtspunkt der Landesverteidigung bei einem Vergleich mit Deutschland. Das Frankreich, das 1870 niedergeworfen wurde, verhielt sich an Einwohnerzahl zum Sieger wie 100:111; jetzt ist das Verhältnis 100:168. Jedes Jahr bringt Frankreich durchschnittlich 12000 neue Soldaten (wenn wir so den jährlichen natürlichen Zuwachs an Männlichen bezeichnen), aber schon in den neunziger Jahren gewann Deutschland 365000, d. h. einen ebenso großen Kraftzuwachs im Tag wie Frankreich im Monat! Das ist der statistische Hintergrund des Revanchegedankens.

Die Überhandnahme des Individualismus, die solche Folgen für den Staat mit sich brachte, rächt sich auch an den Individuen selbst. „Man muß die Quantität haben, um die Qualität zu erhalten" (Bertillon). Das Zweikindersystem bedeutet im Grunde eine Auflehnung gegen die jeder Generation obliegende elementare Pflicht, für den Fortbestand des Geschlechts zu sorgen: also eine Erschlaffung des Verantwortungsgefühls hinsichtlich der Entwicklung. Wir können nicht umhin, Züge dieser moralischen Entartung in vielen Zeichen der Zeit auf französischem Boden wiederzufinden, in der Literatur sowohl wie im Leben, dem öffentlichen sowohl wie dem privaten, ernste Zeugnisse dafür, daß der Kern dieser stolzen und reichbegabten Volksseele nicht mehr so gesund ist wie früher.

Selbst der leichte gallische Sinn mußte schließlich den Ernst zugeben, der sich hier mit der Unerbittlichkeit eines Fatums zu nähern scheint. Jede neue Volkszählung füllt die Zeitungsspalten mit düsteren Betrachtungen über das „sterbende Vaterland". Die Vorschläge zu Abhilfemitteln hageln nur so; private „Allianzen" und „Ligen" arbeiten neben den Antragstellern im Parlament und großen offiziellen Komitees. Leider ist die Mehrzahl dieser Rezepte schon in der römischen Kaiserzeit geprüft und als Quacksalbermittel befunden worden, ohne dauernde Einwirkung auf die tiefen Kräfte, die das Übel hervorgerufen haben. Diese Kräfte liegen nämlich nicht nur auf ökonomischem und sozialem Gebiete, dann wäre das Problem verhältnismäßig leicht zu lösen, sondern primär auf dem psychologischen. Das System zeigt sich als eine natürliche und langsam herangereifte Frucht von Überkultur, in unzertrennlichem Zusammenhang mit der individuellen Selbstgenügsamkeit der ganzen Weltauffassung, die Frankreich mit seiner großen Revolution ins Leben gerufen hat. Der Zeitgeist selber muß also ein anderer werden; mit ökonomischen oder juridischen Kuren kann man diesem Übel nicht beikommen. Bergsons moderne Philosophie ist ein Reaktionszeichen in der Richtung, das vielleicht größere Bedeutung hat als die parlamentarischen Palliative. Wie dem auch sei, wir sehen in der „Depopulation" einen Zug von Alter und Schwäche, der in erster Linie das heutige Bild der französischen Großmacht bestimmt und in allen Seiten ihrer Lebenstätigkeit sich widerspiegeln muß.

4. **Gesellschaft.** Der französische Bauer ist seit alters her bekannt wegen seines einfachen und sparsamen Arbeitslebens, dessen Bedeutung für die Gesellschaft nicht durch den Glanz, der den Namen Paris umgibt, verdunkelt werden darf; erst in neuerer Zeit hat sich die Demoralisation allgemeiner auch draußen auf dem Lande in einem stark zunehmenden Alkoholverbrauch gezeigt. Die Frucht der Sparsamkeit und der Vorsorge von Generationen ist indessen ein allgemeiner Wohlstand, der gegen die allgemeine Armut Italiens einen auffallenden Kontrast bildet. Seit der ersten Revolution besitzt nämlich Frankreich auch das, was Italien so sehr vermißt, nämlich gut verteilten Boden und einen selbständigen Bauernstand, der sich in Wirklichkeit zu einem Stand von Kleinkapitalisten („propriétaires") emporgearbeitet hat. Dieser Stand rekrutiert sich andererseits, infolge derselben im Volkscharakter liegenden Sparsamkeit, aus der zahlreichen Beamtenschaft („fonctionnaires"). Diese starke Mittel-

klasse ist es, die eine Erklärung gibt für die Leichtigkeit, mit der Frankreich den Aderlaß von fünf Milliarden Franken 1871 getragen hat und noch immer eine Staatsschuld trägt, die weitaus größer ist als die irgendeiner anderen Großmacht.

In einer Weise zieht die Großmacht aus dieser Emsigkeit der kleinen Leute direkten Nutzen für ihre eigenen Zwecke. Ihre Spargelder legen sie gerne in Wertpapieren der Börse an, an der aber auswärtige Anleihen nur mit Erlaubnis der Regierung notiert werden dürfen. Die Regierung kann daher den anleihebedürftigen Staaten, die in diesem reichen Hause Hilfe suchen, Bedingungen stellen: Konzessionen in dem betreffenden fremden Land oder Lieferungen an dasselbe. Man sieht ein, welche Bedeutung das so organisierte Kapital für eine expansive Politik hat; man hat es „Frankreichs fünfte Waffe" genannt (nach Infanterie, Artillerie, Kavallerie und Aeroplan) — eine Frage ist es, ob es nicht jetzt die erste genannt werden muß.

Diese glänzende Medaille hat jedoch ihre Kehrseite. Bei näherer Betrachtung zeigt auch das ökonomische Leben unverkennbare Merkmale des Niederganges. Lange Zeit war Frankreich an Handelsumsatz Nummer 2 sowie an Einwohnerzahl; 1891 wurde es in der Exportstatistik von den Vereinigten Staaten von Nordamerika, 1892 im Import von Deutschland und 1896 von Deutschland auch im Export überflügelt. Sein Anteil am Weltumsatz sinkt ebenso wie der an der Menschheitsumme. Auf dem Gebiete der Industrie sehen wir dasselbe Bild: relativer Rückgang bei absoluter Zunahme. Selbst die Kapitalbildung hat zu Beginn der neunziger Jahre ihr Entwicklungstempo zu verlangsamen angefangen, falls wir der Erbschaftsstatistik glauben dürfen.

Frankreichs Ruf als Europas größte Kapitalmacht beruht in Wirklichkeit teilweise auf einer Sinnestäuschung, die dadurch hervorgerufen wurde, daß ein unverhältnismäßig großer Teil dieses Kapitals von der nationalen Arbeit losgelöst und daher nach außen hin zugänglich ist. Hier überrascht uns ein fortschrittsfeindlicher Zug dieses ganzen privatökonomischen Systems. Die französische Spar-

samkeit ist, wie es sich zeigt, mit der passiven und sterilen Gewinnsucht des Geizhalses verwandt: sie sitzt auf ihren Sous, statt sie aktiv
der Entwicklung zugute kommen zu lassen. Man klagt über den Mangel an Unternehmungslust bei allen Klassen, über spießbürgerliche
Gesichtspunkte, die die geringere Rente und das kleinere Risiko vor-
ziehen. Das ist der Standpunkt des Rentiers, der sich vom Geschäft
zurückgezogen hat, um in seinen alten Tagen vom Geld zu leben. Der
nationale Haushalt hat den Typus des hohen Alters wie die Nation
selbst.

Von rein sozialem Gesichtspunkt balanciert das heutige nationale
Frankreich wie das übrige Zentraleuropa mit zwei internationalen
Flügeln, dem des Klerikalismus rechts und dem des Sozialismus
links. Aber die Entwicklung hat andere Wege als in Italien eingeschlagen, wo der Klerikalismus so lange wie möglich sich dem öffentlichen Leben ferngehalten hat, während der Sozialismus mit seinem antimonarchischen Programm regierungsunfähig war. Schon
1892 „realliierten" sich die Klerikalen mit der französischen Republik,
in der die Sozialisten ja ihr politisches Ideal schon verwirklicht sehen;
die Kluft nach beiden Seiten ist daher hier eine weniger tiefe, aber
darum hat die nationale Gesellschaft auch ein stärkeres Bedürfnis
empfunden, sich ihre gefährlichen Tendenzen vom Leibe zu halten.

Zuerst stand der Streit auf der rechten Front, wo bereits Gam-
betta 1877 „den Feind" sah. Er wuchs zu einem „Kulturkampf"
(1901—06), der die kirchlichen „Kongregationen" auflöste, die Trennung von Staat und Kirche durchführte und die Gesellschaft an den
Rand der Entchristlichung brachte („mit unserem antiklerikalen Werk
haben wir das Licht des Himmels fürs Volk ausgelöscht", Viviani
1906). Die revolutionäre Weltanschauung mit ihrer individualistischen Freidenkerei — auf der Basis eines skeptisch veranlagten Volkscharakters, der in Anatole France seinen hervorragendsten heutigen literarischen Vertreter gefunden hat — hat hier einen neuen
Triumph gefeiert, dessen Einwirkungen auf den Grund der Volksseele sich nicht überschauen lassen, dessen bedenkliche politische Fol-

gen wir aber bereits in zwei Richtungen sehen, und zwar teils gegen die päpstliche Kirche, wo die französische Staatskunst bewußt den Bruch herbeiführte, der von Anfang an die Schwäche Italiens bildete, teils in der Levante, wo die Stellung Frankreichs im selben Grade moralisch geschwächt werden mußte, als sie auf der Grundlage der Vertretung der Christenheit beruht.

In diesem Kampf hatte die Gesellschaft ihren natürlichen Bundesgenossen und Helfer (auch innerhalb der Regierung) im Sozialismus, und dessen Führer Jaurès glaubte 1906 die Entwicklung „in raschem Tempo dem sozialistischen Staat zueilen" zu sehen. In Wirklichkeit ist das offizielle Frankreich im neuen Jahrhundert dermaßen radikalisiert worden, daß die Staatsordnung in steigende Gefahr geraten ist. Zersetzende Kräfte, die es zu Hilfe gerufen und in Ruhe hat gedeihen lassen, erheben sich nach dem Sieg über die Kirche aus der Tiefe und wenden sich gegen alles Bestehende. Seit 1905 tritt der in Arbeitersyndikaten organisierte Anarchismus („Syndikalismus") mit einer offenen Kriegserklärung gegen Gesellschaft, Staat und Vaterland auf, und umfassende Attentate auf die kommunikatorischen Lebensnerven des Gemeinwesens (Generalstreike 1909 und 1910) bewiesen seine Macht, während separatistische Bewegungen hier und da (Winzerkrisen 1907 und 1911) ebenso wie das „Apachenwesen" in der Hauptstadt von dem zunehmenden Geist der Zersetzung zeugen. Hier wirft das Individuum trotzig alle Bande von sich und lehnt sich direkt gegen den Rechtsstaat auf. Die Staatsmänner sahen sich daher vor die elementare Forderung gestellt, die Selbsterhaltung des Staates nach innen zu schützen, und da der Altsozialismus im Parlamente seine Vatergefühle gegenüber diesen Bewegungen draußen nicht ganz verleugnen wollte oder nicht den Mut dazu hatte, war die notwendige Folge ein politischer Bruch zwischen dem bürgerlichen Radikalismus und dem Sozialismus („Lex Briand" 1911).

Der scheinbar entscheidende Sieg über den schwarzen Flügel der Gesellschaft hat also in Frankreichs neuester Geschichte eine Frontveränderung gegen den roten zur Folge gehabt. Diese Entwicklung hängt mit gewissen Reaktionserscheinungen auf rein verfassungspolitischem Gebiet zusammen.

5. **Staat.** Als eins der hauptsächlichen Krankheitsmerkmale bei den vorher betrachteten Großmächten haben wir die Entartung der repräsentativen Staatsform zu einem Kampfplatz für private Ehr- und Gewinnsucht konstatiert. Das neue Frankreich hatte nicht mit diesen Schwierigkeiten, die jenen über den Kopf wuchsen, zu kämpfen, weder mit denen der nationalen Sammlung wie Österreich noch mit denen der staatlichen Einigung wie Italien. Diese Probleme hatte es schon im Mittelalter gelöst. Von den großen Fragen der Neuzeit lag Frankreich nur die der politischen und sozialen Freiheit zur Lösung vor, und auch hierin zeigte es sich als ein Bahnbrecher für den Kontinent. Außerdem besitzt es noch aus der Zeit des absolutistischen Regimes als Rückgrat für sein öffentliches Leben seine feste Verwaltungsordnung, die von allen äußeren Verfassungskrisen relativ unberührt geblieben ist.

Nichtsdestoweniger finden wir das Staatsleben in Frankreich keineswegs weniger entartet als in den zum Vergleich herangezogenen Ländern. Der Typus ist derselbe wie der Italiens, eine streng parlamentarische Praxis, welche die Regierung zum Spielball der Deputiertenkammer macht, ohne Halt in einem festen Parteiwesen oder anderen englischen Voraussetzungen zu besitzen. Die dritte französische Republik hat in 40 Jahren bereits 50 Ministerien verbraucht; gleichzeitig hat sich eine Reihe von „Affairen" durch seine Geschichte gezogen, die nicht nur die Autorität des Parlamentes (der Panamaskandal 1892—93), sondern auch die der Rechtsprechung (der Dreyfusprozeß 1894—1906) und neuerdings auch die der Verwaltung (die Schlachtschiffkatastrophen im tiefsten Frieden 1907 und 1911) ernstlich ins Wanken brachten. Die Anarchie scheint auch im Staatsleben umherzuschleichen, während der Staat als Seemacht hinter Deutschland und den Vereinigten Staaten von Nordamerika auf den vierten Platz herabgesunken ist und als Landmacht dem Volke die dreijährige Dienstpflicht auferlegen mußte, um nur mit Deutschland einigermaßen gleichen Schritt zu halten.

Man sieht die ernsten Folgen für seine Großmachtstellung. Man sieht auch den Zusammenhang mit der Abnahme der Bevölkerung und mit ihrer Quelle, dem allgemeinen, individualistischen Geist. Aber eine spezielle Ursache liegt in der Staatsform selbst, die an einem ungelösten Widerspruch von eingreifender Bedeutung krankt.

Seignobos sieht in der heutigen Republik das organische Endziel einer Entwicklung, die in vier Sturmwellen (1792, 1830, 1848, 1870) die alte, monarchische Mauer stückweise weggerissen hat, bis die Reaktion keinen Halt mehr finden konnte. Es ist wahr, daß die Aussichten der Monarchie auf unmittelbare Restauration mit dem Rücktritt Mac Mahons 1879 zunichte wurden, und daß es der republikanischen Staatsform mit dem Bersten der boulangistischen Seifenblase zehn Jahre später gelang, ohne Schaden das kritische Alter von 18 Jahren zu überschreiten, das seit 100 Jahren keine andere französische Staatsform überlebt hat. Aber noch immer besteht der Konflikt in dem Verfassungsgebäude selbst, das 1875 mit einem Thronsaal in der Mitte von einer monarchischen Gesetzgebermajorität errichtet wurde; erst im letzten Augenblick, wo es sich herausstellte, daß der für den Thron bestimmte Mann die bourbonischen Lilien ohne Krone lieber hatte als die Krone unter der Trikolore, setzte man den republikanischen Schild über die Tür. Hier hatte man es mit einer monarchischen Verfassungsform zu tun; wachend und ordnend dringt die Staatsmacht tief in die Gemeinden hinab; in einer immer strafferen Zentralisation laufen die Fäden zusammen; alles zielt nach einem Mittelpunkte hin, so wie alle Wege im Pariser Becken nach der Hauptstadt zu verlaufen; wenn man aber die zusammenhaltende Hand erwartet, dann werden die Fäden wieder gelöst und flattern frei umher im Palais Bourbon mit seinen 602 Gesetzgebern!

Man merkt den Widerspruch. Die Verfassung fordert Selbstverwaltung auch unten in der Gesellschaft als Pflanzschule politischer Verantwortung, die Verwaltung verlangt Festigkeit und Einheit auch oben auf den Zinnen des Staatslebens, um dem Gebäude Halt zu verleihen. Nun sitzt die Freiheit und die Selbstverwaltung am Ruder in einem Staat, der durch und durch auf Ordnung und Staatsverwaltung aufgebaut ist. Das ist nur an der Oberfläche Republik, aber in der Tiefe Monarchie.

Aber verschiedene Staatstypen können nicht in derselben Verfassung friedlich wie gemischte Baustile an einer Hauswand nebeneinander liegen (Fahlbeck); sie erheben sich zum Kampf miteinander. Auf der einen Seite sucht hier der republikanische Geist von der Oberfläche in die Tiefe zu gehen und die Gesellschaft mit Selbstverwaltung zu durchdringen, auf der anderen Seite will das monarchische Prinzip aus der Tiefe sich in die Höhe arbeiten und sich auch an der Oberfläche die Herrschaft erzwingen. Das ist der Kampf zwischen der Demokratie und der Bureaukratie, im Grunde genommen ein fortgesetzter Streit zwischen den entgegengesetzten geschichtlichen Idealen der französischen Revolution und des „ancien régime".

Die praktisch-technische Lösung ist die geworden, daß der Gesetzgeber die Verwaltung in einer Art Belagerungszustand gehalten hat mit fortwährendem Durchbrechen der Schranken: die Wurzel der jetzigen Zersetzung innerhalb der Verwaltung. Der große Ideenstreit dauert noch immer an, und hier ist der Sieg der Demokratie vielleicht kein so entschiedener. Er liegt hinter der Dreyfus-Affäre 1898—99 und dem späteren Kulturkampf, die gegen das Heer und die Kirche als natürliche Herde des alten Ideals gerichtet waren. So kämpft die dritte Republik noch immer mit dem Schatten der Monarchie; aber ihre scheinbaren Triumphe sind stets auf Kosten des eigenen Lebensnerves der Gesellschaft, der Disziplin unter menschlicher und himmlischer Oberhoheit, erkauft worden. Das ist das Risiko. Im gleichen Maße wie es das jetzige Regime an der Garantie für Ordnung und Sicherheit gegenüber den wirklichen Feinden des Staates hat fehlen lassen, im selben Maße werden ja ganz natürlich selbst die loyalsten Bürger ihre Unzufriedenheit und ihre Zweifel von den Regierenden auf die Staatsform selbst schieben.

Es ist offenbar, daß die Aktien der Republik beim Volke selbst im Sinken sind, während der Kurs des „Traditionalismus" steigt.

Die Sehnsucht nach gesellschaftlichem Frieden wird in wachsende Sehnsucht nach einer starken Hand in der Leitung des Reiches umgewandelt; die Literatur (Maurice Barrès) hat dies längst bezeugt, und die letzte Präsidentenwahl (Poincaré 1913) ist ein Ausdruck dessen in der praktischen Politik. Ob die Forderung sich auf die Dauer im Rahmen der jetzigen Staatsform würde erfüllen lassen, liegt in weitem Feld. Letztere hat vielleicht ihre Hauptgarantie darin, daß die offiziellen monarchischen Ansprüche augenblicklich von bloßen Namen, ohne daß Persönlichkeiten dahinter stehen, repräsentiert werden.

Wenn die dritte französische Republik trotz aller ihrer Schwierigkeiten und Sünden schon beinahe ein halbes Jahrhundert bestehen konnte, so liegt der Grund darin, daß sie auf einem anderen Gebiet die Sehnsucht des Volkes zu befriedigen gewußt hat. Sie hat es verstanden, „désordre" mit „gloire" zu verschleiern, innere Mißregierung mit äußerem Glanz. Sie hat eine auswärtige Politik in großem Stil geführt, die das zweitgrößte Kolonialreich der Welt als Resultat ergeben hat.

6. **Auswärtige Politik.** Seit ihrer Geburtsstunde hat die dritte Republik an einem auswärtigen Problem zu tragen, das, wie man sagen kann, noch heute die Zentrale in ihrer äußeren Politik bildet. Es ist dies die Revanche.

Nun muß man bedenken, daß dies eine ziemlich unverhüllte ambitiöse Forderung mit nur geringer Stütze im Nationalitätsprinzip ist: Elsaß war im Gegenteil eine deutsche Irredenta. Man hätte sich deshalb vorstellen können, daß sie allmählich mit dem Verschwinden der Generation von Sedan vollständig in die Welt der Deklamationen und Attitüden übergehen würde. An Anzeichen hierfür fehlte es auch nicht in den neunziger Jahren. Es ist sehr richtig, daß die Allianz mit Rußland in den breiten Schichten ihre Popularität der Revanche zu verdanken hatte; die Staatskunst (Hanotaux) sah sich aber nicht verhindert, mit Deutschland sowohl auf afrikanischem Boden (gegen England im Kongo 1894) wie auch auf asiatischem (gegen Japan in der Mandschurei 1895) zusammenzugehen, und an ton-

angebender sozialistischer Stelle hat man öffentlich von der Revanche=
idee Abstand genommen. Seit Beginn der achtziger Jahre war näm=
lich der Horizont von neuen und realen Spannungen verdunkelt, nicht
bloß gegen Italien wegen Tunis, sondern noch mehr gegen England
wegen Ägypten; mit bitterem Gram mußte man sehen, wie eine fran=
zösische Arbeit vom weltgeschichtlichen Rang des Suezkanals politisch
wie ökonomisch in die Hände eines mächtigen Rivalen kam. In Wirk=
lichkeit befand sich Frankreich zur Zeit der Jahrhundertwende an
einer Wegscheide von ausschlaggebender Bedeutung: Elsaß oder Ägyp=
ten, Vereinigung mit Deutschland um den Preis des ersteren oder mit
England um den Preis des letzteren. Die demütigende Lösung des
Faschodakonfliktes 1898 schien schließlich nach erster Richtung zu
deuten.

Der Minister des Äußern Delcassé war es, der die Entwicklung
auf das andere Geleise hinüberleitete. Daß er es unterließ, aus Eng=
lands Schwierigkeiten im Burenkriege für sein eigenes Land Nutzen
zu ziehen, zeigte, daß er schon früh seine Wahl getroffen hatte. Das
Resultat war die „entente cordiale" vom Jahre 1904, welche die
Differenzen zwischen Frankreich und England auf dem ganzen Erd=
kreis ordnete und die Ansprüche zwischen Ägypten und Marokko
miteinander ausglich. Dieses große afrikanische Reich — jetzt eine
Enklave in der französisch=afrikanischen Riesenherrschaft, Nachbar
Algeriens, das ein Eckstein derselben ist, lästig als Herd anarchistischer
Unruhen, anziehend durch seinen Reichtum und seine Lage am Tore
des Mittelländischen Meeres — erweist sich so als Kompensation
Frankreichs seitens Englands und als das Ziel seiner neuesten Expan=
sionspolitik: ein Ersatz für den bei Faschoda zerstörten Traum eines
afrikanischen Reiches quer über das Niltal bis ans Rote Meer.

Der Weg war weiter und schwerer, als man es 1904 wohl ge=
dacht hat, da sich Deutschland unter hochdramatischen Formen (Tan=
ger 1905, Agadir 1911) als Mitbeteiligter zur Stelle meldete. Das
Ziel wurde erst 1912 erreicht, und die „Liquidationspolitik" (Mil=
let), die bereits vor der Übereinkunft mit England Frankreich seine

Ansprüche auf Tripolis zugunsten Italiens und gleich darauf einen Teil der ausersehenen Beute selbst zugunsten Spaniens gekostet hatte, mußte zuletzt noch mit einem großen Stück seines Besitzes im Kongo an Deutschland belastet werden, abgesehen von den Unkosten für direkte Kriegsbereitschaft gegen letzteres 1905 und 1911 wie auch für die „pénétration pacifique" am Platze während der ganzen Epoche.

In dieser vom Marokkokonflikt geschaffenen Konstellation befindet sich Frankreich noch immer. Die Bitterkeit, Deutschland hindernd im Wege zu finden und gezwungen zu sein, dessen Einverständnis teuer zu erkaufen, hat der Revanchestimmung wieder Luft unter die Flügel gebracht. Man kann sich nicht darüber täuschen, daß die neue Wunde vom Kongo die Narbe vom Rhein wieder aufgerissen hat. Seit der Krise von 1911 findet man beim französischen Volke ein starkes Aufflammen des Nationalwillens. Das langwierige Schwächegefühl scheint überwunden, die militärische Zuversicht wiedergekehrt zu sein; die Armee ist wieder populär wie in früheren Zeiten. Im Vertrauen auf seinen russischen Verbündeten, seinen englischen Freund und seine eigene Überlegenheit in der „vierten Waffe" (dem Luftschiff) fühlt sich Frankreich „archiprêt" — wie 1870.

Von gesteigertem Selbstgefühl zeugt auch Frankreichs neueste Politik in der Levante. Von altersher hat es dort einen Anspruch auf Syrien; mit Hilfe der „fünften Waffe" und vor allem unter der Form von Eisenbahnkonzessionen ist es ihm — trotz des Antiklerikalismus (oben S. 46) — 1914 gelungen, nicht nur denselben zu befestigen, sondern auch gewissermaßen seine Interessensphäre über die kleinasiatische Küste des Schwarzen Meeres zu erweitern. Während dieser Entwicklung hat die Allianz mit Rußland ihre um die Jahrhundertwende etwas getrübte Festigkeit wiedererhalten; die Entente mit England hat auch nicht versagt, und 1913 ist Spanien auf dieselbe Seite getreten. Aber die verstärkten Ansprüche im Mittelländischen Meer, die an und für sich eine Reflexwirkung der Tripolisaktion Italiens sind, haben die Spannung auch gegenüber dieser Macht verschärft und so die Kluft gegen den Dreibund noch vertieft.

Frankreichs gesamtes politisches System scheint jedoch bei näherer Betrachtung noch immer an einem Zug „innerer Unwahrhaftigkeit" zu leiden, die Schiemann schon zu Beginn des neuen Kurses feststellte (1903). Die Allianz ist doch im Grunde eine politische Verbindung mit einem ebensolchen „ancien régime", das man daheim aufs bitterste verfolgt. Die Entente ihrerseits setzt ein Stagnieren der Expansion Frankreichs in Afrika sowohl wie in Asien voraus. Diese Orientierung in ihrer Gesamtheit erscheint als eine künstliche Kombination für einen gegebenen, zufälligen Zweck. War dieser Zweck Marokko, dann ist er erreicht, und die Welt kann zu einer „politique de l'équilibre" (Hanotaux) zurückkehren. War es dagegen die Revanche — dann hat die Gegenwart gewiß Anlaß zur Beunruhigung

Vieles zeigt nach letzterer Richtung: das wiedererwachte Selbstgefühl überhaupt, die Vorschläge, auch die Entente in eine Allianz zu verwandeln (zuletzt Lavisse 1914), die Wiedereinführung der dreijährigen Dienstzeit (1913), welch letzterer Beschluß unter diesen Umständen weniger den Charakter einer Heeresordnung als einer Kriegsbereitschaft hat. Andererseits darf man eine Strömung zur Versöhnung mit Deutschland, die besonders bei der jüngeren Generation besteht, nicht ganz übersehen. „Faites un roi, si non, faites la paix", ruft Marcel Sembat 1913 aus. Das ist der circulus, der zugleich eine Garantie für den Weltfrieden in sich schließt. Die republikanischen Staatsmänner müssen durch den Gedanken zurückgehalten werden, daß ein gewonnener Krieg ebenso wie ein verlorener die ernsteste Gefahr für die Staatsform bilden würde, nachdem ihre Wurzeln sich in der Seele des Volkes zu lockern begonnen haben. Die Republik und die Revanche sind im Grunde und in der Praxis miteinander nicht gut vereinbar.

Bei einem zusammenfassenden Blick auf das moderne Frankreich muß man unbedingt von dem Widerspruch betroffen werden, der zwischen einem Staat, der noch immer Expansionspolitik in großem Stile treibt, und einer Gesellschaft besteht, die aus Mangel an normaler Menschenzufuhr zu stagnieren begonnen hat.

III. Frankreich

Eine Kolonialmacht muß doch im Nationalbedürfnis eine raison d'être haben: Platz für die überflüssige Bevölkerung oder Markt für die überströmende Produktion oder Gelegenheit für den Überfluß an Kapital. Aber Frankreich hat keinen Überfluß an Bevölkerung mehr und auch nicht an Produktion, und das Kapital sucht sich direktere Wege. Materiell betrachtet ist diese Expansionspolitik ein schlechtes Geschäft; nur durch ein straffes Zollsystem kann das Mutterland einen befriedigenden Teil der Ernte auf dem kolonialen Markt einheimsen. Sonst gewährt diese Politik nur braune und schwarze Söldnerheere, um die Lücken in der Revanchearmee auszufüllen, während die Reibungsflächen und die Angriffspunkte im Reiche immer zunehmen.

Auch hier zeigt sich also die Bevölkerungsfrage als die, welche alles überschattet und schließlich entscheidet. Ein Mutterland, das kaum seine eigene Einwohnerzahl aufrechterhalten kann, wird wohl die Kosten an Geld und Leuten nicht lange aufbringen können, welche diese hohe Politik erfordert. Nichtsdestoweniger schreitet es auf der Bahn weiter. Immer noch begehrt Frankreich den Glanz neuer, großer Zahlen um seinen Namen in den Staatskalendern, immer noch kämpft es darum, seine auch in der geistigen Kultur sinkende Führerstellung hochzuhalten, noch immer sucht es mit sehnsüchtig ausgestreckten Händen „la gloire", die in einer Geschichte sondergleichen sein Leitstern gewesen ist — während die Anzeichen der Vergänglichkeit sich an seinem eigenen Körper häufen.

Der Gelehrte richtet aber nicht, am allerwenigsten über Instinkte, auf denen der Excelsior-Geist der Völker in Wahrheit beruht. Er erkennt auch hinter den eitlen Motiven in der auswärtigen Politik des heutigen Frankreichs das Verlangen eines hochgesinnten Volkes, der Welt seinen Stempel aufzudrücken und seine eigene Größe zu erhöhen durch Teilnahme an den Herrscheraufgaben der Menschheit. Er muß die Elastizität und den ungebrochenen Willen zum Leben bewundern, womit die Nation den Kampf gegen die statistischen Zahlen aufgenommen hat, die ihr Todesurteil zu enthalten scheinen (Ruedorffer) — selbst wenn der Kampf für den Zuschauer Ähnlichkeit mit dem haben muß, den eine schöne Frau gegen das heranrückende Alter führt.

Literatur: Ratzel, Mitteleuropa mit Frankreich, 1898 (Geogr. Zeitschrift); Bertillon, La dépopulation de la France, 1911; J. Wolf, Der Geburtenrückgang, 1912; Zimmermann, Die Kolonialpolitik Frankreichs, 1901; Millet, Notre politique extérieure, 1905; Tardieu, La France et les alliances, 1910, und Le mystère d'Agadir, 1912; Hanotaux, La politique de l'équilibre, 1912; Lebon, Das Verf.-Recht der franz. Republik, 1909; Friedrich, Die Trennung von Staat und Kirche in Frankreich, 1907; Acht, Der moderne franz. Syndikalismus, 1911; Revue politique et parlamentaire; Le Temps.

IV. Deutschland.

Das Deutsche Reich.

Reich 3,2 $\left(\frac{0,54}{2,66}\right)$. Volk 81 $\left(\frac{67,8}{13}\right)$; jährliche Zunahme 850,000; natürlicher Zuwachs $\frac{31,6}{17,5}$ ⁰/₀₀; Auswanderung 26,500. Eisenbahnen 62,000; Handel 17,1 $\left(\frac{7,8}{9,3}\right)$; Handelsmarine 9,5. Kriegsflotte 730,000; Heer 790,000; Militärausgaben 22 $\left(\frac{15}{7}\right)$ pro Kopf. Staatsschuld 21, pro Kopf 325.

1. Genesis. Die deutsche Großmacht ist in ihrer heutigen Form sogar jünger als die italienische, sie ist aber unmittelbar aus einer älteren Form, Preußen, hervorgegangen, die selbst so wie Österreich im Schatten des mittelalterlichen Kaisertums aufgewachsen ist.

Dieses Kaisertum hatte einen Schwerpunkt im Süden und im Südosten (Reichstag zu Regensburg, Regierung in Wien). Im späteren Mittelalter entstand jedoch nördlich davon ein neues Zentrum infolge der allmählich vor sich gehenden Konsolidierung Brandenburgs. Um die Mitte des 17. Jahrhunderts erlangte dieses Land für seinen preußischen Flügel die Unabhängigkeit (von Polen); als es ein halbes Jahrhundert später den Namen eines Königreichs gewann, wurde daher derselbe mit diesem Flügel verknüpft. Noch ein halbes Jahrhundert verging unter ständigem Zusammenschweißen der zerstreuten Besitzungen des Hauses Hohenzollern, und dann steht um die Mitte des 18. Jahrhunderts das Preußen Friedrichs des Großen als eine Großmacht in Europa fertig da: eine deutsch-protestantische Großmacht, geboren mehr als ein Jahrhundert nach dem Schweden Gustav Adolfs des Großen.

Als das Experiment Napoleons mit einem rein südwestlichen Deutschland (dem Rheinbund) mißlungen war und Preußen sich mit Hilfe seiner siegreichen Waffen wieder aus seinem „débacle" erhob, wurden also auf dem Wiener Kongreß zwei Großmächte unter der dünnen Decke eines neuen „Deutschen Bundes" vereinigt. Dieser Bundesstaat hatte zu fünf Sechsteln deutsche Bevölkerung; der Norden und der Süden hielten sich in ihm ziemlich das Gleichgewicht, in geographischer Hinsicht lag der Mittelpunkt im Fichtelgebirge und in politischer in Frankfurt a. M., also näher dem wirklichen Zentrum der Nation. Noch eines bemerken wir: das Bundesgebiet erreichte mit kaum mehr als einem Viertel seiner Grenze das Meer.

Aber die Nation hatte jetzt ihren bis da vermißten Kristallisationspunkt in der preußischen Krone gefunden. Nach dem mißlungenen, revolutionären Versuch 1848—50 führte diese Krone die nationale Sammlung durch. Ihre erste Gestalt war „der Norddeutsche Bund" 1867, also eine staatlich markierte Grenze (die Mainlinie) zwischen Norden und Süden. Die endgültige Lösung 1871 umfaßte die westliche Hälfte von Süddeutschland, während die östliche in staatlichem Zusammenhang mit Österreich verblieb. Im heutigen Deutschen Reich nimmt daher der Süden nur den vierten Teil ein; der geographische Mittelpunkt ist nach Magdeburg hinauf verschoben und der politische nach Berlin. Zugleich ist die Küstenlinie verlängert worden (auch absolut dadurch, daß Schleswig hinzukam), so daß sie jetzt etwa ein Drittel der gesamten Grenze ausmacht.

In dieser Entwicklung wollen wir besonders zwei Züge hervorheben, weil sie die weltgeschichtlichen Möglichkeiten Deutschlands in sich schließen: die Verschiebung nach Norden und die Zunahme maritimer Möglichkeiten. Im Gegensatz zu Frankreich, dessen in sich abgeschlossene Individualität von nach allen Richtungen ausstrahlenden Stromsystemen bezeichnet wird, zeigt die Hydrographie Mitteleuropas nach zwei bestimmten Richtungen, nämlich nach Osten mit der Donau und nach Norden mit den Nord- und Ostseeströmen. Der Gegensatz zwischen Österreich und Deutschland ist also zugleich ein Gegensatz zwischen geographischen Richtungslinien. Dieser Dualismus in der Natur selbst mußte überwunden werden, damit die deutsche Kraft sich schließlich konzentrieren könne. Und eben dies geschah, als man bei der Einigung der Nation die Österreichisch-Deutschen im Stiche ließ; dies bedeutet eine Emanzipation von der Donau, einen Sieg auch für den geographischen Grundgedanken im Staate. Wenn später ein Teil von Süddeutschland dem Reiche einverleibt wurde, so sehen wir darin eine Wirkung des Zusammenhangs mit dem Rhein im Westen; wo sein Einfluß nicht mehr hinreicht (Bayern), dort finden wir auch den noch bestehenden Hauptsitz des Partikularismus. Das neue Deutschland wendet fest und entschlossen sein Gesicht nach Norden. Im Norden bieten die Ebene und das Tiefland einen natürlichen Kern von größerem Umfang. Aber im Norden liegen auch zugleich die Meere, die Ausläufer des Atlantischen Ozeans, die mit dem weltgeschichtlichen Preis in der planetarischen Situation locken. Das geographische Aufrücken nach dem Meere zu, welches das Resultat des Einigungswerkes war, ist der Hauptgrund für die Entwicklung, die jetzt Deutschland zur zweiten Seemacht der Welt gemacht hat, nachdem es schon lange ihre erste militärische Landmacht war.

Hier finden wir auch einen Zusammenhang mit dem grundlegenden Werkzeug des Einigungswerkes, der allgemeinen Wehrpflicht. „Das Volk von Dichtern und Denkern" wurde plötzlich im Namen der Nationalität in „ein Volk in Waffen" verwandelt; aber nach dem Siege stellte es sich heraus, daß sein Werkzeug sich dazu eignete, den Gewinn durch „die Güter und Gaben des Friedens" sicherzustellen. Dieselbe Disziplin, welche die Massen auf dem Schlachtfelde unter wissenschaftlich geschulter Leitung zusammengehalten hatte, setzte sich jetzt in eine Arbeiterorganisation um, welche die festeste Grundlage für die industrielle Produktion schuf. Der Siegespreis der „fünf Milliarden" stellte das Betriebskapital. Diese Produktion schwillt bald so an, daß sie über die heimischen Ufer tritt; der Außenhandel geht auf Welteroberung aus. Aber er will von Grund aus aus eigenen Quellen gespeist werden und die Garantie gewisser bestimmter Märkte haben. So entsteht das Bedürfnis nach Kolonien. In drei Tempos wird es befriedigt: um die Mitte der achtziger Jahre des 19. Jahrhunderts in Afrika und Ozeanien, am Ende der neunziger Jahre in Ozeanien und China (Kleinasien) und 1911 wiederum in Afrika. Überseeische Kolonien schließlich bedürfen der Zusammenhaltung wegen eine große Kriegsflotte, die auch zur Zeit der Jahrhundertwende ins Leben tritt und heute die zweite der Welt ist.

So ist es gekommen, daß sich auch unter der deutschen Fahne die Umrisse zu einer Weltmacht abzuzeichnen begonnen haben. Im Gegensatz zu Italien, das durch seine Verhältnisse genötigt wurde, sukzessive Aufgaben gleichzeitig zu lösen, wächst hier die eine Forderung organisch aus der anderen heraus und wird ihrerseits befriedigt. Aus den gegebenen Prämissen von 1871 ergeben sich jetzt als notwendige Resultate sowohl die Großindustrie wie der Welthandel, „die Meereswindhunde" wie „die gepanzerte Faust"; und hinter ihnen verbirgt sich eine Sehnsucht nach weltgeschichtlichen Zielen, die aus der Vereinigung der höchsten materiellen und geistigen Kräfte folgt.

2. Reich. Deutschland ist „das Reich der Mitte" in Europa. Dies ist die zentrale Tatsache in seiner eigenen Stellung. Es hat keine Seite frei so wie andere Großmächte, kein Expansionsgebiet an der eigenen Tür. Auf allen Seiten ist es von alten und großen Kulturländern umgeben; es liegt von Natur aus zwischen anderen Großmächten eingekreist.

Daher kommt von Anfang an das „eigenartige Dilemma", der „circulus vitiosus" zwischen weltpolitischen Interessen und kontinental-politischen Rücksichten (Ruedorffer), das die Situation Deutschlands kennzeichnet. In jedem Augenblick daheim einem konzentrischen Druck ausgesetzt, ständig umringt von mächtigen Nachbarn, die seine Feinde werden können, ist es von der europäischen Konstellation abhängiger als irgendeine andere Weltmacht. Wenn es überhaupt an der planetarischen Konkurrenz teilhaben will, dann muß es stark genug sein, den Kampf mit jeder nur möglichen Kombination in Europa bestehen zu können. Gerade in der geographischen

Lage in der Mitte liegt also der Schlüssel für den militärischen Charakter des modernen Deutschlands und gleichzeitig die natürliche Erklärung für gewisse Züge von Zaudern und scheinbarer Unsicherheit in seiner auswärtigen Politik.

Andererseits ist Deutschland durch seine Zentrallage solidarischer mit dem eigenen Erdteil als England und Rußland. Mit seiner Lage als ausgleichende Brücke zwischen den Extremen des Erdteils — mit einem Flügel nach der russischen Steppe, mit dem anderen nach der niederländischen Marsch und mit der Basis in den Alpen — ist es Europas natürlicher Repräsentant vor allen anderen.

In dieser Vermittlung wie auch in seinem Aufschließen nach Norden und Westen hat das neue Deutschland, wie wir schon angedeutet haben, einen allgemeinen geographischen Zusammenhang gewonnen, der ihm den Anstrich einer gewissen natürlichen Individualität verleiht. Sie bewegt sich im Zeichen der Harmonie und der Autarkie wie die Frankreichs, doch mit größerem Übergewicht des Landes im Verhältnis zum Meere: eine mannigfaltige Natur, die in noch höherem Grade natürliche Herde für eine Weltindustrie darbietet auf den beiden Grundpfeilern Eisen und Kohle, die aber in den weiten Sandebenen verhältnismäßig karg ist für die Zwecke des Landmannes. Der bedeutendste Unterschied zwischen Frankreich und Deutschland vom geopolitischen Gesichtspunkt aus sind jedoch die großen Schwächen, die letzteres an seiner Peripherie aufweist. Im Westen verhält sich Deutschland zum Rhein wie Österreich-Ungarn zur Donau und Rußland zur Weichsel; es besitzt nur den Mittellauf. Die Schweiz sitzt an den Quellen des deutschen Stromes und die Niederlande an seiner Mündung. Als die maritimen Interessen Deutschlands schließlich wiedererwachten — nach einem Schlaf von einem drittel Jahrtausend seit den Tagen der Hansa —, sah es sich von seinem natürlichsten Meerestor abgeschnitten; und dies ließ sich um so schwerer ertragen, als dahinter die tiefste Verbindung in den Kontinent hineinführt und ein Hinterland vom Rang der „Rheinprovinz" liegt. Aber die Einheit des Rheintales wird auch von geschichtlichen Erinnerungen und nationalen Gründen verlangt. In Wirklichkeit wird hier die ganze Reichsgrenze von einer Reihe kleiner Länder eingefaßt (Schweiz, Luxemburg, Belgien, Holland), die längs der Seite Deutschlands liegen so wie „herabgefallene Felsen am Fuße einer Gebirgswand" (Ratzel); nur das Elsaß hat man dort wieder einfügen können, auch zur äußeren Verbesserung der Grenze (oben S. 38). Im Osten verhält sich Deutschland zur Weichsel so wie die Niederlande zum Rhein; es sitzt am Unterlauf. Das bedeutet, daß es hier Rußland gegenüber dieselbe Rolle spielt wie die Niederlande ihm selbst gegenüber, es beraubt dasselbe seiner natürlichsten Verbindungslinie mit dem Meer. Weiter nach Osten wiederholt sich dies Verhältnis, da dort die Mündung der Memel ebenfalls zugunsten Deutschlands abgeschnitten wird. Die Berührung mit der slawischen Welt wird ebensowenig wie die mit der romanischen von einer Naturgrenze gemildert; die Natur hat alle Wände entfernt, die die Reibung hätten vermindern können. Auch im Norden findet sich keine Spur einer natürlichen Grenze; Jütland gehört geographisch zu Norddeutschland. Außerdem bereitet es in dänischem Besitz Deutschland die Unannehmlichkeit zweier Küsten, die jedoch durch den Kaiser=Wilhelm=Kanal (1895) einigermaßen überwunden worden ist. Übrigens besitzt Dänemark in dem Großen Belt eine äußere Pforte gegenüber der Ostseeseite Deutschlands, ein Umstand, der z. B. in einem Krieg zwischen Deutschland und England nicht ohne Bedeutung sein wird. Im Süden finden wir schließlich neue Schwächen: Besitzungen des schweizerischen Staates (Baselstadt, Schaffhausen) auf dem nördlichen Rheinufer, wiederholtes Durchschneiden von Flüssen an der Südgrenze Bayerns bis zur Donau hin, der Verlauf der böhmischen Grenze quer über die Elbe und am nördlichen Fuße des Erzgebirges, also zugunsten des Nachbars.

Hier gibt es also mehr als hinreichendes Material, um den Grenzrahmen Deutschlands als einen schlechten zu bezeichnen. Ohne Zweifel besitzt es einen allgemeinen Zusammenhang in seinem Gebiet; aber es sitzt nicht in fest abgeschlossenen Grenzen. Unter den Großmächten kommt das Deutsche Reich in dieser ungünstigen Hinsicht Österreich-Ungarn am nächsten. Frankreich ist „fertig", ebenso Italien; Deutschland macht den Eindruck des Unfertigen.

3. Volk. Wie immer spiegeln sich die Schwächen der politischen Karte auch auf der Nationalitätenkarte wider. Das zweite weltgeschichtliche Werk des Nationalprinzips ist nicht absoluter und definitiver als das erste. Es gibt eine „Germania irredenta" ebenso wie eine Italia. Dazu kommen, was Deutschland betrifft, ernsthaftere Lücken in der inneren Homogenität.

Der deutsche Stamm zählt wohl heutzutage in der Welt (mit dem niederländischen Zweig) wenigstens 100 Millionen Menschen. Von ihnen wohnen ungefähr 60% im Deutschen Reich. Als Irredenta können jedoch höchstens die in territorialem Zusammenhang wohnenden 10 Millionen Deutschösterreicher und 2,6 Millionen Schweizer betrachtet werden, zusammen über 17% des so begrenzten Stammes. Eine politische Bedeutung hat dieser Gesichtspunkt augenblicklich kaum; die Schweiz gravitiert überhaupt nicht nach dem Nationalpol und Österreich nur unter gewissen Bedingungen (oben S. 14). Sollte jedoch eine Realisierung in letzterem Lande diesen Abschluß des Einheitswerkes aktuell machen, dann eröffnet sich in der Nationalitätsfrage eine rein politische Aussicht aufs Mittelländische Meer, denn die Nationalität hat auch hier nicht ihren natürlichen Abschluß gefunden; dann bietet sich die Adria dar, zu der das schwache Volk der Slowenen Großdeutschland nicht auf die Dauer den Weg verlegen kann — Triest wurde bereits von Bismarck als Deutschlands natürlicher Außenhafen und als sein Fenster nach dem Mittelmeer hin bezeichnet. Die definitive Lösung von Deutschlands Nationalfrage nach dieser Seite hin würde zu dem alten Durchgangsland zwischen dem Mittelländischen Meer und der Nordsee mit seiner geographischen Zersplitterung zurückführen. Hierbei ist jedoch zu bemerken, daß das heutige Deutschland mit seinen durch die Konzentration im Norden einmal gestärkten Kräften ganz andere Voraussetzungen zum Ertragen dieser Distraktion besitzt als das alte Reich.

Innerhalb der staatlichen Grenzen begegnet uns insoweit ein befriedigendes Bild, als der Abzug von der Nationalität bei 7½% stehen bleibt. Die Einheit ist also von 83% im alten Bunde auf über 92% angewachsen. Die fremden Prozente verteilen sich zu einem geringeren Teile auf andere Germanen (Dänen ungefähr 150000) und Romanen (Franzosen etwas über 200000), aber in der Hauptsache auf Slawen (100000 Litauer, ungefähr 4 Millionen Polen). Das sind die drei anderen Ecken des Reiches; während das Reich im Süden geringer ist als die Nation, ist die Nation im Westen, Norden und Osten geringer als das Reich. Aber nur im Osten ist der Unterschied von größerem Umfang.

Dies schließt jedoch hartnäckige und empfindliche Reibereien auch im Norden und Süden nicht aus. Die „Irredenta" Dänemarks („Sönderjylland" hinter der Linie Flensburg—Tondern) in Schleswig hat viel dazu beigetragen, das politische Gesicht Dänemarks von Deutschland ab- und England zuzuwenden, besonders nachdem die Festsetzung im Prager Frieden, das Schicksal dieses Landesteils durch Volksabstimmung zu bekräftigen, 1878 zurückgenommen worden war. Frankreichs Revanchegelüst im Elsaß wiederum ist das gefährlichste Erbe vergangener Zeiten, eine stehende Belastung und eine ständig drohende Gefahr der deutschen auswärtigen Politik, um so mehr, als ihm die Sehnsucht der einheimischen Bevölkerung nach Rückkehr zur früheren Ordnung lange Zeit entsprochen hat. Die neuesten Zeiten haben jedoch versöhnliche Maßnahmen gebracht: den Vertrag mit Dänemark vom Jahre 1907 betreffs der „staatenlosen Optantenkinder", den von 1902, der den Diktaturparagraphen in Elsaß-Lothringen aufhob, und die neue Verfassung von 1911, die dem Reichsland fast volle Ebenbürtigkeit mit den selbständigen Staaten des Reiches verlieh. In Zukunft kann es nur eine Frage der Zeit sein, wann die alte Loyalität im Elsaß gegenüber Frankreich der neuen gegenüber Deutschland, auf dessen Seite die Nationalität ja auch zum weitaus größten Teile steht, ganz weichen wird. Diese Hoffnungen werden von der Bevölkerungsstatistik unterstützt, die zeigt, daß das deutsche

IV. Deutschland

Element sowohl hier wie in Schleswig langsam auf Kosten des fremden vorwärtsschreitet.

Wenn also die Verhältnisse an der nördlichen und westlichen Landesgrenze keine derartigen sind, daß sie an und für sich die Reichsregierung mit wirklicher Unruhe wegen der Zukunft erfüllen, so liegt die Sache unleugbar anders im Osten, wo der nationale Abgang am größten ist. Dort sieht man, wie sich eine seichte Bucht in die politische Karte Deutschlands einschiebt, wie auch eine zweite von Süden aus. Beide bezeichnen sie Schlachtfelder in dem großen Rassenkampf zwischen Slawen und Germanen. Auf der Nationalkarte sehen wir jedoch, daß die böhmische Bucht geringer ist als die der Staatsgrenze, was besagt, daß hier der Streit außerhalb des Gebietes des Deutschen Reiches verlegt ist. Das Gegenteil ist im Osten der Fall. Dort dringt das polnische Volksmeer in Deutschland ein, überschwemmt Oberschlesien, Posen und Westpreußen und isoliert beinahe das deutsche Ostpreußen. Dieses Meer ist zwar voll von deutschen Sprachinseln, so daß die Karte einem Inselmeer ähnlich sieht, das auf der anderen Seite tief in das russische Polen hineinreicht, wo besonders die Städte feste Stützen des Deutschtums sind. Das ist der Typus einer unfertigen Volksgrenze. Einen ähnlichen finden wir noch im äußersten Nordosten, wo ein ebensolches litauisches Inselmeer die deutsche Einheit an der Memel unterbricht — die der Strom der Litauer ist, so wie die Weichsel der der Polen —; aber dieser kleine Bauernstamm kommt nicht in Betracht neben dem Kulturvolk der Polen mit seiner sozialen Entwicklung, reichen Literatur, geschulten Presse und seinen Traditionen einer selbständigen Vergangenheit. Nur hier innerhalb der Grenze Deutschlands finden sich also alle Bedingungen für eine nationale Lostrennungsbewegung vereint. Hier dauert folglich der Rassenstreit auch innerhalb des Reiches mit einem Ernste an, der die polnische Frage vielleicht zur größten Sorge der deutschen (preußischen) inneren Politik gemacht hat.

Die polnische Frage ist besonders dadurch eine so bösartige geworden, daß die heimatlosen 15 Millionen Polens ihren Selbständigkeitskampf gerade auf dieses Feld konzentrieren, während in Rußland die drückende Macht des Staates und in Österreich im Gegenteil sein großes Entgegenkommen ihr verschiedene Dämpfer aufgesetzt haben. Deutschland hat sich auch schon früh zu besonderen Maßnahmen zum Schutz seiner bedrohten Stellung in dieser Gegend veranlaßt gesehen. Seit 1886 arbeitet eine „Ansiedelungskommission" mit dem Ankauf polnischer Güter für deutsche Ansiedler oder Staatsdomänen; große staatliche Zuschüsse wurden ihr zur Verfügung gestellt; seit 1894 tritt auch gegen die polnische ideelle Propaganda eine deutsche auf („Hakatismus"). Das Resultat entsprach jedoch kaum den Anstrengungen, das polnische Element scheint beständig vorwärts zu gehen; in Posen stand vor einem halben Jahrhundert die Partie ziemlich gleich, aber schon zu Beginn unseres Jahrhunderts sind die Deutschen auf dieselbe Minoritätsstellung herabgesunken wie in Böhmen, und ihre Stellung scheint sich noch immer zu verschlechtern.

Deutschland besitzt also in seinem Innern wenigstens einen Nationalitätenstreit derselben Art, von der Österreich-Ungarn viele hat; diesen Übelstand hat es in letzter Reihe derselben Ursache, nämlich der Ungunst der Natur, zuzuschreiben, die ihm eine wirkliche Grenze im Osten verweigert hat.

Was das anthropologische Leben des deutschen Volkes angeht, so ist nur zu bemerken, daß es im ganzen den Stempel blühender Gesundheit an sich trägt. Die Bilanz zwischen Geburt und Sterblichkeit ist sogar günstiger als die westeuropäische Norm ($+1,4\%$). In der Demographie bedeutet dies dasselbe wie Jugend, während der träge fließende Volksstrom Frankreichs ein unverkennbares Anzeichen des Alters ist. Besonders bemerkenswert ist es, daß das Land innerhalb seiner eigenen Grenzen diese große Bevölkerungszunahme auszunutzen vermag; die Auswanderung, die noch in den achtziger Jahren des 19. Jahrhunderts beträchtlich war, hat nun bei relativ sehr kleinen Zahlen haltgemacht. Dieser Umstand weist seinerseits auf eine gesunde und starke Gesellschaft hin.

IV. Deutschland

4. Gesellschaft. Trotz der energischsten Arbeit vermag die deutsche Landwirtschaft — wie die gewaltige Jahresrechnung mit Rußland für importiertes Getreide zeigt — das Volk seit langem nicht mehr zu ernähren. Wenn das Land nichtsdestoweniger ohne Schwierigkeit seine überzähligen Millionen behält und erträgt, so erklärt sich dies vor allem aus der industriellen Entwicklung.

In Wirklichkeit stoßen in dieser Gesellschaft zwei verschiedene Welten aufeinander. Im Osten („Ostelbien") sieht man noch immer einen feudal-agrarischen Typus mit Latifundien und auf ihnen einen Landadel („die Junker"), die den Kern der konservativen Partei bilden und keinen besonderen Sinn für Expansionspolitik besitzen. Im Westen ist der Boden reich parzelliert, aber der Schwerpunkt liegt daselbst in der Großindustrie, die übrigens auch im Südosten (in Schlesien) und im südlichen Zentrum (in Sachsen), entsprechend der Lage der Kohlenfelder, mächtige Stützpunkte besitzt. Hier hat sich jene großartige Fabrikproduktion entwickelt, die seit langem die Diagnose „schlecht und billig" (von der Philadelphia-Ausstellung 1876) überwunden hat und statt dessen die Devise „made in Germany" (Williams 1896) als ein Siegeszeichen auf dem Welteroberungszug trägt. Der neue Industrieadel ist natürlich stark fortschrittlich veranlagt, interessiert sich für die Weltpolitik und ihre Kolonisations- und Flottenbaupläne und kommt hier dem Bedürfnis der Zeit nach Auswegen für die Überbevölkerung entgegen.

Zwischen diesen beiden Hauptgegensätzen bewegt sich das wirtschaftliche Leben Deutschlands. Die Interessen kollidieren bei wichtigen Fragen, nicht bloß bei der Zoll-, sondern auch der Verkehrs- und der reinen Finanzpolitik (die Reichsfinanzreform 1909). Zu Beginn dieses Jahrhunderts sprach man von „Deutschland am Scheidewege" (Pohle 1902): Agrar- oder Industriestaat, „Volkswirtschaft" oder „Weltwirtschaft". Die praktische Politik stumpft die Alternative ab und sucht durch Kompromisse oder Lavieren vorwärts zu kommen, und die ökonomische Statistik zeigt unverkennbar, daß sie ihrer Aufgabe gewachsen war. Wir sehen wieder eine Gesellschaft in

hoher Blüte und großem Wohlstand wie in Frankreich. Aber ihr
Charakter ist ein anderer; während das französische Volk seine Er-
sparnisse in Staatsobligationen anlegt, steckt das deutsche die sei-
nigen in neue Unternehmungen. Dies ist der Unterschied zwischen
einer stagnierenden und einer pulsierenden Gesellschaft. Deutschland ist noch nicht beim Altersstadium der Rentnergesellschaft an-
gelangt. Manchmal kann dies eine Schwäche bedeuten, was während
der Krisis 1911 scharf zutage trat, als Frankreich plötzlich den Geld-
markt straffer anzog; aus Mangel an mobilen Hilfsquellen erlitt
damals die deutsche Bankwelt bedeutende Verluste. Das deutsche Kapital strebt nunmehr auch in wachsendem Umfang ins Ausland.
Aber das Entscheidende liegt im Entwicklungsgesichtspunkt selbst.
Deutschland steht noch immer ganz unter dem Reizmittel des Kampfes und des Erwerbs, weitab von der Erschlaffung, die psychologisch
dem „beatus possidens" eigen ist. Dies ist das Merkmal einer Gesellschaft, die eine bedeutende Gegenwart, aber eine noch bedeuten-
dere Zukunft hat. Eine Macht, die ihren Menschenfond jährlich mit
beinahe einer Million, ihren Handelsumsatz mit einer vollen Milliarde und ihr Nationalvermögen mit wenigstens ebensoviel ver-
mehrt, eine solche Macht läßt sich nur mit den höchsten Maßen
messen, wie sie selbst nach nichts Geringerem als den höchsten Zielen strebt.

Ein ernsteres Hindernis als den Interessengegensatz zwischen der
agrarischen und der industriellen Aristokratie scheint das heutige
Deutschland in der starken Entwicklung des gemeinsamen Feindes
dieser beiden, der Sozialdemokratie, zu besitzen. Deutschland
ist das Mutterland des Sozialismus, und schon 1875 bildete sich dort
„die sozialistische Arbeiterpartei" — die Kehrseite der „fünf Milliarden" mit ihrem industriellen Anreiz. Der Staat sah sich anfangs
zu einem Kampf auf zwei Linien gegen dieselbe veranlaßt; auf
der einen Seite direkte Unterdrückung durch Gesetzgebung (1878—90),
auf der anderen Seite positive Arbeit, um durch sozialpolitische Reformen die Ursachen der sozialen Unzufriedenheit zu beseitigen.

IV. Deutschland

Deutschland ist auch das Mutterland und der Bahnbrecher der „Arbeitergesetzgebung". Die Hoffnung, auf diesem Wege der staatsfeindlichen Bewegung Herr zu werden, wurde jedoch zuschanden. Nach Aufhebung des Ausnahmegesetzes ist die sozialdemokratische Partei ununterbrochen vorwärts geschritten — mit einem einzigen relativen Rückschlag bei der Reichstagswahl 1907, wo sie sich zu unvorsichtig an dem Großmachtswillen der Nation vergriff —, so daß sie heute, nach der Wahl von 1912, die stärkste Reichstagspartei ist (mit 110 von 397 Plätzen und $4^1/_4$ Millionen Wählern).

Diese bevorzugte Stellung einer Partei, die der erklärte Feind der bestehenden Gesellschaft ist, ist gewiß dazu geeignet, ernste Befürchtungen für die Zukunft hervorzurufen. Ohne Zweifel spiegelt sich hier eine bedenkliche Schwäche des jetzigen Zustandes wider. Zwei Gesichtspunkte jedoch vermögen die Auffassung zu mäßigen. Auf der einen Seite darf man die hohe Stimmenzahl nicht ungekürzt dem reinen Sozialismus zugute schreiben; sie rührt von bürgerlichen Kreisen her, die aus verschiedenen Gründen unzufrieden sind und nicht am wenigsten über den im sozialen Leben Deutschlands noch immer und überall bestehenden Kastengeist aus einer älteren Zeit. Auf der anderen Seite ist die Sozialdemokratie in einer inneren Umwandlung begriffen, die mit ihrer äußeren Machtzunahme gleichen Schritt hält, eine Umwandlung von einem revolutionären zu einem „revisionistischen" Programm. Sie erkennt ihre Grenzen nicht nur in der Klugheit und der Macht des Staates, sondern vor allem in dem Charakter des Volkes, in dem sie ihre Propaganda treiben will. Durch die Erfahrung von 1907 gewitzigt, hat sie ihren internationalen Charakter immer weniger betont. Die Sozialdemokraten Deutschlands ebenso wie die Italiens zeigen nunmehr einen Grad nationaler Solidarität, auf welche die Franzosen (B a u d i n 1912) mit Recht neidisch sind.

Wenn aber der rote Flügel in der deutschen Gesellschaft stark entwickelt ist, so ist es der schwarze nicht minder. Dieser beruht auf einer Spaltung, der wir bei unseren bisherigen Untersuchungen noch nicht begegnet sind, nämlich der konfessionellen zwischen Protestanten und

Katholiken. Der Katholizismus ist in Deutschland nicht die „allgemeine Kirche", sondern eine Partei. Ihr Anteil an der Bevölkerung ist — wie es scheint konstant — die kleinere Hälfte im „goldenen Schnitt". Wären die Österreichisch-Deutschen hinzugekommen, so wäre die Anzahl der Katholiken jetzt in einem protestantischen Kaiserreich ziemlich gleich der der Protestanten, ein neuer Grund für die Trennung 1866.

Geographisch ist der Katholizismus eine peripherische Erscheinung in den westlichen, südlichen und östlichen Grenzbezirken des Reiches; er verschärft also die polnische Frage. Aber auch ohne Bündnis mit der Nationalität hat der Katholizismus im Reiche eine große politische Rolle gespielt. An und für sich war es natürlich, daß die Bildung des Reiches auf Kosten von zwei katholischen Hauptmächten (Österreich und Frankreich) zum Bruch mit dem päpstlichen Stuhle führen mußte. Im „Zentrum" des deutschen Reichstages ordneten sich von Anfang an die Katholiken zu einer festen Oppositionspartei mit starken, partikularistischen Tendenzen. Dies war das Signal zum „Kulturkampf" 1872—79 (1887), dreißig Jahre vor dem Frankreichs. Das Reich hat also eine Periode offenen Kampfes gegen seinen schwarzen Internationalismus wie später gegen den roten durchgemacht, und die konfessionelle Zersplitterung war damals eine größere Sorge, als die soziale es jetzt ist. In Wirklichkeit ist der Kulturkampf als eine Fortsetzung des Einigungskampfes Deutschlands zu betrachten; deshalb konnte er auch zu Ende gehen, sowie die Katholiken Garantien für ihre Staatstreue boten (Zollfrage 1879). Ebenso wie die Sozialisten gingen sie gestärkt aus dem Kampfe hervor; seit 1890 war das katholische Zentrum die stärkste Reichstagspartei (an 100 Plätze), bis es 1912 vom Sozialismus überholt wurde.

Wir sehen hier also das eigentümliche Bild einer Großmacht, die zwei internationalen Richtungen den größten Raum in ihrer parlamentarischen Vertretung eingeräumt hat. Aber nur ein einziges Mal haben sie in einer großen Frage gemeinsame Sache gemacht, nämlich bei der Kolonialkrisis 1906—07; sonst ist die schwarze

Internationale mit ihrer Mischung von kultureller Reaktion und
sozialem Demokratismus ein starkes Bollwerk gerade gegen die rote.
Es ist auch auffallend, daß eine Partei, die in geographischer Aus=
dehnung peripherisch und in ihrer Idee ein über die Reichsgrenzen
hinausreichender Flügel ist, in Wirklichkeit ihrem angemaßten Na=
men Zentrum im politischen Leben Deutschlands entsprochen hat.

Mit dem im Zentrum vereinigten schwarzen Flügel der Gesell=
schaft, aber im Kampf gegen den roten Flügel der Gesellschaft,
schreitet also Deutschland auf seinem Wege vorwärts. Wir haben
diese Faktoren auch in Italien und Frankreich gesehen, dort aber
war die offizielle Richtung im ganzen links: mit den Sozialisten
gegen die Klerikalen. In Deutschland hat die Regierung die andere
Lösung als Norm gehabt, Aufschließen nach rechts, mit Klerikalen
gegen Sozialisten. Wie man sieht, ist die Geschichte nicht zu freigebig
mit Grundgedanken; es sind dieselben einfachen Farben, die ständig
in Ländern mit demselben Kulturstadium wiederkehren; aber die
Farbenmischung erzeugt die Variation. So zeigt Deutschland, das
in der Gesellschaft mit ungefähr denselben politischen Ideen kämpft,
eine soziale und politische Physiognomie, die der Frankreichs so
unähnlich ist, daß es scheint, als zeige die heutige abendländische
Kultur hier in größter Reinheit die entgegengesetzten Gesichter eines
Janusbildes.

5. Staat. Auch in verfassungspolitischem Typus ist Deutschland
der reine Gegensatz zu Frankreich. Statt der scharfen Zentralisation
der Landesteile finden wir eine Dezentralisation bis zum Föderalis=
mus; statt der unpersönlichen Steuerung seitens des Parlamentaris=
mus sehen wir den Kaiserwimpel mit den höchsten Persönlichkeits=
traditionen auf Topp wehen.

Die Verfassungsform Deutschlands ist wie die Österreich=Ungarns
und der Vereinigten Staaten Nordamerikas eine S t a a t e n v e r e i n i =
g u n g, aber unter der rechtlichen und tatsächlichen Hegemonie eines
leitenden Staates. Während der Kampf Sardiniens um die Eini=
gung Italiens einen Einheitsstaat schuf, dem es selbst so wie die

anderen als Provinz einverleibt wurde, hatte Preußens ähnliche Mission als Ergebnis einen Bundesstaat, in dem Preußen die Leitung und auch gewisse gesetzliche Privilegien erhielt (besonders in der Militär- und Handelspolitik), in dem aber andererseits einzelnen Mitgliedern, hauptsächlich Bayern, eine selbständigere Stellung eingeräumt werden mußte. Aus der Zeit der großen Zersplitterung, die uns noch heute große Teile seiner politischen Karte unter dem Bild eines vollständig zusammengeflickten Läufers sehen läßt, schleppt die deutsche Großmacht also noch heute eine besondere Aufgabe mit sich, und zwar nicht wie die italienische Großmacht die, den Staatsgedanken selbst zu konsolidieren — denn dieser steht fest auf germanischem Boden —, sondern die, verschiedene Landesteile zusammenzuhalten und miteinander zu verschmelzen. In einem solchen Staate muß man eine Spannung zwischen Zentralisation und Partikularismus erwarten, und die Zukunft wird um so stärker erscheinen, je mehr letztere Strömung abnimmt.

Der historische Partikularismus hat im neuen Deutschland zwei Herde gehabt, Bayern und Hannover; dazu kann der frische Separatismus in Elsaß-Lothringen noch hinzugefügt werden. Die „süddeutsche Volkspartei" und die „Welfen" waren und sind noch heute im Reichstag Ausdrücke dieser Oppositionen sowie lange Zeit auch die „Protestler". Sie sind mit ihren wenigen Stimmen nicht hoch anzuschlagen; das Ehebündnis zwischen dem Hannoverschen und dem Kaiserlichen Hause 1913 wie auch die Verfassungsreform im Elsaß 1911 werden sie in Zukunft noch spärlicher machen. In Wirklichkeit haben diese Erscheinungen jetzt nur noch antiquarisches Interesse. Der Partikularismus zeigt sich nur in zerstreuten und zufälligen Stimmungen wie schwach aufflackerndes Feuer eines gelöschten Brandes. Die Zentralisationstendenzen zeigen sich dagegen in Handlung und Wirklichkeit: in einer wachsenden einheitlichen Gesetzgebung mit zugehöriger Reichskontrolle und Reichsbureaukratie, in Finanzpolitik, Verkehrswesen usw. Vor aller Augen sinkt auch das partikularistische Reichsorgan, der

Bundesrat, an Bedeutung, während die unitarischen Organe, Kaiser und Reichstag, steigen. Rein praktisch betrachtet besitzt der deutsche Staat schon jetzt nur diese beiden letztgenannten Machtzentren, und die eigene Macht der Verhältnisse wird den Einheitsgedanken immer mehr stärken, unter je stärkeren äußeren Druck das Reich in der weltpolitischen Konkurrenz kommt. Treitschke scheint also mit seiner Voraussage (1874) recht zu behalten, daß die Staatenvereinigung nur eine Durchgangsform zum Einheitsstaat ist. Es ist fraglich, ob nicht Deutschland bereits jetzt unter seiner föderativen Oberfläche und mit all seinen inneren Gegensätzen eine festere Einheit in seiner Tiefe birgt als das moderne Italien. Wir tragen kein Bedenken zu behaupten, daß von dem politischen Gebäude dasselbe gilt wie von der Grenze: nur unfertig, nicht auseinanderfallend.

Mit dieser Entwicklung im Zeichen der Einheit und Stärke war Preußens Hegemonie und starke Monarchie aufs innigste verknüpft. Wir sehen hier noch einmal eine Teilung nach dem „goldenen Schnitt", wo die übrigen Teile des Reiches zusammen den kleineren Teil gegenüber dem Hauptlande bilden. Diese leitende Stellung wäre kaum aufrecht zu halten gewesen, wenn die Österreichisch-Deutschen in die Gemeinschaft des Reiches aufgenommen worden wären: eine Bestätigung durch die Verfassungspolitik für unsere früheren, von den Gesichtspunkten der Geo- und Ethnopolitik gefundenen Resultate. Das neue Deutschland brauchte einen Kern („die Zitadelle in der Festung", Meinecke 1908), und es fand ihn im preußischen Militärstaate. Deutschland war also eine Kristallisation um den preußischen Block, der zu diesem Zwecke ein möglichst starkes Zusammenhalten um den Thron bewahren mußte, in möglichstem Schutz vor den zentrifugalen Kräften des Parlamentarismus. Solange Preußens Königsmacht für die Einheit des Reiches bürgt, kann sie vor den liberalen Forderungen im Lande selber nicht kapitulieren. Preußens Geschichte muß immer noch die seiner Könige sein, nicht um seiner selbst, sondern um des Reiches willen.

Dieser tiefe Gedankengang ist es, der die verfassungsrechtliche

Eigenart Deutschlands geschaffen hat, den Mechanismus mit zwei Bühnen für das parlamentarische Hauptspiel, den Organismus mit „zwei Seelen" in einem Körper. Der preußische Landtag, der durch Wahlrecht und Wahlkreiseinteilung sehr eingeengt und beinahe frei ist von sozialistischen Vertretern, hat seinen Schwerpunkt noch immer in dem feudal-aristokratischen Typus der Agrargesellschaft und des Polizeistaates vergangener Zeiten, während der deutsche Reichstag, hervorgegangen aus allgemeinem und gleichem Wahlrecht, immer mehr als das Organ einer modernen, demokratisierten und individualisierten Gesellschaft erscheint. Hinter dem ökonomischen Gegensatz zwischen Agrariern und Industriellen erblicken wir hier ein großes Verfassungsproblem, nämlich das Problem, den Gegensatz zwischen dem Reich und seinem bedeutendsten Mitglied auszugleichen.

Die schließliche Lösung kann nur ein definitiver Sieg des Reichsgedankens sein. Die unitarische Strömung, die wir damit beschäftigt sahen, den geschichtlichen Partikularismus überhaupt zu überwinden, muß schließlich auch zur Unterordnung und zum Aufgeben des „Preußentums" führen. Je reifer die deutsche Nationalität an Loyalität wird, desto mehr muß das spezifisch preußische Staatsbewußtsein wie auch alle geringeren Loyalitäten an Boden verlieren. Das Reich wird über Preußen hinauswachsen, so daß es ganz auf eigenen Füßen steht, ohne jene Krücke aus den Zeiten der Sammlung und des Kampfes zu benötigen. Dann ist für die preußische Demokratie auch die Zeit gekommen, ihr Recht zu verlangen, das sie bisher um des Reiches willen hat opfern müssen (die mißglückte Wahlrechtsreform 1910).

Wenn man aber also einmal Preußens Hegemonie wird entbehren können, so muß doch sein Königsgedanke erhalten bleiben. Die Krone muß aus der preußischen Interessensphäre hinaus in die des Reiches hinüberwachsen, ihre Autorität aber ist so lange als unentbehrlich zu betrachten, als der Weg aufwärts führt. Deutschlands Geschichte ist und muß die seiner Kaiser sein.

Verfassungstechnisch bedeutet dies, daß die parlamentarische Re-

IV. Deutschland

gierung von der Bühne des Reichstages sowohl wie von der des Landtags verbannt sein muß; sie verbietet sich übrigens von selbst, solange die Regierung gleichzeitig auf beiden „Manualen" spielen muß mit vielleicht verschiedenen Majoritäten. Die Methode, die Minister des Staates zu wechseln, je nachdem der Wind auf dem politischen Parteimeer sich dreht, ist der deutschen Verfassung ebenso fremd wie der deutschen Gesellschaftsstruktur mit ihren zahlreichen sich kreuzenden Hauptgruppen und dem monarchisch bestimmten Volkscharakter. Deutschlands Staatsform behält also auch in der Praxis ihren streng konstitutionellen Charakter bei mit der aktiven Führung seitens der Königsmacht. Sonst wäre eine einheitliche Entwicklung auch nicht möglich; denn dieser Reichstag bietet infolge all der nationalen, konfessionellen, sozialen, historischen und politischen Gegensätze im Reich beinahe dasselbe bunte Bild dar wie der österreichische und ist infolgedessen an sich kaum dazu geeignet, festen Kurs zu halten. Aber die Beschränkung der deutschen Demokratie auf das soziale Gebiet ohne Übergriffe auf das politische hat ohne Zweifel dazu beigetragen, daß dieser Reichstag nicht nur in äußerem Anstand, sondern auch in positiver Arbeit vorteilhaft gegen die romanischen herrschenden Parlamente absticht.

Hoch über den parlamentarischen Kampf erhebt sich, sowohl im Geiste der Verfassung und der Praxis wie auch im Gemüte des Volkes, der kaiserliche Thron. Nach einer alten Tradition haben alle Hohenzollern die Grenzen ihres Landes erweitert. Im Spiegelsaal zu Versailles am weltbekannten 18. Januar 1871 wurde diese Tradition auf das neue Reich übertragen, als Wilhelm I. in seiner Proklamation an das Volk das feierliche Gelübde tat „mit Gottes Hilfe allezeit ein Mehrer des Reichs zu sein" (doch „nicht an kriegerischen Eroberungen"). Seit mehr als vier Jahrzehnten ist dieses Gelübde nun der Leitstern für die Inhaber der Kaiserkrone, und die Geschichte bezeugt, daß sie ihren Schwur treu gehalten haben. Als Träger der Tradition tritt seit einem Vierteljahrhundert Wilhelm II. in erhabenem Relief aus der Geschichte der

Gegenwart hervor. Ein ausgeprägt mannhafter Typus, der kräftigste, lebende Schutz und Schirm des monarchischen Gedankens, mußte er bei verschiedenen Gelegenheiten mit seiner Zeit zusammenstoßen. Die Urteile über seine Politik sind auch verschieden ausgefallen. Aber in der Ferne, abseits von dem Gewühl der deutschen Tagesstreitigkeiten, erkennt man vielleicht besser als im Heimatlande selbst, daß diese kaiserliche Politik mit all ihrer „Impulsivität" und ihrem zeitweiligen Mangel an Rücksicht auf die Gefühlsstimmungen der Nation ein kalt berechnetes und klar gefaßtes Ziel verfolgt hat. Dieses Ziel ist nichts Geringeres als die deutsche Weltmacht.

6. Auswärtige Probleme. Die Bismarcksche Ära (bis 1890) ist eine organische Vorbereitung der Wilhelms II. Damals lag die Aufgabe der äußeren und inneren Sammlung vor. Das Zusammenfügen der einzelnen Bausteine zu einem deutschen Reichsgebäude war ein Werk von so kraftanspannender und kraftverzehrender Art, daß nicht viel Energie für expansive Zwecke übrig bleiben konnte. Der Horizont Bismarcks war deshalb auf Europa beschränkt, sein Interesse nach dem Siege hauptsächlich auf die Hebung der Armee und der Landwirtschaft gerichtet und seine Diplomatie auf Verteidigungsmaßregeln und Sicherung des bereits Gewonnenen gerichtet. Als Rußland seine „ehrliche Maklerei" auf dem Berliner Kongreß nicht anerkennen wollte und er daher gezwungen war, zwischen ihm und Österreich zu „optieren", schuf er den Dreibund in zwei Tempos, die Fassade nach Osten 1879 und die Fassade nach Westen 1882, aber zu reinem und ausdrücklichem Defensivzweck; und er benutzte die erste Gelegenheit, Rückversicherung in Rußland zu nehmen (1884). Zugleich ermunterte er Frankreich zu kolonialen Eroberungen, um auf diese Weise den Druck auf die Rheingrenze zu mildern. Deutschland selbst war nach seinem Gedanken „saturiert", für die ganze orientalische Frage wollte es „keinen einzigen pommerschen Musketier" opfern.

Aber die Kraft, die in dieser gesunden Konzentration gesammelt wurde, mußte schließlich auf Expansion bedacht sein. Das Werk des großen Staatengründers hatte Konsequenzen, die über seine eigenen

Voraussetzungen hinausgingen: sie wiesen nach dem Meere, nach der Seemacht hin, nach großen Märkten und nach fernen Zielen für das größere Deutschland. Den Blick besessen zu haben, diese Konsequenzen zu sehen, und den Mut, an sie zu glauben, das ist der staatsmännische Einsatz Wilhelms II. in die Geschichte des Vaterlandes und der Welt.

Der Kurs war nicht sofort klar, zuerst kam eine Zeit unsicheren Umhertappens („die Caprivische Ära" 1890—94), in welcher die nationale Ungeduld sich in der Entstehung des „Alldeutschen Verbandes" äußerte. 1895 wendet sich das Blatt. Deutschland tritt auf Rußlands und Frankreichs Seite gegen Japan, gleich darauf nimmt es Stellung gegen England in Südafrika (das Telegramm an Krüger am Neujahr 1896); aber der entscheidende Schritt wird 1897 getan, wo es sich in Kiautschou niederläßt und die chinesische Provinz Schantung als seine Interessensphäre beansprucht. Die Ansprüche wachsen mit der Machtentwicklung. „Im Falle einer neuen Teilung der Erde", so äußerte sich Bülow im Reichstag am 11. Dezember 1899, „wird sich Deutschland von keiner Großmacht auf die Füße treten oder sich beiseite schieben lassen." Es war dies der Trompetenstoß, der den Aufmarsch einer neuen Weltmacht neben Rußland und England verkündete. Und im folgenden Jahre glaubte die Welt, ihn in Wirklichkeit zu sehen, als Deutschland die Führung bei der gemeinsamen Aktion gegen das baufällige China übernahm.

Als dies geschah, hatte Kaiser Wilhelm gerade noch eine neue Saite auf seinen expansiven Bogen gezogen. Eine in Damaskus 1898 gehaltene Rede ließ ein weltpolitisches Programm durchleuchten: Deutschland als der Verbündete und Beschützer der mohammedanischen Welt. Die praktisch-politische Konsequenz war die Bagdadbahn, die 1899 provisorisch und 1902 endgültig konzessioniert wurde: eine neue deutsche Interessensphäre von weit ausschauender Bedeutung in der asiatischen Türkei.

Zu Beginn des neuen Jahrhunderts hat also Deutschland seinen Eintritt auf die beiden Hauptbühnen der Weltgeschichte, den großen und den kleinen Orient, genommen, und es hat auf beiden Feldern einen bevorzugten Platz bei einer etwaigen Realisation erreicht. Fügen wir noch hinzu, daß es sich gleichzeitig neue Stützpunkte im Großen Ozean, dem Meer der Zukunft, verschafft hat, und daß zu Hause ein großes Flottenprogramm jetzt festgelegt wird, so ist es klar, daß der Horizont weit über den Gesichtskreis der Bismarckschen Zeit hinaus erweitert worden ist.

Es ließ sich nicht erwarten, daß die anderen Weltmächte ohne weiteres die Ansprüche der neuangekommenen anerkennen würden. Besonders die Bagdadbahn, Europas zukünftiger Richtweg nach Indien und dem großen Orient, ist ein Konkurrent sowohl von Englands Suezkanal wie von Rußlands Sibirischer Bahn und bringt den Anwärtern auf das türkische Erbe ihre alten Kreise in Unordnung. Hier fanden sich in gemeinsamer Unzufriedenheit die traditionellen Feinde Rußland und England, und Frankreich wurde aus Revanchegründen der natürliche „Dritte im Bunde". Dies sind die geschichtlichen Voraussetzungen für die Erweiterung der französisch-russischen Allianz zum Dreiverband, in zwei Tempos, 1904 und 1907. Die politische Konsequenz hiervon liegt in der geographischen Konstellation Deutschlands: die „Einkreisung". Die Gegner benutzen die Zentrallage, die Deutschlands geopolitische Schwäche ist, wie die Feinde Preußens anderthalb Jahrhunderte vorher, um es von allen Seiten zu bedrängen.

Diese Situation tritt im Zusammenhang mit der Marokkofrage klar zutage. Nach der Niederlage Rußlands gegen Japan, die den Druck im Osten erleichterte und infolgedessen größere Bewegungsfreiheit mit sich brachte, meldete sich Deutschland 1905 als Interessent auch auf diesem Schauplatz bei einer „Teilung der Erde" an. Dies war ein starker Umschwung gegen die Bismarcksche Politik, die aus Rücksicht auf das Heimatland die Afrikapolitik Frankreichs erleichtert hatte. Nun zeigten sich die besonderen Schwierigkeiten, mit denen eine deutsche Weltpolitik rechnen mußte. Die deutsche Diplomatie balancierte auf einer schmalen Kante zwischen Frieden und Krieg, einem Krieg, der um so weniger aussichtsvoll war, als Italien jetzt aus Rücksicht auf seine tripolitanische Politik veranlaßt war, nach der Entente hin zu gravitieren, wodurch die westliche Fassade des Dreibundes geschwächt wurde. Erst 1909 trat infolge der Anerkennung von Frankreichs politischen Sonderinteressen in Marokko eine Erleichterung der Situation ein. Nun konnte Deutschland die Einschließung im Osten durch ein Übereinkommen durchbrechen, das Rußland das nördliche Persien und Deutschland die Bagdadbahn sicherte („Die Potsdamer Entrevue" 1910); jetzt fand es auch die Kraft, sich der marokkanischen Schlußaktion Frankreichs zu widersetzen. Aber es bedurfte unendlicher Verhandlungen und einer vollständigen Kriegsbereitschaft zu Land und Wasser, ehe sich Deutschland Ende 1911 mit Neukamerun als reeller Valuta und Kompensation aus der Affäre ziehen konnte.

Die nationalistisch gefärbte öffentliche Meinung in Deutschland, die den Zusammenhang zwischen der Bewegungsfreiheit ihres Vaterlandes in der Welt und der Gebundenheit in dem eigenen Erdteil übersah, war über diesen Ausgang enttäuscht; sie hatte als Gewinn einen Teil von Marokko selbst (Südmauretanien) erwartet. Die offizielle Politik, die übrigens das Risiko besser erkannte, hat es wahrscheinlich nicht als vorteilhaft angesehen, sich noch ein loses Stück Kolonie aufzuladen. Sie scheint mehr Gewicht darauf zu legen, die alten Kolonien zu größeren Einheiten zusammenzuschweißen, wobei sie dem eigenen Beispiel Englands und Frankreichs folgt. Das Kartenbild der Beute von 1911, mit seinen beiden Fangarmen nach dem Kongobassin hin, weist selbst auf eine Fortsetzung, eine vereinigte Riesenkolonie in Zentralafrika hin — sei es als großer äquatorialer Gürtel (durch Erwerb von Belgisch-Kongo vermittels Handelsvereinigung und vom portugiesischen Angola durch Ankauf, 6$^1/_2$ Millionen qkm, Hänsch 1912) oder als meridionales Reich nur an der atlantischen Seite entlang (durch Austausch von Deutsch-Ostafrika gegen Englands westafrikanische Besitzungen, zusammen mit den obenerwähnten Erwerbungen 8 Millionen qkm, Delbrück 1912).

Das Interesse für dieses Programm ist in demselben Maße gestiegen, als die Hoffnungen auf eine große Interessensphäre in China nach den Ereignissen der neuesten Zeit herabgeschraubt werden mußten. Neben dem zentralafrikanischen eröffnet die jetzige Situation nur noch Aussicht auf ein imperialistisches Programm, nämlich auf das levantinische um das Rückgrat der Bagdadbahn. Hier steigt das territoriale Zukunftsbild Berlin—Bagdad oder Elbe—Euphrat am Horizont auf, eine breite Zone schräg durch die alte Welt, als Puffer zwischen Westeuropa und dem russischen Reich, eine politische Brücke zwischen der Nordsee und dem Persischen Meerbusen, von 2½ Millionen qkm und vielleicht 150 Millionen Einwohnern. Es wurde zum ersten Male 1903 vom Engländer Harry Johnston klar vorgelegt und im selben Jahre von Rohrbach zur Beleuchtung von deutschem Gesichtspunkt aus aufgenommen. Jener denkt sich eine staatsrechtliche Vereinigung der betreffenden Länder, dieser nur einen ökonomischen (wohl auch militärischen) Zusammenschluß, ein „nahezu autonomes und geschlossenes Produktions- und Konsumtionsgebiet", also ein Gebiet mit Autarkie, das Deutschlands Lebensbedürfnis eines gesicherten Marktes ohne hochpolitischen Charakter gerecht wird.

Mit diesem levantinischen oder südosteuropäischen Expansionsprogramm konkurriert, wie wir finden, ein älteres zentraleuropäisches, in dem die Balkanwelt von Deutschlands „Satelliten" (Lair) in seiner Umgebung ersetzt wird: Holland, Belgien und der Schweiz. Hier drehen sich übrigens die Gedanken auf mannigfache Weise um das Bild eines mitteleuropäischen Zusammenschlusses in Kriegs- und Handelspolitik, mit Deutschland als Haupt und Kern (Julius Wolf 1901).

Es ist klar, daß „Großdeutschland" in dem nationalen Programm noch keine bestimmte Form erhalten hat. Es ist auch auffällig, daß man jetzt mit größerem Vorbehalt von dem levantinischen Projekt spricht als im Anfang; die empfindliche Situation in der Türkei verlangte dies, dazu kommen nun die neuesten Veränderungen auf der Balkanhalbinsel, die den Kurs dieser Zukunftswechsel direkt hat sinken

IV. Deutschland

laſſen. Aber es iſt auch klar, daß alle dieſe ſchwebenden Vorſtellungen ſich um dasſelbe große Ziel bewegen: Deutſchlands kontinentale Gebundenheit zu überwinden und ihm mehr Raum und Luft zu verſchaffen. Die heutige politiſche Karte zeigt ſich nämlich immer mehr als ein ihm zu kurz gewordenes Kleid, dem außerdem etwas vom Charakter einer Zwangsjacke anhaftet. Man darf jedoch nicht überſehen, daß auch gewiſſe Vorbehalte an den größten nun beſprochenen Zukunftshoffnungen haften. Auf der einen Seite wagt der deutſche Imperialismus nirgends mit denſelben feſten Beſitztiteln aufzutreten wie der engliſche, franzöſiſche, ruſſiſche und amerikaniſche; wir ſehen Bilder mit ſchwankenden Umriſſen, loſe Zollvereinigungen oder Allianzgebiete, und in ihrem Zentrum ſitzen fremde Bildungen (ein Öſterreich oder ein türkiſches Anatolien oder ein belgiſcher Kongo), welche die Hauptmacht daran hindern würden, das ganze Reich mit ihrem Geiſt und ihrer Macht direkt zu durchdringen. Auf der anderen Seite ſteht Deutſchland hinter den Konkurrenten auch inſoweit zurück, als ſich ſelbſt im weiteſten Rahmen dieſer Expanſionsprojekte keine Ausſicht zeigt, dem Bedürfnis nach Platz für die eigene überſchüſſige Bevölkerung des Reiches gerecht zu werden; keines der Zukunftsländer bietet größere Vorausſetzungen als ſeine bereits erworbenen Beſitzungen, um als wirkliche Auswanderungskolonie zu dienen.

Die Schwäche des deutſchen Zukunftsprogramms rührt ganz einfach daher, daß der Boden anfing zur Neige zu gehen, als ſich Deutſchland bei der Verteilung einſtellte. Rivalen mit jahrhundertealten kolonialen Traditionen hatten bereits die beſten Plätze mit Beſchlag belegt. Als erſtes unter ihnen erblickt es England. Es findet England direkt gegen ſich auf ſeinen beiden größten Zukunftslinien, der äquatorialen, die einen Querbalken über die Kap—Kairobahn legen, und der levantiniſchen, die der Verbindung Kairo—Kalkutta einen Riegel vorſchieben würde. Das iſt Stoff für zwei Faſchodakonflikte. Aber dieſe direkten Reibungen ſind nur vereinzelte Symptome eines Intereſſengegenſatzes, der den ganzen Erdkreis umfaßt, weil England nunmehr in Deutschland seinen Hauptrivalen auf dem Weltmarkt und dem Weltmeer sieht.

Deshalb trat auch England mit der Leitung und Initiative bei den diplomatischen Kombinationen hervor, die die Entwicklung Deutschlands in äußerer Hinsicht hindern wollen. Von ihm ging der Gedanke an diese „Einkreisung" aus, die ein eisernes Band um Deutschland in Europa legen sollte. Die Marokkokrise 1911 hat das deutsche Volk gelehrt, daß es an England vorbei keinen Weg zur Weltmacht gibt. Unter diesem Eindruck hat man in nationalistischen Kreisen mit steigendem Ernst die Frage zu diskutieren begonnen, ob dieses Ziel überhaupt auf friedlichem Wege zu erreichen sei. Liegt die Lösung von Deutschlands Problem noch immer in „Blut und Eisen"? Das ist das Thema, das in Bernhardis Schrift „Der nächste Krieg" und in Rohrbachs „Der deutsche Gedanke in der Welt" entwickelt wird, welche beide 1912 in großen Ausgaben erschienen sind: Trompetenstöße zu einem Kampf, der schon zu beginnen scheint — einem Kampf, bei dem man in England den Hauptfeind sieht.

Die Balkankrise 1913 scheint die „Schicksalsstunde" (Frobenius) noch näher gerückt zu haben, indem sie die Deckung des Dreibundes durch eine befreundete türkische Macht im Süden geschwächt und statt dessen die slawische Stellung auf dieser Seite gestärkt hat. Die unmittelbare Antwort Deutschlands auf diese „Verschiebung in den europäischen Machtverhältnissen" (Bethmann, 7. April 1913) war wieder eine Riesenanstrengung, nunmehr auf dem Gebiete der Landesverteidigung. Die Balkankrise hat nämlich zugleich eine Frontveränderung verursacht. In dem Verhältnis zu England ist eine Entspannung eingetreten, die durch Unterhandlungen betreffs Abgrenzung der beiderseitigen Interessensphären bezeichnet wird. England scheint Deutschlands Pläne in Zentralafrika nicht weiter hindern zu wollen, Deutschland wiederum hat seit 1911 die Internationalisierung der Bagdadbahn jenseits von Bagdad, wo England seine Interessen immer mehr befestigt hat, zugestanden. Das ist die neue Parole „Weltpolitik und kein Krieg", Verzicht in der Levante gegen Expansion in Afrika. Aber statt dessen ist jetzt infolge des heftigen Aufflammens des Panslawismus der Friede an der russischen Front bedroht. Dort steht augenblicklich das dunkelste Sturmzeichen am wolkenbedeckten Himmel Deutschlands.

Wir haben die Entwicklung der deutschen Großmacht von der Schöpfung des Reiches an bis zu der hervorragenden Stellung und der verhängnisvollen Wegscheide, wo es gerade jetzt steht, aus der Vogelperspektive verfolgt. Wir haben seine schweren Bedrängnisse auf den internationalen Pfaden gesehen. Wir haben außerdem so viele Schwächen, so zahlreiche trennende Elemente bei Volk, Gesellschaft und Staat entdeckt, daß wir die Unruhe wohl begreifen können, mit der die Wächter auf Deutschlands Mauern der entscheidenden Krise, die sich zu nähern scheint, entgegensehen.

In Wirklichkeit gibt es nur die Wahl zwischen „Weltmacht oder Niedergang" (Bernhardi). Entweder muß Deutschland die Aufgabe mit der ungeheuren Anspannung aller Kräfte, die darin liegt, auf sich nehmen, oder es muß sich für die Zukunft darein finden, sein Dasein als eine Macht zweiten Ranges „ohne Mitgestaltungsrecht in dem kommenden Weltalter" dahinzuschleppen. Dieser Gedanke ist es, der den Patrioten des großen Landes unerträglich erscheint. Wie ein kategorischer Imperativ steht ihnen die Aufgabe des Volkes vor Augen, der Welt den Stempel seiner nationalen Idee aufzudrücken. Dies ist das innere Geheimnis des modernen Imperialismus: nicht bloß ein Streben nach materiellem Gewinn oder nur ein Wille zur Macht, sondern das Verantwortlichkeitsgefühl einer Mission für die Menschheit.

Die große Frage ist die, ob diese hohen Lehren bei der tiefen Masse des deutschen Volkes schon hinreichenden Widerhall finden. Die imperialistischen Rufer scheinen manchmal eher daran zu zweifeln als zu glauben. Es ist eine alte Klage, daß „Deutschlands schlimmste Feinde nicht Ausländer sind" (Arndt 1908). Mit Bitterkeit reden die großdeutschen Verfasser von dem „ideellen Pauperismus" in der Heimat, der Spießbürgerlichkeit und kleinstädtischen Perspektive des

Zusammenfassung

Volkes, der Gleichgültigkeit der Presse, der Furcht des Kapitals vor Risiken in den Kolonien. Der Welteroberungstrieb scheint noch nicht in vollem Ernst erwacht zu sein bei einem Volk, das dazu verurteilt war, Jahrhunderte in der größten Zersplitterung zu leben, welche die Geschichte kennt. Vielleicht liegt dieser Trieb von Anfang an ihm nicht im Blut, die norddeutsche Ebene bietet ja keine so weiten Perspektiven wie die Steppe Rußlands und die Prärie Nordamerikas oder das Meer an der Küste Englands. Es sah wirklich so aus, als ob das heutige Deutschland, was den Blick über die Welt und das planetarische Machtverlangen betrifft, das die psychische Voraussetzung für die Großmacht ist, unter den anderen stehe.

Andererseits darf man sich jedoch darin nicht täuschen, daß in neuester Zeit in der Tiefe der Volksseele eine Veränderung vor sich gegangen ist. Ein Ausdruck dessen war bereits das gewaltige Aufrücken und der große Sieg der Nationalen bei der Reichstagswahl 1907, wo Sozialdemokraten und Klerikale der Expansionspolitik den Garaus machen wollten. Es sieht wirklich so aus, als ob der nationale Wille zum Wachstum neuerdings, um die Zeit der Marokkokrisis und nachher, im selben Maße wie die Machtentwicklung selbst fortgeschritten ist. Mit der Aufgabe und dem Risiko ist das Volk gewachsen. Denn dieses Volk besitzt noch alle Anzeichen einer physischen, psychischen und moralischen Gesundheit. Es ist ein Volk, das nicht nur auf der Höhe der Kultur, sondern auch auf der der Lebenskraft und des Lebensmutes steht. Aus solchem Stoff werden Weltmächte geformt. G r o ß d e u t s c h l a n d scheint bereit zu sein, vor der Geschichte dasselbe Zeugnis abzulegen wie Deutschland zu Bismarcks Zeiten — d a ß e s r e i t e n k a n n, w e n n m a n e s n u r i n d e n S a t t e l h e b t!

Literatur: Ratzel, Deutschland, 1898; Hasse, Deutsche Politik, I und II, 1905—1908; Arndt, D.s Stellung in der Weltwirtschaft, 1908 (1913); Julius Wolf, Das Deutsche Reich und der Weltmarkt, 1901; Pohle, Deutschland am Scheidewege, 1902; Treitschke, Zehn Jahre deutscher Kämpfe, 1874; Meinecke, Weltbürgertum und Nationalstaat, 1908; Bismarck, Gedanken und Erinnerungen, 1898; Grotefeld, Die Parteien des deutschen Reichstags, 1908; Lair, L'impérialisme allemand, 1909; Baudin,

IV. Deutschland

L'empire allemand et l'empereur, 1912; Arndt, Grundzüge der auswärtigen Politik Deutschlands, 1912; Rohrbach, D. unter den Weltvölkern, 1903 (1911), und Der deutsche Gedanke in der Welt, 1912; Bernhardi, D. und der nächste Krieg, 1912; Hänsch, Die Aufteilung Afrikas, 1912 (Geogr. Zeitschrift); Delbrück, Über die Ziele unserer Kolonialpolitik, 1912 (Preuß. Jahrbücher); Deutschland, sei wach!, 1912; Frobenius, Des D. R.s Schicksalsstunde, 1914; Reventlow, D.s auswärtige Politik 1888—1913, 1914; D. unter Kaiser Wilhelm II. (Bülow), 1914; Rohrbach=Jäckh, Das größere D., 1914; Preußische Jahrbücher (Delbrück); Kreuzzeitung (Schiemann).

V. England.
United Kingdom of Great Britain and Ireland.

Reich 33,4 $\left(\frac{0,3}{33}\right)$. Volk 438 $\left(\frac{47}{391}\right)$; Zunahme 375,000; Zuwachs $\frac{25}{15}$; Auswanderung 330,000. Eisenbahnen n. 38,000; Handel n. 23 $\left(\frac{9}{13,8}\right)$; Handelsmarine 39. Flotte 1,640,000; Heer 255,000; Militärausgaben 33 $\left(\frac{12,5}{20,5}\right)$. Staatsschuld 13,5, pro Kopf 293.

Zum Reich und Volk wird hier auch Ägypten gerechnet.

1. Genesis. Abgesehen vom Zuge des Christentums über die Welt kennt die Geschichte der Menschheit keine großartigere Expansionserscheinung als die Verbreitung des angelsächsischen Stammes seit der Zeit vor drei Jahrhunderten, wo Bacon befürchtete, in seinen Schriften sich einer allzu wenig gekannten Sprache zu bedienen, bis auf den heutigen Tag, wo dieselbe Sprache die Muttersprache von 125 Millionen, die offizielle Sprache von etwa 550 Millionen, und das sicherste Verbindungsmittel der ganzen zivilisierten Welt ist. Das politische Resultat sind zwei angelsächsische Großmächte, jede einzelne mit den Ansprüchen und Voraussetzungen einer Weltmacht. Historisch verhalten sie sich zueinander wie Mutter und Tochter. Der Mutterstaat im Familienheim ist England, das heutige Großbritannien.

Die erste Expansion des englischen Stammes nahm ihren Weg über den Kanal nach dem Festland Europas. Erst 1558 wurde der Kontinent definitiv aufgegeben. 30 Jahre später wurde die spanische Armada vernichtet. Damit nimmt eine ganz neue Geschichte ihren Anfang. Der Sieg schuf den Willen zur Großmacht und verlieh der Nation maritime Ideale. Die ersten Niederlassungen jenseits des Meeres fanden ungefähr gleichzeitig statt. Aber die ozeanische Expansion kam erst wirklich in Fluß, als England seine eigenen

Inseln vollständig in Besitz genommen hatte, was zu Beginn des 17. Jahrhunderts der Fall war.

In weiterem Verlauf des 17. Jahrhunderts ist der Kurs klar. Cromwell, der erste reine Imperialist, förderte ihn durch protektionistische Gesetzgebung (die Navigationsakte von 1651). Ehe das Jahrhundert zu Ende ging, war Holland, der „beatus possidens" auf den Meeren, politisch überflügelt, wenn es auch noch ein halbes Jahrhundert lang seinen ökonomischen Vorrang beibehalten konnte. Gleichzeitig hat eine entschiedene Konzentrationsarbeit im Innern die Kräfte gestärkt, so daß England nun bereit steht — mit Österreich als „Kontinentaldegen" — den Kampf mit dem größeren und zäheren Frankreich erfolgreich aufzunehmen.

Dieser Kampf füllt die Periode 1688—1815 aus. Jetzt machen die Angelsachsen ihren großen Wikingerzug durch die Welt. Die erste große Konjunktur (nach der Entdeckung Amerikas) kam mit dem 18. Jahrhundert: allgemeiner Krieg auf dem europäischen Kontinent. Als der Krieg zu Ende und die Übermacht Frankreichs diesmal gebrochen war, hatte England einen Keil in dessen amerikanisches Reich getrieben, den Handel des spanischen Amerika gewonnen, den Schlüssel zum Mittelländischen Meer (Gibraltar) erworben und Portugal wie eine Jolle an sich festgebunden. Es war eine europäische Großmacht geworden.

Ein halbes Jahrhundert später (nach dem Frieden zu Paris 1763) ist Frankreichs Kolonialreich in Amerika und Indien vollständig zertrümmert, und England tritt so an die Stelle der vierten alten Großmacht (Frankreich nach Holland, Portugal und Spanien). Die Nationalhymne „Rule Britannia" war kaum gedichtet, als sie auch schon zur Wahrheit wurde: England fängt an, der alleinige Herr auf den Meeren zu werden; der Macht auf dem Fuße folgt der Welthandel und zieht sich immer bestimmter von Amsterdam nach London.

In dieser Situation erduldet England den ersten und einzigen Rückschlag, die Losreißung der amerikanischen Kolonien 1783, die Emanzipierung der ältesten Tochter, die den Ausgangspunkt einer neuen Großmachtsentwicklung, parallel mit der des Mutterlandes, bildet. Der äußere Verlust wird jedoch durch den Aufschwung, den der freie Handel und die freie Schiffahrt nach Amerika im Verhältnis zum früheren Zwangshandel nimmt, aufgewogen, wie auch durch die Lehre, in Zukunft auf die Freiheitsforderungen seiner kolonialen Kinder mehr Rücksicht zu nehmen. Und ehe das 18. Jahrhundert zu Ende geht, hat England direkte Kompensation dadurch gefunden, daß es im vierten und fünften Erdteil (Neusüdwales 1788, Kap 1795) feste Stützpunkte erwirbt, die Ausgangspunkte für neue Auswandererkolonien und angelsächsische Staatenbildungen werden.

Durch die französische Revolution erhielt England die Konjunktur vom Beginn des 18. Jahrhunderts wieder. Während des allgemeinen Kontinentalkrieges fand es Gelegenheit, die französische Flotte nebst ihren Helfern definitiv zu vernichten, und konnte nun mit den überseeischen Besitzungen der anderen frei schalten. Als der durch die napoleonischen Kriege erschöpfte und ermattete Kontinent endlich zur Ruhe kam, fand er England nicht bloß unversehrt, sondern außerdem im unbestrittenen Besitz der Herrschaft auf allen Handelswegen. So konnte sich England nun als Riesenmagazin für Europas Bedarf an Kolonialwaren einrichten. Dieser gewaltige Strom ging über England und setzte in den Taschen der Engländer sein Gold ab. Ein solches Monopol hat die Weltgeschichte kaum vorher gesehen.

Dieses System dauerte fast ungestört ein halbes Jahrhundert hindurch. Seine natürliche Wirkung war die, daß unermeßliche Kapitalien sich auf der Insel ansammelten. Nach diesen streckten die übrigen Mächte ihre gierigen Hände aus, um mit denselben ihre eigene Lage verbessern zu können. So wanderte das englische Kapital in die Welt hinaus. England wurde der Gläubiger der übrigen Länder. Es war nicht bloß der reiche Kaufmann mit ganz Europa als Kundenkreis, es wurde auch der Bankier und der finanzielle Teilhaber mit Europa als Schuldner.

In eben diese Zeit — mit ihrem ersten Anfang in der letzten

V. England

hälfte des 18. Jahrhunderts — fällt die Umwälzung auf dem Gebiete der Produktion, die die Folge der Entdeckung der Dampfkraft und ihrer Benutzung bei der menschlichen Arbeit war. Es war ein weiterer glücklicher Zufall, der in erster Linie England zugute kam. England fand innerhalb seiner eigenen Grenzen ungeahnte Reichtümer in seinen Kohlengruben. Technische Erfindungen auf dem Gebiete der Textilindustrie vollendeten die Konjunktur. Der reichste Kaufladen der Welt wurde gleichzeitig ihre kräftigste Werkstätte. Er brauchte sich nicht auf bloße Vermittlung des Handels beschränken; er war in der Lage, ihn aus eigenen Produktionsquellen zu speisen und so den Gewinn des Fabrikanten zu dem des Kaufmannes zu legen, alles zum Besten des Bankiers. Als daher der Industrialismus seinen siegreichen Einzug in die Welt hält, ist England wieder der Bahnbrecher. Um die Mitte des 19. Jahrhunderts ist die Stellung so stark, daß man ohne Gefahr vor auswärtiger Konkurrenz den Handel und die Schiffahrt fast ganz freigeben kann.

Aber zu all diesem kommt auch das Erstgeburtsrecht auf die Verkehrsmittel der Neuzeit. Hier hat die Dampfkraft ihre zweite epochemachende Benutzung gefunden, und noch immer geht England an der Spitze. Wie eine „ungeheuere Meeresspinne" liegt es im Zentrum seines auf dem Grunde aller Meere ruhenden Kabelnetzes, und über alle Ozeane schlägt es mit seinen fliegenden Geschwadern bewegliche Brücken. England ist die erste Macht, die sich so die Möglichkeit geschaffen hat, ein die Erde umspannendes Reich aufrechtzuerhalten; es ist ein „Venedig im Weltformat geworden, mit Ozeanen als Kanälen" (Seeley). Während es seinen alten Kolonien näher rücken und den Erwerb neuer erleichtern konnte, hat es gleichzeitig erhöhte Stärke in der Konkurrenz mit den Rivalen gewonnen, die sich allmählich an verschiedenen Punkten erheben. Der Erwerb des Suezkanals (durch Aktienankauf 1875) war die letzte, aber nicht die schlechteste von den günstigen Gelegenheiten, welche „die gottgesandte Norne" der Nationalhymne diesem auserwählten Volke geboten hat. Noch einmal hat England als privilegierte Macht des

Verkehrs der übrigen Welt einen Vorsprung abgewonnen und ihn ausgenutzt.

Diese Konjunkturen haben aus der Großmacht vom Beginn des 18. Jahrhunderts das Weltreich von der Mitte des 19. Jahrhunderts geschaffen. Dies war aber möglich nur im Verein mit ungewöhnlichen Voraussetzungen seitens des Reiches und des Volkes.

2. **Reich.** Zwei geographische Faktoren waren es, die von vornherein eine englische Großmachtentwicklung in seltener Weise begünstigten, nämlich die Insularität und die Lage des Mutterlandes.

Seit der Union mit Schottland vor 300 Jahren ist England in seinem Heim der natürlichste Staat der Welt. Es gibt keine bessere Grenze als das Meer, das vor allen unmittelbaren Reibungen schützt, von allen formellen Grenzstreitigkeiten befreit und im Kriegsfall einen wesentlichen Teil der Verteidigung übernimmt. Die Insellage hat daher England mit dem Kampf um die Grenze verschont, der im Laufe der Geschichte die Kontinentalmächte soviel Kraft gekostet hat. Dies bedeutet für das englische Volk eine ungeheure Kraftersparnis, die der Machtentwicklung an anderen Punkten zugute kam. Noch heute glaubt daher England die allgemeine Wehrpflicht entbehren zu können, die auf dem Kontinent jährlich Millionen Hände der Produktion entzieht. Um so mehr Gewicht konnte und mußte es auf seine Verteidigung zur See legen, dies natürlich auch aus Rücksicht auf die Notwendigkeit, sein durch die Meere zersplittertes Kolonialreich zusammenzuhalten. Das Meer ist die Quelle von Englands „naval supremacy", die ihrerseits wiederum der Lebensnerv seiner Weltherrschaft ist. Das Meer mit seiner unbegrenzten Perspektive hat wohl auch auf dem Weg der geheimnisvollen Suggestionen von vornherein den Eroberungsinstinkt in der Seele des Inselvolkes entzündet, während es gleichzeitig bequeme Wege zu dessen Befriedigung darbot.

Aber das Meer ist auch das bevorzugte Mittel der friedlichen Verbindungen. Wenn England heute als die gewaltigste Offenbarung des ökonomischen Großmachttypus aller Zeiten dasteht, so ist dieser Charakter in letzter Hand aus der Insellage des Mutterlandes herzuleiten. Die Insellage ist das grundlegende Faktum im ganzen Problem Englands.

Diese hätte jedoch ihre Vorzüge natürlich nicht entfalten können, wenn sie nicht mit ungewöhnlichen Vorteilen der Gestaltung und Lage des Landes vereinigt gewesen wäre. Die starke Küstenentwicklung mit ihrem großen Reichtum an Häfen ist für ein Seemannsvolk geschaffen. Alle großen Ströme des Kontinents von der Seine bis zur Elbe zeigen hierher. England ist also mit Europa innig verbunden. Es ist des Erdteils natürlicher Bahnbrecher auf dem Meere. Englands einzig dastehende Chance liegt nun darin, daß es seine zweite Front dem bevorzugten Ozean zuwendet, während die erste so intim dem bevorzugten Kontinente zugekehrt ist. Rein insular in seiner Gestaltung, ist es in seiner allgemeinen Lage ein Übergang zwischen Europa und dem Atlantischen Meer, also ein Knotenpunkt der Hauptverbindungen des Weltverkehrs. Gleichzeitig nimmt es im Verhältnis zu den verschiedenen Kulturherden der Menschheit eine günstige Mittellage ein; London liegt im Mittelpunkt der Landhalbkugel (Karl Ritter).

Ehe sich letzteres Verhältnis geltend machen konnte, mußte jedoch das Atlantische Meer selbst in ein Mittelmeer verwandelt werden, was den Eintritt Amerikas in die Zivilisation voraussetzt. Die Entdeckung des neuen Erdteils bildet auch den Wendepunkt in der ganzen Geschichte Englands. Vorher war England nur die äußerste Ecke und der Außenposten Europas im Nordwesten nach dem Meere hin, und seine eigene im Westen angesammelte Gebirgslandschaft schien eine natürliche Mauer für den Gesichtskreis nach dieser Seite hin zu bilden. Sein politisches Gesicht war noch ebenso wie sein bester Ackerboden Europa zugewandt. Wie alle europäischen Mächte sah es seine wirtschaftliche Grundlage in der Landwirtschaft; fürs Meer hatte es noch keinen Sinn, dies wurde eher als ein feindliches Element angesehen, über das Eroberer und Vormünder gekommen waren; noch weit ins 16. Jahrhundert hinein beherrschte die deutsche Hansa

Englands Handel so vollständig, daß die britische Münzeinheit noch heute davon zeugt (Pound Sterling = Pfund der Osterlinge, der Männer aus dem Osten). Die Entdeckung Amerikas verwandelte England mit einem Schlage aus einem peripherischen, europäischen Staat in einen zentralen, planetarischen, wenn auch die Wirkungen erst allmählich zutage treten. Jetzt erst zeigte sich die Lage mit all ihren Vorteilen, als Vorzugsplatz dem Atlantischen Meer am nächsten, eine Stellung, die auf Kosten der pyrenäischen Hauptmacht durch den Sieg über die Armada bezeichnet wurde. Nun erst macht auch die Insularität ihr Recht in Handlung und Gedanken geltend. Schon Bacon (1612) spricht von der Hegemonie auf dem Meere als der „kostbaren Mitgift" des Vaterlandes. England beginnt seine Hausgötter vom Land aufs Meer hinauszutragen. Europa, dessen peripherischer Vorsprung es bisher war, fängt an, als sein Hinterland zu erscheinen.

Diese Lage prädisponiert England vor anderen Mächten zu einer planetarischen Stellung. Es steht auf einem höheren Plan als Deutschland, dessen zentrale Stellung sich nur an einem europäisch begrenzten Horizont abzeichnet; außerdem ist England durch die isolierende Schicht des Meeres von dem konzentrischen Druck befreit, den die Stellung für Deutschland mit sich bringt. Diese grundlegende Verschiedenheit spiegelt sich in der militärischen Disposition der beiden Mächte ab: sie haben beide ihre Land= und Seekräfte ungefähr nach dem „goldenen Schnitt" geteilt, während aber Deutschland den größeren Teil der Armee zugewiesen hat, hat England dieses Los der Flotte zugeteilt.

Der englische Boden hat mit einem feuchten Klima zu kämpfen, das für die Feldfrüchte nicht allzu förderlich ist (Dove). Die Reichtümer der Berge haben jedoch in neuerer Zeit reichlichen Ersatz für die relative Dürftigkeit des Ackerbodens gewährt. In üppigem Reichtum nebeneinander liegend, bieten die Eisen= und Kohlenfelder von Lancashire der modernen Fabrikation die vorzüglichsten Bedingungen dar. Das alte „grüne England" tritt so im Zeitalter des Industrialismus vor dem „schwarzen England" in den Hintergrund

(Bérard). Dies war eine neue Verschiebung, die den Staat der modernen ökonomischen Lage anpaßte und die Stellung vollendete, die mit dem allgemeinen Aufrücken nach dem Meere hin anfing. Um wieviel stärker zeigen sich jetzt nicht die natürlichen Voraussetzungen Englands als einer ökonomischen Weltmacht als z. B. die Italiens, das mit fast demselben insularen Vorzug eine eingeengtere Lage und einen viel ärmeren Boden vereinigt!

Wir wollen nun einen Blick auf das Reich in seiner Gesamtheit werfen, jene gigantische Staatenbildung, die an Umfang fast der Mondscheibe gleich ist, und in der ein Viertel der Landmasse und der Bevölkerung der Erde unter derselben Flagge vereint ist, jenes Reich, das in allen Erdteilen eine Großmacht ist, und von dem einzelne Teile jeder für sich nur mit dem Maß eines Erdteils gemessen werden können (Australien, Kanada, Indien). Nicht nur an Ausdehnung, sondern auch an ökonomischem und politischem Wert steht es in der Weltgeschichte ohne jedes Gegenstück da. Seine eine Hälfte füllt den größeren Teil der gemäßigten Zone außerhalb Eurasiens aus und bietet der Bevölkerung Europas wenigstens 4 Millionen Quadratkilometer als Ansiedlerkolonien. Die andere Hälfte liegt in den Tropen und den Subtropen als unschätzbare Plantagenkolonien. In beiden blühen die hervorragendsten Handelskolonien der Erde. Neben den Hauptteilen kommen dann ganze Schwärme von Stationen: gegen 50 Kohlenhäfen, Kabelinselchen und strategische Punkte, die wie Oasen in der Wüste des Weltmeers (Bermuda, St. Helena, die Seychellen, Fanning) oder wie Kais vor wichtigen Handelsgebieten (Hongkong, Sansibar) oder wie Tore an empfindlichen Durchfahrten liegen (Gibraltar, Malta, Suez, Aden-Perim, Bahrein, Singapore, Wei-hai-wei). Auch in diesem scheinbar verworrenen Durcheinander merkt man also bei genauerem Zusehen Vernunft und Plan: sie sind in ihrem Zusammenhang als unentbehrliche Fuß- und Stützpunkte des Weltreiches nach außen zu betrachten.

In diesem Reich umfaßt jedoch das Mutterland kaum mehr als 10% der Bevölkerung und noch nicht einmal 1% des Volumens:

ohne Zweifel ein ungeheures Übergewicht der Peripherie. Selbstverständlich ist es ferner, daß all die Vorteile von Lage und Gestalt, die wir beim Mutterland wahrgenommen haben, mit einzelnen Ausnahmen verschwinden, wenn wir das Reich betrachten. Hier kann ja — abgesehen von Australien und Neuseeland und der kleineren Inselwelt — von natürlichen Grenzen keine Rede sein; auch England befindet sich seiner Besitzungen wegen andauernd in fremden Erdteilen in Grenzstreitigkeiten verwickelt. Hier überrascht uns auch das Künstliche in einem Reichsgebäude, das die Inseln Englands in Europa mit seinem Antipoden Australien, mit dem Norden Amerikas, dem Süden Afrikas und der großen indischen Halbinsel Asiens zusammenkettet. Wir begreifen, daß das Hauptproblem der modernen englischen Politik das sein muß, das über alle Meere der Erde zerstreute Ganze trotz aller trennenden Einflüsse zusammenzuhalten.

3. **Volk.** Vom nationalen Gesichtspunkt aus besitzt das britische Weltreich eine etwas größere Einheitlichkeit als vom geographischen, indem ungefähr 12% desselben der Mutterbevölkerung zugeschrieben werden können. Zehn Millionen Engländer wohnen nämlich draußen in den Kolonien, hauptsächlich als Tochternationen in den gemäßigten Zonen der drei Erdteile: in Kanada und Neufundland, Südafrika, Australien und Neuseeland. In „the family of Oceana" (Froude) verhalten sie sich zu der Bevölkerung in anderen Besitzungen wie Kinder zu Untergebenen; hierbei ist zwar daran zu erinnern, daß etwa vier Millionen andere Weiße (Iren und französische Kanadier in Kanada, Buren in Südafrika) hier die Privilegien der echten Nachkommen teilen.

Eine englische Irredenta existiert natürlich nicht; die in den Vereinigten Staaten von Nordamerika aufgegangenen Millionen kommen ja hier nicht in Betracht. Die manchmal recht bedeutende Auswanderung hat sonst den Charakter einer Bluttransfusion in die Adern der Kolonien gehabt und ist daher im Reiche selbst verblieben, indem sie sich damit begnügte, die Stärke des Mutterstammes im Verhältnis zu den Zweigvölkern langsam zu vermindern. In seinem

Innern ist England in Europa ohne Zweifel als fester Nationalstaat zu betrachten. Vom sprachlichen Gesichtspunkt sondern sich nur einige keltische Reste, höchstens 4% der Bevölkerung, ab, die außerdem in der Regel englisch verstehen. Wichtiger ist der in tieferem Sinne nationale Verlust, der wenigstens die katholischen Iren von der Hauptbevölkerung trennt: ein wirkliches Trennungselement auf altem keltischem Grund, das selbst die Insularität als Stütze für eine auch konfessionell und sozial hervortretende Eigenart hat. Dies ist der Stoff für die irische Frage, die eines der ältesten und schwierigsten Kümmernisse der englischen Politik bildet. Wir werden sie in anderen Kapiteln wiederfinden. Hier sei nur bemerkt, daß der statistische Abzug vom Nationalstaat mit dieser Beschränkung sich auf weniger als $7^1/_2$ % beläuft, also zusammen mit dem sprachlichen auf kaum mehr als 11%. Dies hat keine Bedeutung gegenüber der Stärke und dem Nationalbewußtsein der berühmten Rasse, die der Träger der Geschichte Englands ist.

Ein ethnisches Profil durch das angelsächsische Stammvolk findet fünf deutliche Hauptschichten: Kelten, Römer, Angeln und Sachsen, Skandinavier, halbfranzösische Normannen. Vor den Augen der Geschichte haben die vier letztgenannten nacheinander dort eine Ablagerung gebildet. Wir erkennen die drei Grundfarben der westeuropäischen Menschheit wieder, die keltische, die romanische, die germanische. Die Bevölkerung Englands zeigt sich somit als ein Extrakt aus den edelsten Bestandteilen der arischen Rasse; sie ist von Geburt an mit der Anlage zu starken Eigenschaften ausgerüstet, die nach dem Zeugnis der Erfahrung typischen Mischvölkern eigen ist, und zwar in allerhöchster Potenz. Während des Zusammenlebens auf seiner Insel in einer langen und großen Geschichte ist es dem Volke alsdann gelungen, seine verschiedenen Elemente in ungewöhnlicher Homogenität miteinander zu verschmelzen. Jetzt ist die englische Nationalität fest und klar wie kaum irgendeine andere, und ihre alten Grundelemente sind so gut wie ganz in der neuen Einheit aufgegangen.

In dieser Volksseele mehr noch als in geschichtlichen und geographischen Konjunkturen hat das britische Weltreich seine Erklärung und seine Garantie. Sie erhielt ihre Reife in der puritanischen Taufe in der ersten Hälfte des 17. Jahrhunderts und ruht noch immer auf diesem historischen Grund. Dieses Ideal ist vor allem gesund und lebenskräftig: ein nüchterner Blick, ein starker Griff ins Dasein und ein hartes Anfassen desselben. Es ist das nicht das höchste Menschenideal, aber sicherlich das „politisch brauchbarste" (Ruedorffer) durch seine Anziehungskraft auf den menschlichen Durchschnitt. Es ist in erster Reihe ein dominierender Sinn für Realitäten: Mißtrauen gegen Phantasien, Vorliebe für „things" vor „sounds", Neigung, „short views of things" zu nehmen, zusammen mit einer wunderbaren Fähigkeit „the most of it" zu tun. Mit diesen Eigenschaften wurden die Engländer die Lehrmeister der Welt in der Kunst zu kolonisieren. Sie handeln nicht nach dem Schema wie die Franzosen, sondern von Fall zu Fall; das Weltreich selber ist — wenn man dem klassischen Dolmetsch dieser Expansion, Seeley, glauben darf — gleichsam im Vorübergehen geschaffen worden, in einer spontanen Entwicklung, wo die eine Aufgabe von selbst aus der anderen hervorwächst. Sie greifen daher nicht gern auf einmal nach großen Zielen; ihr Fortschreiten geschieht in kleinen Schritten, aber mit einer Ausdauer, die sich zur brutalen Energie einer Bulldogge steigern kann, falls sie jemand auf dem Wege zu der vor Augen liegenden Aufgabe hindern will. Es ist eine gewisse Neigung, jeden Tag seine Sorge haben zu lassen, aber gleichzeitig eine unvergleichliche Intensität des Willens, jedem Tage im Dienste der Entwicklung einen Inhalt zu verleihen.

Hierin erkennen wir aber den puritanischen Zug, daß die Triebkraft in diesem Willen moralisch gefärbt ist. „Die Überlegenheit des angelsächsischen Typus", so faßt Schulze-Gävernitz seine glänzende Untersuchung zusammen, „beruht auf kapitalistischer, sexueller, nationaler und sozialer Disziplinierung" mit der Religion als ihrer tiefsten Quelle. Englands Lebensideal ist so harmonisch, weil es auf dem Grund der Pflicht ruht. Es ist auch deshalb so außerordentlich stark, weil es in seinem Innersten auf jene alttestamentliche Verheißung an das auserwählte Volk baut, einstmals die Erde zu besitzen. Nur unter dieser Beleuchtung sieht man die Eigenart und die Tiefe des Nationalgefühls klar. Schulze-Gävernitz charakterisiert dasselbe als „ein stilles und selbstverständliches Untergefühl im Alltagsleben, das dem religiösen Zentrum naheliegt"; es kann sich bis zum vollständigen Jesuitismus in Palmerstons „right or wrong — my country" steigern; es ruht aber immer auf der sicheren Vorstellung, daß „das britische Reich von der Vorsehung zum größten Werkzeug für das Gute bestimmt sei, das die Welt je gesehen hat" (Curzon 1894). Ein solcher Nationalismus erhält einen rein kosmopolitischen Zug: die Ausbreitung der Herrschaft Englands ist ja dasselbe wie die der Kultur selbst, um nicht direkt zu sagen wie die des Gottesreiches!

Zu den natürlichen Hilfsquellen des britischen Reiches ist daher auch die imponderabile Kraft zu rechnen, die in dem unbedingten Glauben des Volkes an sich selbst und an seine hohe Mission liegt. Die Engländer sind ein Herrenvolk, ausgeprägter als irgendein anderes seit den Tagen der alten Römer, und für ihren Willen zur Macht existieren keine anderen Grenzen als die unseres Planeten. Der Blick über die Welt, jenes Schauen in die Weite, das kleinen und in engen Grenzen wohnenden Nationen für immer verwehrt ist, ist ihnen angeboren; uferlos, wie der Ozean vor den Toren des Heimatlandes, ist ihr Expansionstrieb; die wunderbare Ausdehnung des Reiches hat ihn gestärkt, die Erfahrung der hervorragenden Lebenskraft der englischen Institutionen hat ihn zur Reife gebracht, bis er ins Blut überging und ein Teil des englischen Wesens wurde. Eine solche Macht in den Tagen der Gesundheit wird nie im Ernst und endgültig „saturiert".

So waren auch die psychologischen Voraussetzungen für die Weltmacht auf der Insel Albions in reichstem Maße vorhanden. Zwischen England und seinen Besitzungen eigenen Blutes jenseits der Meere schlägt dieses Kulturideal und dieser Herrenwille eine Brücke, die zu den am stärksten zusammenhaltenden Faktoren des Reiches gezählt werden muß. Ruedorffer dürfte jedoch mit seiner Auffassung, daß das Reich, selbst wenn die Kriegsflotte im Meere versinken würde, auf diesem Kulturzusammenhang sich über Wasser halten könne, zu weit gehen. Man darf nicht vergessen, daß die ausgewanderten „Kinder" allmählich durch die Hilfe der Natur, der Zeit und vielleicht auch ethnischer Vermischungen auch in psychologischer Hinsicht ihre eigenen Herren werden und daher mit eigenem Nationalwillen gegen die ererbten Traditionen reagieren müssen. Dieser Entwicklungsprozeß ist bereits im Gang, wenigstens in Australien und Kanada. Er wird mit der Zeit die nationale Zersplitterung des Reiches ebenso groß und wirklich machen wie die geographische, von der sie im Grunde genommen nur ein Ausdruck und eine Folge ist.

Eine noch ernstere und näherliegende Frage ist die, ob der ursprüngliche englische Charakter sein ethisches Salz auf den Höhen der Macht, der Ehre und der Herrlichkeit wird bewahren können. Wir können nicht umhin, dem z. B. in der vorsätzlich unmoralischen Schriftstellerei eines Wilde und eines Shaw bereits begonnenen Zerstörungswerk unsere Aufmerksamkeit zuzuwenden, eine Schriftstellerei, die nicht bloß auf eine Umwertung, sondern auf eine direkte Auflösung aller Werte hinzielt. Man klagt auch seit langem über gewisse Erschlaffungserscheinungen innerhalb der führenden Klasse: über ungesunde Steigerung des Luxus, zunehmenden Arbeitsüberdruß, das Überhandnehmen von Sport, Spiel und Wetten. Schlimmer als dies ist jedoch die bei fast allen Klassen sinkende Nativität, die beweist, daß das englische Volk von demselben Übel angesteckt ist, das an dem Lebensmark des französischen Volkes zehrt. In dieser Hinsicht kommt England unter den Großmächten Frankreich am nächsten, und man hat ausgerechnet, daß seine Bevölkerung spätestens in einem Menschenalter dessen Stadium von Stagnation erreicht haben wird. Sollte sich dies bewahrheiten, dann helfen die übrigen Voraussetzungen wenig, dann hat das Volk selbst den Grund seiner Herrschaft untergraben — dann verschwindet hinter dem Horizont der Traum der alten Puritaner vom Gottesreich, in den der englische Weltbaum einmal seine Wurzeln senkte.

4. **Gesellschaft.** Der erste Eindruck, den das englische Gesellschaftsgemälde macht, ist ebenso imponierend wie der Umfang des Weltreiches. Vor unseren Blicken erhebt sich die größte Geldmacht der Welt. Wenn der Handel eine jährliche Unterbilanz von 4—5 Milliarden aufweist, so kommen auf der anderen Seite Einkünfte hinzu aus Schiffahrt, aus in fremden Ländern arbeitenden Kapitalien, aus direktem Bankgeschäft, aus Indien (Pensionen für gewesene Beamte), so daß die Schlußabrechnung einen Überschuß von mehreren Milliarden zeigt. Dieses Kapital kommt seinerseits der Zusammenhaltung und der Expansion des Reiches zugute. Ohne Zweifel ist es ein starkes Band für die Treue der Kolonien, daß ihnen hier unbegrenzte Anleihen zu halb so billigen Bedingungen wie sonst zur Verfügung stehen. Ebenso ist es für England wie für Frankreich von unberechenbarem Vorteil, eine „fünfte Waffe" in reichem Maße zur Hand zu haben, die nach Anweisungen der Politik unmerkbare Eroberungen in fremden Ländern macht (Argentinien, China). Nicht ohne Grund bezeichnet L a n g e n b e c k die Börse als den „Schlußstein im mächtigen Gebäude des Reiches".

Als Basis für diesen blühenden Nationalhaushalt glauben wir einen höheren Grad von Arbeitsruhe und Gesellschaftsharmonie als bisher zu sehen. Weder konfessionelle noch rein soziale Gegensätze scheinen die englische Nation unter der Oberfläche zu trennen. Hier scheint kein schwarzer Flügel auf der einen Seite mit Reaktion, kein roter Flügel auf der anderen mit Revolution zu drohen. Man zählt 13 Proz. der heimischen Bevölkerung als Katholiken, aber nur im Bund mit irischem Blut und irischen Agrarverhältnissen haben die Katholiken den Frieden der Gesellschaft gestört, und auch in Irland hat man den religiösen Kampf schon längst abgeblasen („die Emanzipation" 1829, die freie Kirche 1869). Der So-

zialismus wiederum hat bei diesem praktisch-realistischen Volkscharakter und diesen guten Arbeiterverhältnissen („trade unions")
wenig Erfolg gehabt. Die Zeit ist vorbei, wo man zwischen Ober-
und Unterklasse eine tiefe, vom Industrialismus geschaffene soziale
Kluft sah (die „zwei Nationen" Disraelis 1845); einer umsichtigen
und geduldigen Staatskunst ist es gelungen, die Kluft zu überbrücken
und die beiden Bevölkerungsklassen in einem gemeinsamen, nationalen Bewußtsein wiederzuvereinen.

Aber auch dieses schöne Gemälde hat seine Schatten, die um so stärker zutage treten, je mehr wir die Betrachtung verschärfen und sie
ganz „up to date" bringen. Das erste, das uns in die Augen fällt,
ist die Anhäufung des Besitzes in den Händen von einigen Wenigen,
während das Elend bei den tiefsten Schichten ebenso groß wie weit
verbreitet ist („das Volk des Abgrunds", Jack London 1902). Diese
ökonomische Gesellschaft ist sogar viel zerklüfteter als die Italiens,
der sie am meisten gleicht. So ist auch der Boden dem Latifundienwesen in dem Grad anheimgefallen, daß man sagen kann, es gäbe
in England keinen selbständigen Bauernstand. Am schwersten be-
drückte dieses System Irland, wo man es noch dazu als Fremd-
herrschaft empfindet; dort war das Resultat eine Entvölkerung ohnegleichen, die in zwei Menschenaltern die Bevölkerung der grünen
Insel beinahe auf die Hälfte herabgemindert hat (10% der Bevölkerung der Monarchie, gegen 30% in den vierziger Jahren des
19. Jahrhunderts).

Gegen diese bösartigen Verhältnisse ist die Staatskunst in neuerer
Zeit mit wachsender Kraft eingeschritten. Durch eine ganze Reihe
von „Landakten" (1881—1909) hat man das Leiden Irlands nach
der Methode angefaßt, wie sie die Deutschen in Posen anwenden (Ankauf und Zerstückelung von Boden, oben S. 65), und anscheinend mit
besserem Erfolg. Geringere Wirkungen hat man in England selbst
von der Kleingrundbesitzbewegung verspürt (das Expropriationsge-
setz 1907); aber dort hat man auch den ersten Schritt zu einer staats-
sozialistisch gefärbten Steuergesetzgebung gemacht, die auf eine Re-

duktion der unerhörten Einkünfte der „Herzöge" abzielt durch Besteuerung der „unverdienten Steigerung des Bodenwertes" und des „unentwickelten Bodens" (das Budget von Lloyd George 1910).

Während dieser Entwicklung ist der Wind für die rein sozialistische Propaganda, auch mit syndikalistischen Einschlägen, günstiger geworden. Die Feinde der alten Gesellschaft scheinen unter dem letzten liberalen Regime zur Erkenntnis ihrer Chancen in einer Situation erwacht zu sein, in der weder ein selbständiger Bauernstand noch eine feste Staatsverwaltung wie in Frankreich als Gegengewicht gegen ihre Organisation existieren. Nachdem sie durch die Wahlen 1906 schließlich eine etwas stärkere parlamentarische Stellung (in der „Labour Party") erlangt hatten, begannen sie auch ihre außerparlamentarischen Machtmittel in einem Umfang zu prüfen, der die Regierung zu kapitulationsartigen Zugeständnissen veranlaßte (im Kohlenarbeiterstreik 1912) und damit gefährliche Aussichten für die Zukunft eröffnete.

Die großen Streiks der letzten Jahre werfen in der Tat ein starkes Licht auf die konstitutionelle Schwäche der heutigen englischen Gesellschaft. Hier gibt es nicht wie in Deutschland einen Zweifel betreffs des ökonomischen Scheideweges: die Wahl ist schon längst getroffen, für den industriellen Weg, unter Aufgabe des agrarischen. Nicht nur die Bauernklasse, sondern die Landwirtschaft selbst ist hier vollständig in den Hintergrund geschoben. Der Boden hat zum wesentlichen Teil nur Luxuswert als Jagdgebiet und Park für die großen Gutsherren. Er kann also die Bevölkerung bei weitem nicht ernähren; er reicht vielleicht für 15 Millionen, d. h. ein Drittel der jetzigen Bevölkerung des Landes aus, die große Majorität muß ihr Brot im Ausland kaufen, und der Freihandel ist dazu da, dieses System zu garantieren.

Dies ist der industrialistische Gesellschaftstypus, der weit fortgeschrittener ist als in Deutschland. Um die Mitte des 19. Jahrhunderts hat er in England das primäre Agrargemeinwesen definitiv abgelöst: der Fabrikant mit den hinter ihm stehenden Arbeiterorganisationen tritt in den Vordergrund statt der „Landlords" mit ihren Farmern. Man sieht ein, daß die Arbeit des Sozialismus in einer solchen Gesellschaft mit ihrer großen Empfindlichkeit z. B. für Störungen im Transportwesen erleichtert werden muß. Aber diese Gesellschaftsform krankt auch an äußeren Gefahren und Schranken in einem einzig dastehenden Umfang. Die Bevölkerung Englands hat zum großen Teil ihre direkte Existenz auf ein Spiel mit drei Runden gesetzt: zuerst die Einfuhr von Rohwaren (vor allem Baumwolle), um sie in Fabrikate zu verwandeln, dann Ausfuhr der Fabrikate, um sie zu Geld zu machen, und schließlich Ausfuhr des Geldes, um es in Nahrungsmittel umzusetzen. In dreifacher Hinsicht hat es seine Lebensbedingungen ans Ausland geknüpft. Jede Konjunktur auf dem ausländischen Handels- und Arbeitsmarkt berührt England tiefer und direkter als irgendeine andere Großmacht. Aber dadurch ist es auch genötigt, Rücksichten zu üben, die nicht in gleichem Grade andere Mächte belasten. So z. B. ist seine Geduld gegenüber der manchmal recht herausfordernden Politik der Vereinigten Staaten Nordamerikas sehr erklärlich: es kann ganz einfach keinen Krieg mit seinem Hauptlieferanten führen. Das ist die Bedeutung und die Konsequenz einer Gesellschaftsstruktur, der jede Autarkie völlig fehlt; dies bedeutet eine stehende Hypothek auf der wirklichen und vollen Selbständigkeit. Kein Volk ist in so hohem, keine Gesellschaft in so geringem Grade „sich selbst genug" wie das englische.

Unser Blick auf Englands Zahlungsbilanz mit dem Ausland zeigte, daß es jetzt nicht nur vom Exportindustrialismus, sondern in hohem Maße vom Exportkapitalismus lebt. England ist auf dem besten Wege, eine Rentnergesellschaft vom Typus Frankreichs zu werden mit dem Großfinanzier und den kleineren Rentnern im Vordergrund statt des Fabrikanten und der Arbeiter (S c h u l z e = G ä = v e r n i ß). Aber diese neue Umwandlung ist nicht dazu geeignet, seine innere Selbständigkeit zu stärken. Die Tatsache, daß ein großer und immer zunehmender Teil seiner Einkünfte in Forderungen auf auswärtige Gläubiger und in Spekulationsgewinnen in fremden Häusern liegt, muß im Gegenteil seine Abhängigkeit von auswärtigen Verhältnissen, die seiner eigenen Kontrolle entzogen sind, noch größer machen. Diese rein kapitalistischen Erwerbsquellen kommen übrigens einzelnen mehr zugute als den arbeitenden Massen, vergrößern also eher die Kluft zwischen reich und arm, als daß sie der ständig wachsenden Bevölkerung neue Arbeitsgelegenheiten und Existenzbedingungen verschaffen.

Die Erhaltung der großen Masse beruht noch immer auf einer exportfähigen Industrie; dies ist auch das einzige Feld, auf dem England selbst über seinen Haushalt bestimmen kann, nachdem es die Landwirtschaft der Industrie zum Opfer gebracht hat. Von äußerstem Gewicht für eine wirkliche Kenntnis dieses Nationalhaushaltes ist daher das Studium seiner Entwicklungstendenzen. Ist England noch immer der unbeschränkte Beherrscher des Weltmarkts?

Es liegt schon in der Natur der Sache, daß dies nicht der Fall sein kann. Die Hegemonie Englands wurde ja zu einer Zeit gewonnen, wo weder Deutschland noch Nordamerikas Vereinigte Staaten als Konkurrenten existierten. Jetzt sind die Zeiten andere geworden, seitdem jene, gestärkt durch innere Konzentration (1871, bzw. 1865), zu wirtschaftlichen Großmächten herangewachsen sind. Ihre Fortschritte mußten schließlich England schädigen. Dies haben sie auch getan, in drei Tempos: zuerst in der Wiedereroberung der heimischen Märkte hinter schützenden Zollmauern, darauf in der Eroberung immer größeren Raumes auf dem Weltmarkt unter Zurückdrängung Englands, schließlich durch die Beeinträchtigung von Englands eigenem heimischen Markt, der im heiligen Namen des Freihandels ihnen offen liegt.

Die Wirtschaftsstatistik zeigt auch, daß der Weg Englands nicht mehr aufwärts führt, wenn man nämlich die richtigen, relativen Maße anwendet. Dieser Wertmesser scheint im ganzen das Resultat zu ergeben, daß der wirkliche Höhepunkt der Herrschaft in die Zeit zwischen dem Krimkriege und dem letzten Russisch-Türkischen

Krieg fiel. Seitdem beginnt der Rückgang, wenn auch unter ständiger, absoluter Zunahme. Vor Ausgang des 19. Jahrhunderts haben die Vereinigten Staaten von Nordamerika in der Eisen- und Kohlenproduktion, den beiden Grundpfeilern von Englands eigner ökonomischer Macht, den Platz vor England eingenommen; in den neunziger Jahren des 19. Jahrhunderts wurde es auch von Deutschland in der Eisenerzgewinnung und der Stahlerzeugung und 1904 in der Eisenproduktion überholt. Die beiden andern Riesenhäuser ruhen auf neuen Pfeilern, Stahl und Elektrizität. Der Vorrang Englands fällt mit der Periode des Dampfes zusammen und scheint mit ihr abzulaufen.

Wenn wir nun England, die Vereinigten Staaten von Nordamerika und Deutschland auf dem heutigen Weltmarkt betrachten, glauben wir drei Läufer zu sehen, von denen England die langsamsten Beine hat. Selbst da, wo es noch einen Vorsprung besitzt, merken wir deutlich, wie die beiden anderen den Abstand verringern. So befindet sich auch die Textilindustrie in Lancashire, das Rückgrat der englischen Produktion, seit langem in einer Lage, die als stationär bezeichnet werden kann. Nur der Schiffbau scheint sich in einem auch relativen Aufschwung zu befinden.

Das allerletzte Dezennium (seit 1903) hat sich ohne Zweifel durch kräftigen Fortschritt, durch neues Leben in Handel und Industrie ausgezeichnet, und zwar trotz des Festhaltens Englands am Freihandel, wodurch es seinen protektionistischen Rivalen gegenüber im Nachteil war. Von ihnen hat England zwei Grundlagen des modernen Wirtschaftslebens übernommen: Konzentration im Unternehmen und wissenschaftliches Studium in der Technik. Nichtsdestoweniger befürchten wir, daß es nicht in dem Maße wird wachsen können, als für den Sieg in diesem Wettstreit erforderlich ist. Englands Schwäche beruht auf Mängeln, die als konstant angenommen werden müssen. Bei der heutigen, verschärften Konkurrenz hat es noch immer seine Gepflogenheiten aus der Zeit, wo es die Monopolstellung besaß, und es scheint dieselben auch nicht los werden zu können. Die englische Selbstgenügsamkeit und sein Konservatismus, gerade seine Stärke auf politischem Gebiete, sind auf dem merkantilen seine Fehler. Wieviel geschmeidiger versteht es nicht der Deutsche sich dem Markt anzupassen! Er besitzt außerdem das, was der Engländer „thoroughness" nennt, den systematischen Überblick und die wissenschaftliche Berechnung, die der Veranlagung des Engländers nicht eigen sind, die aber das heutige Wirtschaftsleben schwerlich entbehren kann. Es besteht kaum ein Zweifel, daß der deutsche „Rationalismus" ein höheres Entwicklungsstadium ist als der englische „Empirismus", so wie dieser sich seinerzeit siegreich über den französischen „Autoritarismus" erhob (Bérard). Wenn aber die Deutschen diese psychische Überlegenheit besitzen, so haben die Amerikaner eine noch augenfälligere in den natürlichen Hilfsquellen ihres Landes, wo all das, was England im Ausland kaufen muß, in Riesenmaßstab innerhalb der heimischen Grenzen vorhanden ist; sowohl ihre Maschinen wie sich selbst können sie aus eigenen Quellen speisen. Fügen wir noch ihre außerordentliche Organisationskraft und Arbeitseinteilung hinzu, dann können wir wohl die düsteren Ahnungen begreifen, mit denen England auch gen Westen blickt.

Zum zweiten Male überrascht uns hier das Künstliche im britischen Weltreichgebäude, so wie es gerade jetzt mit seinem überhohen Turm auf relativ schmaler Grundlage erscheint. Die Gesellschaft Englands ist im Grunde genommen nicht tragfähiger als sein Reich.

5. Staat. Gleichzeitig mit seiner Kolonialherrschaft hat England eine Verfassungsform geschaffen, die lange Zeit für die Völker des Kontinents das hohe Muster war. Es ist keine Frage, daß diese Verfassungsharmonie auch einen wichtigen Faktor in der äußeren Größenentwicklung gebildet hat; konstitutionelle Konflikte und offene Revolutionen machen im historischen Bücherabschluß Englands einen ungewöhnlich kleinen Posten, einen recht geringen Abzug auf dem Konto der nationalen Tatkraft aus.

Nach echt englischer Methode durch sukzessive Abwicklung („die

Reformakte" 1832, 1867, 1884) wurde das Verfassungsproblem ge=
löst, und die Lösung heißt Parlamentarismus; er ist an dem
Volke angewachsen, so wie die Haut an einem Körper, während
die kontinentalen Verfassungen wie bestellte Kleider entstanden sind
(Peters). Der Dualismus zwischen Staat und Gesellschaft, der
die konstitutionelle Lösung charakterisiert, ist hier überbrückt: zuerst
unten in den Gemeinden durch „selfgovernment", dann oben in der
Reichsleitung durch die Kabinettsregierung auf der Grundlage des
Unterhauses. Da aber jede Entwicklung durch einen gesunden Streit
von Gegensätzen bedingt ist, so hat sich hier statt dessen ein anderer
Dualismus herausgebildet, nämlich zwischen den eigenen, natürlichen
Grundanschauungen der Gesellschaft, die von der konservativen und
der liberalen Partei bezeichnet werden. Dieser Parteidualismus
muß also als ein wesentlicher Teil der Verfassung selbst aufgefaßt
werden. Die Parteien bilden sozusagen zwei Regierungen, die eine
in Funktion, die andere in Opposition (Seignobos), und die Wäh=
ler geben abwechselnd für die eine und die andere den Ausschlag, blau
und gelb in ständiger „Oszillation" (Lowell). Das ist ein „swing
of the pendulum" zwischen den eigenen Polen der Gesellschaft und
der Nation, nicht zwischen schwarzen und roten Internationalen. Für
das Volk selbst gibt es ja keine bessere Garantie für eine gesunde
Entwicklung als ein System, bei dem man abwechselnd beide Partei=
programme ausnutzen kann, ohne von einer der beiden Seiten Macht=
exzesse befürchten zu brauchen.

Trotz der monarchischen Verkleidung sieht man sofort einen dia=
metralen Gegensatz zu der Staatsform Deutschlands. Dort stellt
sich der Staat wie ein Vormund vor das Volk, und dieser äußere
Zwang wird von einem aktiven Königtum repräsentiert, das sich
auf eine stark hervortretende Bureaukratie stützt, während sich das
Parteiwesen in Fraktionen verzweigt. In England schiebt sich keine
derartige Zwischenmacht mit staatlicher Vollmacht zwischen König
und Volk, dafür sorgt das Prinzip der Selbstverwaltung; aber auch
der König übt keinen Druck auf das Selbstbestimmungsrecht des

Volkes aus. Die Geschichte Englands ist nicht die seiner Könige, sondern die des Volkes selbst. Aber in der Krone huldigt das Volk dem Symbol seines eigenen Genius. Daher umgibt die höchste soziale Ehrfurcht noch immer den Thron in seiner politischen Degeneration wie eine Glorie. Aber jeder Bürger trägt den Staatsgedanken in seiner Seele. Das „commonwealth" der Engländer ist identisch mit der „respublica" der alten Römer (Peters): ein politisches Genossenschaftssystem, in dem man den Gewinn des Ganzen als den des einzelnen in dem Grad empfindet, daß man nicht weiß, wo die Grenze zwischen Patriotismus und Egoismus liegt.

Wir bemerken schließlich den aristokratischen Charakter des klassischen englischen Parlamentarismus. Das Unterhaus verneinte ihn kaum mehr als das Oberhaus. Seine leitende Schicht war „the gentry", herangebildet in öffentlichen Geschäften durch das selfgovernment überall im Lande: eine kulturelle Auswahl aus einem hochbegabten und politisch reifen Volk.

Aber das englische Staatsleben macht jetzt einen Verwandlungsprozeß durch, und zwar einen so gründlichen, daß Steffen 1908 kaum das England wiedererkannte, das er 1897 verließ. Es ist der Demokratismus im guten wie im bösen Sinne, der dem heutigen England ein neues Aussehen verleiht; seine erste Wirkung erstreckt sich natürlich auf die Verfassung selbst. Der berühmte Parlamentarismus mit seinem selfgovernment und seinem festen Parteidualismus ist in Auflösung begriffen. Das selfgovernment erhielt seinen Todesstoß durch die Provinzialverordnung 1888 und das Gemeindegesetz 1894 mit ihren moderneren Selbstverwaltungsformen. Der Parlamentarismus wurde schon durch das Hervortreten der irischen „Nationalistenpartei" 1879, endgültig aber durch das Vordringen der Arbeiterpartei 1906 getrübt, so daß England nunmehr eine Blockregierung statt eines reinen Parteiministeriums zu sehen bekam. Während sich die Parteigrenzen verschieben, dringt das Parteiwesen selbst tiefer in die Gesellschaft hinein, vor allem infolge der allgemeinen Einbürgerung des amerikanischen Parteigetriebes („Caucus") seit der Reform vom Jahre 1884. Diese Organisation der Wähler hat die Übermacht über das Parlament selbst errungen. „The man in the street" übt sowohl direkt durch ein mehr oder weniger imperatives Mandat wie auch indirekt, indem er übermächtige Parteiführer auf den Schild erhebt, einen Druck auf „the common" aus. Zwischen den Wählern und dem Kabinett hat auch die Macht des Parlamentes begonnen zusammenzuschrumpfen und zu degenerieren, so wie früher die Macht des Königs. Das Unterhaus ist, nach Sidney Low, zu einer Art Sportplatz herabgesunken, auf dem die Staatsmänner im politischen Sportwettkampf zwischen den beiden Parteien trainiert werden. Aber in der Downing Street Nr. 10 residiert der wirkliche Herr Englands, der Premierminister mit seinem Kabinett, eine reine Diktatur, die durch ein indirektes Plebiszit auf unbestimmte Zeit eingesetzt ist (Parow) und die Majorität des Unterhauses wie einen wesenlosen, wenn auch unentbehrlichen Schatten hinter sich hat.

Nachdem so die eigenen Diener des Parlaments seine Herren geworden sind, bedeckt der berühmte Schild des Parlamentarismus (nach der Diagnose von Ostrogorsky) nur zur Not die Bastardform „einer Demokratie, die von einer Oligarchie regiert wird". Eine derartige Staatsform gewährt kaum dieselbe Garantie für eine harmonische Entwicklung wie die frühere. Der Kampf zwischen „Patriziern und Plebejern" hat im neuen Rom begonnen und verleiht der politischen Entwicklung einen Zug von Bitterkeit, der ihr in den Glanztagen des Parlamentarismus fremd war. Dies ist übrigens mit Rücksicht auf die großen Werte, die für die alte Gesellschaft auf dem Spiel stehen, ganz natürlich. Die Demokratie geht wie immer auf eine gleichmäßigere Verteilung des Besitzes aus und muß daher da, wo der Besitz mehr als je in den Händen von Wenigen angehäuft ist, einen überaus harten Streit hervorrufen.

Dies ist der Zusammenhang in der gesteigerten Parteifehde nach dem liberalen Durchbruch 1906. Da das Oberhaus wie die Verkörperung der feudalen Gesellschaft dasteht, springt die soziale Frage auf das politische Gebiet über und ruft dort einen Verfassungskampf hervor (1907—11), in dem die Majoritäten beider Häuser die beiden großen Parteirichtungen darstellen. Die Parlamentsakte vom 18. August 1911, die das Oberhaus seines Vetos beraubte, ist der Stempel auf den Sieg der neuen Zeit im englischen Verfassungsleben. In Zukunft existiert wenigstens in der Verfassung kein Hindernis für die vollständige Alleinherrschaft des Unterhauses, die in Wirklichkeit nur eine Maske ist für die Alleinherrschaft des Parteiführers, der gerade das größere Gefolge hat. Es hat den Anschein, als eröffneten sich aus dieser Situation demagogische Wege für die Zukunft, um so mehr als der Demokratismus Elementen größeren Einfluß gewährt, deren Verantwortungsgefühl gegenüber dem Staat am wenigsten entwickelt ist. Es hat sich auch bereits herausgestellt, daß die Autorität der Staatsmacht bei aller Konzentrierung geschwächt ist gegenüber den anarchistischen Anzeichen der Neuzeit (den syndikalistischen Streiks, der Suffragettenbewegung, der Emanzipation von Ulster). Die Selbstdisziplin zusammen mit dem vorsichtigen Konservatismus scheinen im englischen Staat nicht mehr im gleichen Maße wie früher vorhanden zu sein.

Was schließlich die staatliche Organisation des Reiches als eines Ganzen angeht, ist zu bemerken, daß das Mutterland die Tochternationen mit großen Privilegien ausgestattet hat, im Vergleich mit den anderen, souverän regierten „Kronkolonien". Im gewöhnlichen Leben des Staatssystems erscheinen die „selbstregierenden Kolonien" Englands faktisch als selbständige Nationalstaaten, jede mit ihrer eigenen parlamentarischen Regierung, so daß der englische Generalgouverneur die Rolle des „degenerierten" Königs innehat, das Spiel in Gang zu setzen und dann wieder in Untätigkeit zurückzusinken; nur ab und zu kommt das Veto der Krone zur Anwendung, außerdem behält die Krone natürlich ihre Vormundschaft in der allgemeinen auswärtigen Politik und ferner ein gewisses höchstes Urteil bei. Besonders bemerkenswert ist es, daß diese Kolonien die Herrschaft über ihre Handelspolitik erhalten haben; seit den siebziger Jahren des

19. Jahrhunderts sehen wir sie auch im allgemeinen dieses Recht in Anspruch nehmen, so daß sie Zollmauern sowohl gegenüber dem Mutterlande wie auch gegenüber der übrigen Welt errichtet haben. England ist, zum Unterschied von allen anderen Großmächten, nicht Herr in seinem eigenen Haus und Haushalt, wenn man das ganze Reich dazu zählt.

6. Das Reichsproblem. Die Freiheit ohne Verantwortung (unter dem Schutz des Mutterlandes), die England seinen sich selbst regierenden Kolonien bewilligt hat, ist natürlich darauf berechnet, ein Sicherheitsventil gegen separatistische Bewegungen zu bilden, unter dem Eindruck der Erfahrungen, die es bei der Emanzipation seiner ältesten Tochter gemacht hatte (Bericht des Lord Durham 1839). Sie findet aber auch ihre psychologische Erklärung in den Anschauungen, die um die Mitte des 19. Jahrhunderts und später herrschten, wo man zu Hause auf der Insel, im Gefühl seiner vollständigen Hegemonie auf dem Weltmarkt, von einer friedlichen Weltentwicklung träumte, bei der keine äußere Expansion mehr nötig wäre, da ja England doch vollen Ertrag aus der Welt im allgemeinen und den Kolonien im besonderen haben würde. Diese politische Auffassung setzt den Freihandel aus demselben einfachen Grunde voraus, der den Löwen veranlaßt, auf seinem Jagdgebiet für das Wildbret die Befreiung von jeder Einfriedigung zu wünschen. In Cobdens Verkündigung ward der Freihandel zu einem reinen Dogma und die Kolonialherrschaft eher zu einer unnötigen Verteidigungslast, von der man sich am liebsten befreien sollte.

Diese „kleinenglische" Ära begann in den siebziger Jahren des 19. Jahrhunderts ins Wanken zu geraten, wo draußen in der Welt der Grund zu einem neuen „Kontinentalsystem" im Zeichen des Schutzzolls gelegt wurde. Hinter diesen Mauern zeigten sich andere Raubtiere neben dem britischen, und sie wagten sich bald weiter auf den Markt hinaus; die Jäger wurden zahlreicher, aber die Jagdbeute schien sich nicht ebenso schnell zu vermehren wie der Hunger der Großen. Aus dieser Situation ergeben sich organisch und spontan zwei neue Programme für die englische Politik. Das eine ist extensiv und aggressiv, es sucht neue Jagdgründe und neuen Vorsprung im Zeichen des Imperialismus. Das andere ist intensiv und defensiv, es will das alte Jagdrevier vollständiger ausnutzen und organisieren. Dies ist der Reichsgedanke, „Imperial Connection" mit seinen zwei Seiten: einer inneren ökonomischen, der „Commercial Union" oder dem geschlossenen Handelsgebiet, und einer äußeren verfassungspolitischen, der „Imperial Federation" oder der panbritischen Union. Diese sei hier zuerst untersucht.

Die Handelsunion entspricht den Zeitbedürfnissen, die bei dem immer härteren Druck der Konkurrenz angefangen hat, die Großmächte statt des Gedränges an den „offenen Türen" auf die Ruhe in den „geschlossenen Interessensphären" unter eigenem Monopol hinzuweisen. Wir haben auf die eigentümliche Abhängigkeit des englischen Nationalhaushaltes vom Auslande aufmerksam gemacht. Diese Schwäche ließ sich durch einen näheren Anschluß an die eigenen Kolonien überwinden. Ihre bereits recht bedeutenden Märkte (Kanada über 3, Australien über $2^{1}/_{2}$, Südafrika beinahe $1^{1}/_{4}$, Neuseeland $^{3}/_{4}$ Milliarden Handelsumsatz), die bereits jetzt beinahe den vierten Teil der Einfuhr des Mutterlandes besorgen und über ein Drittel seiner Ausfuhr empfangen — während das Mutterland wenigstens die Hälfte ihres gesamten Warenaustauschs aufnimmt —, sind starker Entwicklung fähig, wenn sie genügend bevorzugt werden. Mit ihrer reichen Ausstattung für alle Bedürfnisse der Industrie und des Menschen sind sie auch vollständig imstande, die Vereinigten Staaten von Nordamerika und Argentinien im Haushalt Englands zu ersetzen. „The Empire" hat alle Voraussetzungen für die Autarkie, die dem Mutterlande jetzt fehlt. Als Ganzes betrachtet, muß das Reich auf dem Gebiete der Produktion und der Konsumtion sich ohne Schwierigkeit selbst genügen können.

Aber aus diesem Gedanken erwächst ein noch größerer. So wie der „Zollverein" in Deutschland zum „Reich" führte, so muß der wirtschaftliche Zusammenschluß im britischen Weltreich zum verfassungspolitischen führen. Die Einheit der britischen Nation in bezug auf Gleichstellung infolge des Herabsteigens des Mutterlandes vom princeps zum primus inter pares, ein Koordinationsverhältnis innerhalb derselben Föderation statt der bisherigen Subordination — eine Veränderung also, wie sie im römischen Kaiserreich vor sich ging, als Caracalla allen Landesteilen das Bürgerrecht verlieh, hier aber auf dem modernen Grund der Nationalität in Ermangelung des der Geographie —, das ist der große Gedanke, der in Chamberlain seinen Hauptträger besitzt; wie man sieht, eine Durchführung auf größerer angelsächsischer Bühne von Cavours Lebenswerk in Italien und von dem Bismarcks in Deutschland.

Auf der Suche nach Auswegen gegenüber einer immer mächtiger werdenden, ausländischen Handelskonkurrenz kam man also auf das Prinzip einer Einfriedigung des Jagdbezirkes zugunsten des englischen Löwen, und gleichzeitig erweist sich dieser Bezirk als der natürliche Boden für eine politische Staatsbildung, die größer ist, als sie die Welt jemals geschaut oder geahnt hat. The British Empire beginnt sich in seinen Umrissen aus den Nebeln der Geschichte abzuheben. Welch ein Aufschwung des Gedankens, welch eine Weite der Perspektive! „Wir sind alt," so spricht Chamberlain am 28. Oktober 1903, „niedergebeugt von Ehren und Lasten; unsere Zukunft kann nicht an unsere große Vergangenheit heranreichen; aber das Reich ist jung, und in diesem Reich können wir eine größere Zukunft finden." In dieser Rede lebt ein panbritisches Nationalgefühl im Gegensatz zum spezifisch englischen. Man hat seinen Glauben an England verloren, aber seine Hoffnung auf das Empire gerettet. Das Mutterland soll in der Union mit seinen „Kindern jenseits der Meere" untergehen, aber gleichzeitig in ihr wiederaufleben, so wie Preußen in dem geeinigten Deutschland, in größerer Herrlichkeit als je!

Es bleibt nur noch eine statistische Bemerkung übrig, um das Bild vollständig zu machen. Die sich selbst regierenden Kolonien bedeuten augenblicklich 1,9 Millionen qkm und 19 Millionen Einwohner. Das statische Gleichgewicht zwischen Kern und Peripherie, das jetzt durch die schmale Basis des Mutterlandes stark erschüttert ist, würde sich hiermit im Empire wesentlich verbessern; die jetzige Proportion 1:100 des Landes und $10^{1}/_{2}$:100 der Bevölkerung würde sich auf 61:100 und 15:100 verschieben. Die Reform geht also darauf hinaus, das Reich auf eine breitere Grundlage in rein geopolitischer Hinsicht zu stellen. Aber vor allem hat sie, als Ganzes betrachtet, ihre Stärke in ihren offenbaren Vorteilen für beide Parteien: für die Kolonien würde sie ja politische Volljährigkeit, positive Teilnahme an einer Großmachtsexistenz ohnegleichen bedeuten und für England ökonomische Volljährigkeit, Emanzipation von den Vereinigten Staaten, Wiedergewinn wirklicher Selbständigkeit und Wiederherstellung des wankenden Vertrauens auf die Zukunft.

Im Prinzip ist auch, wie man behaupten kann, der Reichsgedanke überall durchgedrungen. Die freiwillige Beteiligung von Kanada und Australien an der Verteidigung Südafrikas hat um die Jahrhundertwende einen mächtigen Aufschwung des angelsächsischen Einheitsgefühls zur Folge gehabt. Seit 1901 führt der König in seinem offiziellen Titel auch „the British Dominions beyond the Seas" neben „United Kingdom" und Indien. Wenn es sich aber um die praktischen Wege zum Ziel handelt, dann gehen die Ansichten in verhängnisvollem Grade auseinander. Die Durchführung der Aufgabe erweist sich immer schwieriger, je näher man sie betrachtet.

Schon von vornherein herrscht unter den Parteien in England eine entschiedene Spaltung hinsichtlich der Commercial Union. Früh sah man ein, daß man nur auf einem Weg dorthin gelangen könne, nämlich auf dem der „Tarifreform": Zollvergünstigungen zwischen dem Mutterland und den Nebenländern, so daß sie sich gegenseitig vor fremden Ländern begünstigen. Diese Lösung wurde schon auf der ersten Kolonialkonferenz (der Premierminister) 1887 besprochen und drang auf der dritten 1897 durch; im folgenden

Jahre beschloß Kanada seinerseits, das Mutterland auf seinem Markt zu begünstigen; im Jahre 1903 (nach der vierten Konferenz 1902) begann Chamberlain seine Riesenagitation für die Sache; allmählich folgte ihm die Rechte als Partei; durch neue Beschlüsse schlossen sich die übrigen Tochterkolonien an, so daß sie 1908 sämtlich dastanden, die Hände nach dem Mutterland ausgestreckt. Aber England ergriff diese Hände nicht. Die Wahlen 1906 bereiteten nämlich der Partei Chamberlains eine vernichtende Niederlage; seitdem sitzt die liberale Partei am Ruder, und diese hat sich absolut gegen die Tarifreform erklärt. Sie glaubt nicht so sehr an die ökonomische Gefahr von außen, und die guten Konjunkturen der letzten Jahre scheinen ihr recht gegeben zu haben. Daher sieht sie keine Notwendigkeit, mit dem Freihandelsdogma zu brechen, unter dessen Schutz die wunderbare Größe des Reiches emporgeblüht ist. Sie scheut vor einer Politik zurück, welche die Lebensmittel der Massen verteuern und alle Preise in unberechenbarem Grad steigern würde. In Wirklichkeit muß das System im Anfang, ehe die Anpassung an die neue Lage stattgefunden hat, wie eine Besteuerung des Mutterlandes zugunsten der Kolonien wirken; die liberale Partei wagt es nicht, sich mit einem derartigen Programm an die Wähler zu wenden.

So kämpft Cobden in seinem Grabe mit Chamberlain auf seinem Sterbebett um die Zukunft Englands. Die Tarifreform ist nur ein konservatives Minoritätsprogramm. Die Wahlen 1910 zeigten, daß es in der Volksmeinung Fortschritte gemacht hat. Ob es einmal siegen wird, das liegt in weitem Feld; man sah, wie die Rechte in England selbst mit dem Programm rückwärts steuerte. Andererseits kann man kaum erwarten, daß die Kolonien immer das Mutterland ohne Gegenleistung begünstigen werden. 1911 war es nahe daran, daß sich Kanada statt dessen durch einen Handelsvertrag mit den Vereinigten Staaten nach Süden orientiert hätte, in der Tat eine natürliche Richtung für dasselbe (unten S. 150). Commercial Union ist jedoch schließlich eine Konjunkturfrage und möglicherweise eine mit kurzer Sicht. Sie ist gerade jetzt aktuell, wo die Kolonien noch nicht voll ausgewachsen sind und die industrielle Suprematie des Mutterlandes daher offenbar ist. Es wird vielleicht nicht immer so bleiben. Eines Tages wird die Sehnsucht nach Autarkie bei den selbständiger veranlagten Kolonien selbst erwachen; sie werden entdecken, daß es vorteilhafter ist, ihre Industriewaren selber anzufertigen, statt dieselben verteuert durch Fracht und Geschäftsgewinn übers Meer aus England zu beziehen. An jenem Tage läutet die Sterbeglocke für den großen Gedanken Chamberlains; denn dieser weist den „dominions" noch immer die handelspolitische Stellung von Kolonien an, selbst nachdem sie verfassungspolitisch zu Staaten erhoben worden sind.

Auf letztgenannter Linie, der Imperial Federation, unterscheiden sich die Parteien weniger hinsichtlich des Zieles als der Mittel; aber die rein technischen Schwierigkeiten scheinen hier noch größer zu sein. Das Problem zerfällt in zwei Teile, Reichsverteidigung und Reichsverfassung. Neben der gemeinsamen Handelspolitik ist die gemeinschaftliche Verteidigung die praktische Hauptfrage. Natürlich muß die Erhebung der Kolonien zur Gleichstellung mit dem Mutterland eine mehr proportionale Beteiligung an den Verteidigungslasten mit sich bringen, und dazu haben sie in verschiedener Weise ihre Bereitwilligkeit gezeigt; sogar Kanada, das sich hier am meisten zurückhaltend zeigte, hatte 1913 eine große Majorität im Unterhaus für eine Vorlage von drei Schlachtschiffen. Man gelangte auch zu einem stehenden Reichsverteidigungskomitee und hat ernstlich die Errichtung eines Reichsgeneralstabs diskutiert. Aber ebenso natürlich ist es, daß mit dem Beitrag der Kolonien zur Kriegsmacht auch ihr Einfluß auf die Beratungen folgen wird, die zum Krieg führen können. Hier beginnen die Schwierigkeiten unüberwindlich zu erscheinen. Man hat alle möglichen Projekte (Reichsparlament, Reichskabinett, Reichsrat) erörtert und sie beiseite legen müssen, und das einzige magere Ergebnis bis heute ist die Reichskonferenz, die alte Kolonialkonferenz, welche als Normalinstitution für alle vier Jahre festgelegt wurde (1907).

Das große X bei dieser Reform ist der englische Parlamentarismus. Wie soll man diesen mit einer kolonialen Vertretung in Einklang bringen? Es sieht so aus, als bedrohe der Reichsgedanke ernstlich Englands eigene Verfassungsform. Nichtsdestoweniger ist bei den jetzigen Parteiverhältnissen in England eine Parallelbewegung neben der Imperial Federation entstanden, nämlich die mit dem Schlagwort „Home rule all round". Dieses Schlagwort stammt aus den achtziger Jahren des 19. Jahrhunderts, wo das spezifisch irische home rule zum ersten Male auf die Tagesordnung kam. Ein rein irisches Parlament bedeutet ja eine Auflösung des Reichskerns, und außerdem würde damit eine Minorität am Platze preisgegeben (die Protestanten von Ulster); deshalb wurde es mit gewaltigen Majoritäten abgewiesen, als es zuerst vom Liberalismus vorgeschlagen wurde (1886 und 1893). Home rule all round dagegen bezweckt die Ausdehnung des Selbstverwaltungsgedankens auf Schottland, Wales und das eigentliche England (oder sogar auf einzelne englische Landesteile wie Lancashire, Midlands, London), also eine Auflösung („devolution") des Mutterlandes ähnlich wie bei den Vereinigten Staaten oder Deutschland. Hierdurch wird home rule als ausschließlich irischer Frage die Spitze abgebrochen, und gleichzeitig eröffnet sich eine Aussicht auf Durchführung der Imperial Federation durch Aufnahme der Kolonien mit eigener Regierung in das allgemeine, föderative System. Auf zwei Wegen würden also die Britischen Vereinigten Staaten entstehen, durch Auflösung von Großbritannien und durch Anschließung der Tochterstaaten. In weiter Ferne erblickt man als Ergänzung auch die Auflösung von Indien in eine Föderation (alte Vasallenstaaten neben emanzipierten Provinzen mit eigener Regierung). Wir erinnern uns, daß die Tochterländer selbst föderierte Einheiten sind: Kanadas „Dominion" seit 1867, Australiens „Commonwealth" seit 1900, Südafrikas „Union" seit 1909. Mit einem so durchgeführten System von Dezentralisation würde das gigantische Staatsschiff wie mit wasserdichten Schotten dem Meere der Zukunft sicher entgegensteuern.

V. England

Als die jetzige Regierung 1912 zum dritten Male den Antrag auf home rule für Irland vorlegte, konnte sie ihn also nicht bloß als irische Versöhnungspolitik und als eine Erleichterung der Arbeitslast des englischen Parlaments begründen, sondern auch als einen Schritt zu allgemeiner „parlamentarischer Devolution" und zur „schließlichen Föderation des ganzen Reiches". Wir fügen noch einen Gesichtspunkt hinzu, der das Programm den Kolonien besonders ansprechend machen muß: in Chamberlains Empire (aus United Kingdom und fünf Koloniestaaten) würde der Kern des Reiches ein Bevölkerungsgewicht von 71 % behalten, in dem liberalen Empire mit der Devolution (England und acht anderen Mitgliedern) würde das Kernland nicht mehr als 53% wiegen, viel weniger als Preußen in Deutschland (62%). Es ist auch lehrreich, die geschichtliche Wechselwirkung zwischen Zentrum und Peripherie in der Richtung nach dem Ziele zu beobachten. So wie die wiedererstandene Selbstverwaltungsfrage Irlands befruchtend auf den peripherischen Zusammenschlußgedanken gewirkt hat, so ist es andererseits offenbar, daß diese Kolonialpolitik stimulierend auf die irische Frage zurückgewirkt hat: wie sollte man Irland das home rule verweigern, das England Transvaal einige Jahre nach einem offenen Krieg gewährt hat! So gehen die Strömungen in dem gewaltigen Organismus des Empire hin und her so wie Pulsschläge in einem wachsenden Leben.

Aber trotzdem wissen wir nicht, ob es jemals feste Gestalt gewinnen wird. Der Empfang, der dem irischen home rule am Platze zuteil geworden ist — die Aufruhrbewegung in Ulster —, ist wenigstens nicht ermunternd für die Devolutionslinie. Von allen Seiten zeigen sich die Nebel über dem mächtigen Baugerüst des Empire desto dichter, je höher dieses Gerüst emporsteigt.

7. Auswärtige Politik. Ein derartiges Reichsproblem, wie wir es eben betrachtet haben, kann sich natürlich nicht ganz von der reinen auswärtigen Politik isolieren. Auf der einen Seite ist die Bereitwilligkeit der Kolonien zum Zusammenschluß in vieler Hinsicht ein Reflex von äußerem Druck: auf Kanada seitens der Vereinigten Staaten, auf Australien seitens Japans, auf das britische Südafrika seitens des burischen (und des deutschen). Auf der anderen Seite ist es nicht sehr wahrscheinlich, daß die Außenwelt mit Gleichgültigkeit eine solche Umwälzung wie die Schließung der englischen Tür und die (relative) Abschließung der britischen Welt vom Weltmarkte ansehen würde. Aber die kausalen Berührungspunkte sind noch zahlreicher, nachdem wir in Englands Politik gegen seine Kolonien und die Außenwelt nur eine innere und eine äußere Linie ein und desselben gemeinsamen Programms gesehen haben: der überzähligen Bevölkerung des Heimatlandes „Brot in der Wüste" zu verschaffen. England wird von seinen Verhältnissen genötigt, eine große Politik zu führen; nicht nur von seiner kulturellen Mission, auch nicht von purer Eroberungslust, sondern von reinem Selbsterhaltungstrieb. Die strategische Methode ist ganz natürlich eine offensive Defensive. Die bereits gewonnene Herrschaft muß zusammengehalten und bewahrt werden, nicht bloß gegen zentrifugale Faktoren in ihrem Innern, sondern auch gegen äußere Konkurrenten; aber die beste Art, sie vor der Gefahr zu bewahren, ist die, die zerstreuten Besitzungen zu größeren, zusammenhängenden Einheiten zu verschmelzen. Mit jedem dazwischenliegenden Land, das in Englands Besitz übergeht, werden die strategischen Befürchtungen für die alten Besitzungen um ein Teil erleichtert. Gleich allen großen Geschäften steht also das englische Weltreich unter einer Art von Zwang sich zu erweitern. Neue Jagdgebiete sind immerfort nötig, nicht bloß um der neuen Beute willen, sondern auch um die alte sicherzustellen.

In diesen Gesichtspunkten liegt der Schlüssel zu Englands neuester Politik in fremden Erdteilen. Schon 1868, während die „Manchesterära" und die „kleinenglische Zeit" noch zu blühen schienen, gab Dilke die Parole aus: „Greater Britain". Der Umschlag wird vom Antritt des Ministeriums Beaconsfield 1874 bezeichnet, aber der vollständige Durchbruch kann erst von der Spaltung des Liberalismus bei der Wahl 1886 datiert werden. Nun reift in Cecil

V. England

Rhodes' Cäsarenseele der Riesengedanke, der die Formel aufstellt „vom Kap bis Kairo": ein transafrikanisches Reich, das durch eine interozeanische Eisenbahn in der Richtung des Meridians zusammengehalten wird. Rasch folgen die Taten: die Kolonisation von „Rhodesia" und anderer Länder im Süden (1885—91), welche die Burenstaaten isoliert und die englische Herrschaft bis zum Njassa hinauf ausdehnt, die Eroberung des ägyptischen Sudan 1896—98 und die Vertreibung Frankreichs aus dem Niltal (Faschoda), die Zertrümmerung der Burenenklaven 1899—1902 und die Konsolidierung des britischen Südafrika im Zusammenhang. Das Resultat zeigt sich zu Beginn des neuen Jahrhunderts in der Gestalt von zwei territorialen Vereinigungen, der einen von Kairo nach Süden (und bis zum Indischen Ozean) von $4^{1}/_{2}$ Millionen qkm und (jetzt) über 20 Millionen Einwohnern, der anderen vom Kap nach Norden von $3^{1}/_{3}$ Millionen qkm Land und ungefähr 10 Millionen Menschen.

Zu Beginn des neuen Jahrhunderts verschiebt England den Schwerpunkt der Expansion nach Asien gemäß einer neuen Formel „von Kalkutta bis Kairo", ein südwestasiatisches Reich in der Richtung des Breitengrades. Manipulationen in Arabien (der Sinaikonflikt 1906) und Mesopotamien (Willcocks Bewässerungs- und Eisenbahnpläne) sowie das Abkommen mit Rußland betreffs einer Interessensphäre in Südpersien 1907 sind die mehr oder weniger reifen Früchte an diesem Baum. Wir sehen auch bereits das indische Kaiserreich (mit seinen Umgebungen) hier zu einem territorialen Block von nahezu 5 Millionen qkm und 320 Millionen Menschen gesammelt.

So rücken Englands Besitzungen von Osten und auch von Süden aufeinander zu, mit ihrem Knotenpunkt in Ägypten, dem Pförtnerhäuschen bei Suez zwischen Europa und Asien, dem Brückenkopf zwischen Asien und Afrika. Wir haben die drei Riesenblöcke gesehen; der vierte liegt bereits da in Australiens 8 Millionen qkm Land und 5 Millionen Menschen; zusammen ordnen sie sich jetzt wie vier Ecksteine unter ein Indiameerreich ein, vom selben Typus wie die Mittelmeerherrschaft des alten Rom. Nie hat die Welt einen kühneren geopolitischen Griff gesehen als diese heutige englische Politik, die immer zielbewußter darauf hinarbeitet, ein ganzes Weltmeer mit geographisch zusammenhängenden Besitzungen zu umgeben, so daß es ein britisches „Mittelmeer", ein Binnenmeer in der Hand einer einzigen Macht wird, die dort übrigens nicht einmal selbst ein unmittelbares Strandrecht hat. Fürwahr ein Bild von schwindelnden Dimensionen, dieses Greater Britain der heutigen Zeit: das Indiameerreich mit Indien als Kern, aber Ägypten als Tor und taktischem Eckstein, daneben die Reste des alten (in späterer Zeit hier und da vergrößerten) Atlantischen Reiches mit dem Mutterlande selbst als Eckstein und Kern und Kanada, Westindien, Nigeria als Hauptteilen, als Außenposten die gewaltigen Interessensphären des Ganzen vom Jangtsetal und Tibet bis zum belgischen Kongo — schließlich um das Ganze herum, in einem noch weiteren Rahmen, das „politische Planetensystem Britannia" mit Spanien und in gewisser Hinsicht selbst Frankreich als Planeten, mit Portugal und Norwegen als Planetoiden, in förmlicher Allianz mit dem Planetensystem Japonia, in friedlicher und naher Übereinstimmung mit dem System Russia und in freundschaftlicher Berührung mit dem System Amerika.

Vor diesem Bild erscheint diktatorischer denn je naval supremacy als der kategorische Imperativ in der englischen Politik. Das Ganze würde vollständig in der Luft schweben, wenn England nicht die Verbindungswege innerhalb des Reiches beherrschte, die alle übers Meer gehen. Die Herrschaft über das Weltmeer als Verkehrsmedium ist unentbehrlich aus verschiedenen Gesichtspunkten: um den Zusammenhalt innerhalb des Empire zu garantieren, um daheim die friedliche Arbeit zu schützen, die der überzähligen Bevölkerung Brot gewähren soll, um die tägliche Zufuhr dieses Brots sicherzustellen. Keine fremde Flotte darf also der Flotte Englands die Hegemonie auf dem Meere streitig machen. Wenn nun auf dem europäischen Festland eine Übermacht entsteht, so ist für England Gefahr im Verzug; denn diese Übermacht würde, wenn sie selbst vom Kampfe um die Landesgrenze befreit wäre, den Weg zur Konkurrenz auf dem Element des Meeres offen haben. Es ist daher ein reines Korollarium des englischen Systems, daß England danach streben muß, jede Übermacht auf dem Kontinent zu unterdrücken; wenn es daselbst für die Sache der Freiheit und das Recht der Kleinstaaten kämpft, dient es seiner eigenen Selbsterhaltung und Machtentwicklung. Aber dieser Interessenzusammenhang weist gleichzeitig selbst die Methode an: Verbindung zwischen England und schwächeren Staaten auf dem Kontinent gegenüber dem stärksten. Dies ist das Geheimnis der englischen Staatskunst, das direkt der Insularität und der Struktur des Reiches entsprungen ist, nämlich sich auf diplomatischem Wege einen oder mehrere „Kontinentaldegen" zu verschaffen, die in ihrem eigenen Interesse Englands Kämpfe ausfechten, bis das europäische Gleichgewicht wiederhergestellt — und Englands planetarisches Übergewicht gesichert ist.

Seit mehr als zwei Jahrhunderten wiederholt sich auch diese Politik mit einer Regelmäßigkeit, die an und für sich deren Ursprung aus objektiven Faktoren beweist. Wie klar erkennen wir nicht das gemeinsame Leitmotiv in Wilhelms von Oranien „großer Allianz" gegen das Frankreich Ludwigs XIV. am Ende des 17. Jahrhunderts, in William Pitts „Koalitionen" gegen das Frankreich Napoleons I. im Anfang des 19. Jahrhunderts, in Palmerstons Allianz gegen das Rußland Nikolaus' I. um die Mitte des 19. Jahrhunderts. Dies ist die festeste Tradition der auswärtigen Politik in der Neuzeit.

In diesem Zusammenhang erscheint nun Eduard VII. mit seinen „Ententen" gegen das Deutschland Wilhelms II. als eine bloße Variante des bekannten Typus. Während England an seiner Herrschaft in fremden Erdteilen baute, schien auf den europäischen Erdteil wieder der Schatten einer Übermacht zu fallen, und der neue Rivale suchte ebenfalls seine „Zukunft auf den Meeren". Damit verschiebt sich Englands äußere Politik zurück auf den heimatlichen Kontinent und konzentriert sich diplomatisch und seestrategisch gegen den Konkurrenten. Hier haben wir den Schlüssel zur englischen Politik der letzten Jahre mit ihrer scharfen Frontveränderung.

Noch zu Beginn des neuen Jahrhunderts war die äußere Politik Englands die schon ein Menschenalter alte, eine „splendid isolation" mit der Front entschieden gegen Rußland und Frankreich. Nachdem Frankreich auf Faschodas Wage gewogen und zu leicht befunden ward, blieb nur noch Rußland als Hauptfeind und Asien als Hauptbühne (um Indiens willen) übrig. Die Erfahrungen des Burenkrieges hatten ein Schwächegefühl eingeflößt, das die Sehnsucht nach diplomatischer Unterstützung wachrief. Jetzt scheint man einen Augenblick geradezu an Deutschland als den „Kontinentaldegen" gegen Rußland gedacht zu haben, und erst als Deutschland ablehnte, wurde 1902 das Bündnis mit Japan zu diesem Zweck geschlossen. Nachdem dieses Manöver seinen Dienst über Erwarten geleistet hatte, bei Mukden und Tsuschima 1905, begann die Sorge um das bedrohte Gleichgewicht in Europa; und die „Einkreisung" Deutschlands, die seit 1904 durch die „entente cordiale" mit dem einen traditionellen Feinde, Frankreich, vorbereitet worden war, wurde 1907 durch die Verbindung mit dem anderen, Rußland, vollendet.

Die offenbar gegen Deutschland gerichtete Spitze dieser Politik darf man unmöglich unbeachtet lassen. Sie zeigt sich ganz direkt in der Zusammenziehung der englischen Flotten in der Nordsee, in der Anlage eines neuen Kriegshafens daselbst (Rosyth), in dem angestrengt betriebenen Bau neuer Riesenschiffe der „Dreadnought"=Klasse, im Vertauschen des alten „two-power-standard" (1889) bei diesem Bau gegen das Prinzip „two-keels-to-one" mit spezifischer Richtung gegen Deutschland (1912) sowie in der zunehmenden Agitation zur Einführung der allgemeinen Wehrpflicht (Lord Roberts). Es ist eine Festigkeit im Blick, ein Zielbewußtsein im Willen, die unwillkürlich den Gedanken auf frühere Krisen in der Geschichte Englands zurücklenken.

V. England

Man begreift auch die Versuchung für die Staatsmänner Englands, durch einen „Präventivkrieg" die heranwachsende deutsche Flotte in ihrer Entstehung zu vernichten, ehe sie stark genug geworden ist, eine befürchtete „Invasion" an der Küste Englands selbst auszuführen. Von diesem Gesichtspunkt aus erscheint die Ententepolitik innerhalb Europas als eine offenbare Alternative zu der Präferenzpolitik im Empire, ein zweiter Weg zur Festigung des Weltreiches, nicht durch eigene Verstärkung, sondern durch Schwächung des Rivalen. Bei drei Anlässen hatte auch bereits als Folge der Ententepolitik der Ausbruch des Krieges gedroht (die Ausgangspunkte waren Marokko 1905 und 1911 sowie Bosnien 1908), als die Balkankrise 1912 ganz Europa ins Wanken brachte. Unter ihrem Eindruck ließ sich in England eine versöhnlichere Stimmung gegen Deutschland wahrnehmen, man hörte daselbst sogar Stimmen, die „Ententen zu realisieren und zum Empire zurückzukehren" (Sidney Low 1912), und die Welt erwartet gerade jetzt ein allgemeineres Übereinkommen zwischen den beiden Großmächten hinsichtlich ihrer Differenzen in Zentralafrika und Mesopotamien. Aber manchmal sieht es so aus, als ob die jetzige „Entspannung" in Wirklichkeit nur das bedeutet, daß Rußland Frankreich als Englands hauptsächlichsten „Kontinentaldegen" gegen Deutschland abgelöst hat — und daß sich England jetzt ruhig zurückziehen kann, nachdem das große Rad in Gang gebracht ist.

Die Darstellung der Geschichte ihres Vaterlandes schließen Low-Sanders 1907 mit dem Hinweis auf zwei große Zukunftslinien, von denen die eine auf „nationale Wiedergeburt durch Zufuhr von vitaler Energie seitens der Tochternationen" und die andere auf die „Rekonstruktion der Gesellschaft durch gleichmäßigere Verteilung des Eigentums" abzielt. Dies ist das Hauptprogramm der Rechten und der Linken. Ein eigentümliches Geschick hat es jedoch bewirkt, daß die Linke ihr spezielles auswärtiges Programm in der Koalitionspolitik erhalten hat, die augenblicklich mehr als jede andere den Weltfrieden bedroht. Der Liberalismus ist es, der in seinem Unwillen gegen Commercial Union zu den alten Methoden englischer Expansion zurücktreibt, während der Konservatismus eine neue und friedlichere Methode erproben will.

Zu Beginn des vorigen und des vorvorigen Jahrhunderts führte die englische Ententepolitik zu allgemeinen europäischen Kriegen, welche die vorzüglichsten Konjunkturen schufen, die England je gehabt hat. Sollte nicht eine neue derartige Entscheidung, bei der Deutschlands Kräfte gebrochen würden, alle jetzigen Sorgen Englands hinwegblasen?

Es ist aber eine Bemerkung von größerer Tragweite, die sich schließlich dem Betrachter des englischen Weltreichs aufdrängt. Dieses Reich hängt mit der Hegemonie auf dem Meere zusammen; die Ansprüche auf eine solche Welthegemonie ist den Söhnen Englands als sichere und unbestreitbare Vorstellung ins Blut übergegangen; auf diesem Grund steht und fällt es. Was ist dies anders als das Ideal der Vergangenheit für die Festlandsreiche: der ganze Kulturkreis vereint in einer Hand, weshalb Großmächte nur nacheinander auftreten! Nachdem dieses Ideal mit der Renaissance, die ein System von Großmächten nebeneinander hervorbrachte, landflüchtig geworden, hat es sich noch zu Wasser erhalten: Venedig, Portugal, Holland haben alle, mit mehr oder weniger Glück, die Weltherrschaft auf den Meeren des Kulturkreises beansprucht. England steht jetzt als die letzte und größte Verkörperung jener Idee von ehemals da, daß das Weltmeer einen Herrn haben müsse und nicht mehrere — gerade als hätte das große Meer nicht noch besser Platz für eine geteilte Herrschaft als das Land, nachdem der Verkehr nicht mehr in einer Hand monopolisiert werden kann!

Das will sagen, daß das englische Weltreich in seinem Typus einer Situation und einer Szene angepaßt ist, welche die Weltgeschichte wohl streichen wird. Dieser Absterbeprozeß findet vor unseren Augen statt durch das Auftreten Deutschlands, der Vereinigten Staaten und Japans als Seemächte.

V. England

Es ist für England nicht mehr möglich, mit der gesamten übrigen Welt gleichen Schritt zu halten. Und sucht es die Entwicklung mit Gewalt an einem Punkte zu hemmen, so ist in unserer planetarischen Situation die Folge nur die, daß sich die Entwicklung an einem anderen Punkte steigert, da ja selbst ein Sieg es einem Dritten gegenüber schwächen muß. Das ist der „Risikogedanke", mit dem die Schöpfer der deutschen Flotte rechnen, um in Frieden leben zu können; er erklärt ihr Werk, ohne daß man den unsinnigen Gedanken an eine direkte „Invasion" in England oder an eine Offensive gegen Europa vorauszusetzen braucht.

Aber die europäische Gleichgewichtsidee selbst, wie sie zwei Jahrhunderte hindurch von England verkündet wurde, fängt an, immer mehr sich als veraltet herauszustellen. Im Grunde genommen war sie eine Kulisse, in deren Schutz England hinter dem Rücken Europas auf planetarischer Bühne dieses Reich aufbaute, das an Einwohnerzahl nicht hinter ganz Europa zurücksteht und an Umfang es dreifach übertrifft. Denn Gleichgewicht auf dem Kontinent bedeutete Englands Übergewicht auf dem Meer und auf der planetarischen Bühne. Aber im selben Maße wie die Weltgeschichte sich von einer europäischen zu einer planetarischen erweitert hat, muß der Gleichgewichtsgedanke diese größere Bühne aufsuchen; die Balance in Europa muß von der Balance auf den Meeren und in der ganzen politischen Welt ergänzt oder abgelöst werden. Aber in einem solchen planetarischen Gleichgewichtssystem gibt es keinen Platz für ein englisches Weltreich vom jetzigen Meere beherrschenden Typus.

Man hat zuweilen den Gedanken an eine dritte Versicherungsform des Reiches vorgebracht, falls nun die Ententepolitik eine geschichtliche Episode und Empire nur ein politischer Torso werden sollte. Das Schlagwort lautet hier Reunited States oder „Anglosaxia contra mundum": nicht panbritische Vereinigung mit den jüngeren Tochterländern in allen Erdteilen — jedenfalls nicht das allein —, sondern panangelsächsischer Anschluß an die freie älteste Tochter jenseits des Atlantischen Ozeans, die zweite Großmacht vom selben Stamm. Der ältere Imperialismus (Dilke) war für diese Idee begeistert, und auch der jüngere (Rhodes, Chamberlain) stand ihr nicht fremd gegenüber. In Zahlen bedeutet dies nahezu ein Drittel der Welt unter gemeinsamer Flagge, eine so unerhörte Übermacht, daß sie aus purer Notwendigkeit zu einer gewaltsamen Reaktion seitens der übrigen Welt führen müßte. Für England würde es eine reine Abdankung zugunsten der mächtigen Tochter: kein Preußen (wie im Empire), sondern höchstens ein Bayern! In dieser Zukunftsperspektive sehen wir (mit Andrew Carnegie) „Old England" als das alte gehegte Heim, den geachteten Familiensitz und populären Spielplatz der angelsächsischen Rasse, fern von der Arbeit und dem Lärm der großen Welt, im Schatten seiner großen Vergangenheit, mit höchstens 15 Millionen Einwohnern!

Das ist, von englischem Gesichtspunkt, kein praktisches Programm. England wird damit fortfahren in seinen eigenen Gewässern zu segeln mit all den Mißlichkeiten und Gefahren, die es dort findet. In dieser Beziehung wollen wir eine zusammenfassende Schlußbemerkung über die Beschaffenheit des Schiffes selbst hinzufügen. Wir sahen die Arbeit, es mit wasserdichten Schotten auszurüsten. Wird dies aber gelingen, wo es sich um Teile handelt, die über die ganze Erde, unter verschiedenen Himmelsstrichen zerstreut sind und daher allzusehr auseinander strebende Lebensbedürfnisse haben? Wird es auf die Dauer selbst für die englischen Meister der Staatskunst möglich sein, diese beständige Interessenkollision zu entwirren? Ist das nicht, nach der treffenden Bemerkung von Peters, ein „Eiertanz"? Schon 1898 spricht Ratzel von „den sekundären Zentren" des Reiches, Kairo, Kalkutta (Delhi), Ottawa, Kapstadt (Pretoria), Sidney (Canberra); sie sind schließlich vielleicht Londons gefährlichste Feinde, gefährlicher als Berlin und Washington, als Paris und Petersburg. In der zunehmenden Lebenskraft der einzelnen Glieder mehr vielleicht als in der Reibung mit anderen Mächten liegt also die wirkliche Gefahr für England. Diesen inneren Selbstauflösungsprozeß haben wir bereits beim Empire-Problem

V. England

(oben S. 97, 114) angedeutet; und selbst wenn es gelingen sollte, ihn dort eine Zeitlang abzulenken oder zu hemmen, so sind der Nationalismus Indiens und Ägyptens gefährliche Totengräber — besonders seitdem das letztere den Charakter der eigentlichen Achillesferse des Reiches angenommen hat.

Die praktischen Staatsmänner anderer Länder bekümmern sich nun, und zwar mit Recht, nicht viel um solche Deduktionen. Für sie ist es ratsam, England noch immer als einen Machtfaktor allerersten Grades zu betrachten und zu behandeln. Der Gelehrte, der ohne Liebe oder Haß, ohne Vorurteil oder Aberglaube nach soweit wie möglich objektiver Beobachtung von Tatsachen und Tendenzen die Wirklichkeit sub evolutionis specie sehen will, glaubt den Schatten des Babylonischen Turmes über diesem glänzendsten Triumph des Menschengeistes auf dem Gebiete der Staatenbildung zu erblicken. Aber dieser Eindruck wird andererseits auch seinen Blick nicht trüben gegenüber der immerwährenden Bedeutung, die das Auftreten des englischen Weltreiches in der Geschichte hat. Mit ihm wurde doch die planetarische Epoche der Menschheit im Ernst eingeleitet. Der Antrieb zu einem universalen Zusammenleben unter der Form politischer Organisation war hiermit gegeben und wird in der Zukunft nicht ausgelöscht werden können. England hat die Weltgeschichte geschaffen — wenn es auch selbst nie die Welt besitzen wird.

Literatur: Seely, Expansion of E., 1883; Ratzel, Das englische Weltreich, 1898 (Geogr. Zeitschrift); Langenbeck, Englands Weltmacht in ihrer Entwicklung, 1913; Dove, Die angelsächs. Riesenreiche, I, 1906; Peters E. und die Engländer, 1905; Schulze-Gävernitz, Brit. Imperialismus und engl. Freihandel, 1906; Bérard, L'Angl. et l'Impérialisme, 1911; The Empire and the Century, 1905; G. Steffen, E. als Weltmacht und Kulturstaat, 1899, und Die Demokratie in England, 1911; Lowell, The government of E., 1908; Parow, Die engl. Verfassung seit 100 Jahren, 1911; Sidney Low, The governance of E., 1911, und Towards an imperial foreign policy, 1912 (Fortnightly Review); Dilke, Problems of Greater Britain, 1890; Froude, Oceana or E. and her colonies, 1886; Low-Sanders, The History of E. during the reign of Victoria, 1907; Lémonon, L'Europe et la politique britannique, 1910; Fortnightly Review; Times, weekly edit.

VI. Die Vereinigten Staaten.
United States of America.

Reich 9,7 ($\frac{7,85}{1,85}$). Volk 108 ($\frac{98}{10}$); Zunahme 1,800,000; Einwanderung 1 Mill. Eisenbahnen 400,000; Handel 14,5 ($\frac{8}{6,5}$); Handelsmarine 7,45. Flotte 700,000; Heer 210,000; Ausgaben 10,4 ($\frac{4,3}{6,1}$). Staatsschuld 12,3, pro Kopf 125.

Die Vereinigten Staaten (U. S. A.) sind eine der jüngsten Mächte der Welt. Ihre selbständige Geschichte beginnt erst 1783 (1776). Vorher waren sie ein Annex von England, derselben gouvernementalen Art wie Indien noch heute und mit ungefähr so starker englischer Bevölkerung wie Kanada jetzt. Danach begann die Ausbreitung über den eigenen Kontinent: über das Mississippital zu Beginn des 19. Jahrhunderts, bis zum Großen Ozean um die Mitte des Jahrhunderts, so daß das Gebiet einen breiten zusammenhängenden Gürtel quer durch den Erdteil bildete, „continental U. S.". Im Jahre 1867 wurde als Anhang die große nordwestliche Ecke des Erdteils (Alaska) hinzugefügt. Aber erst am Schluß des Jahrhunderts ging man übers Meer, um Land zu erwerben, sowohl im amerikanischen Mittelmeer (Puerto Rico) wie im Großen Ozean (Hawai) bis in die Nähe Asiens (Philippinen) und Australiens (Tutuila); so wurde zusammen mit Alaska ein „non contiguous territory" gebildet, das jedoch im Vergleich zum Riesenkörper des Mutterlandes gering war (27:100). Erst durch die Machtentwicklung außerhalb des Heimatlandes erscheint die Union als Großmacht, und durch ihre Dimensionen zugleich als Weltmacht.

1. **Reich.** Das erste, was bei der Betrachtung dieser Karte in die Augen fällt, ist die große Ausdehnung des Mutterlandes, zehnmal

größer als die der größten bisher betrachteten Macht (Österreich-Ungarn). Und diese Fläche liegt auf den Breitengraden des europäischen Mittelmeeres, so daß die gemäßigte und die subtropische Zone hier alle ihre Vorzüge klimatischer und geophysischer Art vereinigen. Die Natur gewährt gleichzeitig Nahrungsmittel, industrielle Rohwaren und Kraftquellen, alles in reichstem Überfluß und im größten Maßstab. Dies ist ein neuer Typus; zum ersten Male sehen wir ein autarkisches Staatsgebiet in Riesenformat, sich selbst genügend, fähig im Notfall die Außenwelt selbst im Zeitalter des Industrialismus zu entbehren. Die Vereinigten Staaten bilden ohne jede Frage das reichste Land der Erde („Gottes letztes und größtes Geschenk für die Menschheit", Emerson).

In diesem großen Raum ist auch mehr Platz für freie Bewegung als im Abendlande. Gerade die Aufgabe, „magnificent distances" zu überwinden, die im eigentlichen Europa innerhalb ein und derselben politischen Grenze undenkbar sind, und die siegreiche Art, wie dies geschah durch ein Eisenbahnnetz, das größer ist als das von ganz Europa, haben dem Volke eine gewisse Geringschätzung der Schwierigkeiten des Raumes verliehen, die es für eine weltgeschichtliche Rolle besonders geeignet macht. Derselbe Erobererblick über die Welt, den die unendliche Perspektive des Ozeans an den Toren des Landes dem Engländer verleiht, liegt übrigens dem Amerikaner im Blut als direkter psychischer Reflex der unerhörten Weiten seines eigenen Landes.

Die große Ausdehnung hat aber auch ihre Kehrseite: die gesteigerte Gefahr innerer Zersplitterung infolge der erhöhten klimatischen Gegensätze mit daraus folgenden ökonomischen und sozialen Sonderinteressen, wie auch infolge der vermehrten Möglichkeiten natürlicher innerer Trennungsmauern. Die Geschichte bestätigte erstere Gefahr durch die „Sezession" der Südstaaten in den sechziger Jahren des 19. Jahrhunderts und letztere durch die ursprüngliche Kolonialteilung zwischen Engländern östlich von den Appalachen, Spaniern westlich vom Felsengebirge und Franzosen in der Prärie mitten zwischen ihnen. Mit dem steigenden, materiellen und geistigen Verkehr gehen diese Gefahren zurück; jetzt schließt sich das Plantagenland des Südens ebenso organisch wie das Bergwerks- und das Weiderevier des Westens an den nordöstlichen Industriedistrikt an, und zwischen ihnen allen breitet der Mississippi sein verbindendes Netz von 27000 km Wasserweg aus. Dies ist eine harmonische Ausgleichung der Gegensätze, die dem Wunsche von Daniel Webster entspricht, daß innerhalb der Union „kein Süden oder Norden oder Westen existieren möge". Die einfachen, großen Linien auf der Karte Amerikas bilden auch von Anfang an eine weit natürlichere Grundlage für eine große Staatenbildung als die reiche Abwechslung an Terrain sowohl wie an Küste auf der Europas. Nur der kalifornische Küstenrand trennt sich in starker, geographischer Individualität von dem übrigen Lande, mit dem er jedoch jetzt durch sieben Pazifikbahnen fest verbunden ist.

Andererseits reicht die natürliche Grenzzone der Kordilleren sowohl im Norden wie im Süden über den Raum der Vereinigten Staaten hinaus. Im großen ganzen hat die Politik hier latitudinäre Grenzen geschaffen im Gegensatz zu den meridionalen der Natur. Im allgemeinen ist der Landesrahmen der Union vom besonderen geopolitischen Gesichtspunkt aus als ein sehr mangelhafter zu bezeichnen, nur die großen Seen im Norden und der Strom Rio Grande im Süden erfüllen streckenweise natürliche Grenzfunktionen. Unaufhörliche Grenzstreitigkeiten, hauptsächlich mit Kanada, waren die Folge. Aber mit Rücksicht auf die unvergleichliche Macht der Union bilden die schlechten Grenzen keine Gefahr für sie, sondern für ihre Nachbarn. Der große Zusammenhang der Kordilleren im Verein mit dem heutigen konstruierten Grenzrahmen der Union deutet a priori eine einzige Herrschaft über den ganzen Erdteil an.

Im Verhältnis zu ihren Nachbarn besitzen die Vereinigten Staaten den Vorteil der Mittellage, der hier in keiner Weise beschränkt wird von dem konzentrischen Druck, der Deutschlands Erbteil ist. Denn auf zwei Seiten bildet das Weltmeer die Grenze. Alle ebenbürtigen Feinde sind also weit weg und müssen, um heranzukommen, Ozeane überschreiten. Dies ist von planetarischem Standpunkt aus betrachtet Englands Isolierung in erhöhtem Maßstab. Sie hat auch der Union gestattet, sich der allgemeinen Wehrpflicht zu entziehen und ihre Armee auf ein Minimum zu reduzieren; auf diese Weise sparte sie Kräfte für die produktive, ökonomische Arbeit. Glücklicher als selbst England in der Beziehung, daß keine Seite ihres Körpers sich in empfindlicher Nähe anderer Großmächte befindet, hat sie auch nicht nötig gehabt, die Sorge Englands um eine dominierende Kriegsmarine zu tragen; ihre Kriegsflotte steht an wirklicher Schlagkraft sogar hinter der Deutschlands zurück. Die militärischen Machtmittel der Vereinigten Staaten stehen bis auf weiteres im reinen Mißverhältnis zu der äußeren Größe. Auch die friedliche Schiffahrt steht niedriger, als man erwarten könnte; die Erklärung liegt jedoch in der geringen Entwicklung der Küste und in der Masse des Binnenlandes, die der Großmacht einen überwiegend kontinentalen Charakter verleiht.

Wir bemerken schließlich die Teilung der Küste in zwei, in die atlantische und die pazifische. Die dadurch bedingte technische Schwierigkeit trat im Kriege mit Spanien 1898 scharf zutage, wo das Schlachtschiff „Oregon" um ganz Südamerika herumfahren mußte, um auf den Kriegsschauplatz zu gelangen. Hier liegen also dieselben Bedürfnisse vor, die Deutschland zum Bau des Kaiser-Wilhelm-Kanals veranlaßt haben. Da es für die Union jedoch geographisch unmöglich war, die Verbindung innerhalb ihres eigenen Gebietes zu schaffen, mußte das Bedürfnis außerhalb desselben befriedigt werden (der Panamakanal). Daraus hat sich aber eine Tendenz entwickelt, den Kanal in das eigene Gebiet hereinzuziehen, also ein Druck auf die dazwischen liegenden Länder (Zentralamerika, Mexiko), der die allgemeine Tendenz zur Herrschaft über den Erdteil verstärkt.

Nachdem die Unannehmlichkeit der zwei Küsten in dieser Weise überwunden ist, zeigt sich ihr Vorteil im ganzen Umfange. Die Vereinigten Staaten sind die geborene Großmacht zweier Ozeane. Sie sind das Reich der Mitte in der planetarischen Situation. So wie Amerikas große Union ihren 5000 km weiten Gürtel über den Kontinent Nordamerikas zwischen beiden Meeren ausspannt, liegt sie wie ein geographischer Janus im Zentrum der Welt, das eine Gesicht dem westeuropäischen, das andere dem ostasiatischen Kulturherd zugewandt, zugleich mit der bequemen Wasserverbindung nach beiden hin. Auch vom Gesichtspunkt der Lage, wie auch von dem des Umfangs steht dieses Reich also auf einem höheren Plan als die bisher untersuchten, eher ganzen Kulturkreisen ebenbürtig als nur einzelnen Ländern, ein Land „der Zukunft" (Polenz) und „der unbegrenzten Möglichkeiten" (Goldberger).

2. **Volk.** Nach einer Reise von 5650 km auf der Route des „Norddeutschen Lloyd" (Eddystone—Sandyhook) findet der europäische Passagier bei seiner Ankunft in Neuyork dieselbe weiße Rasse, dieselbe christliche Religion und dieselbe abendländische Kulturform vor wie in der Heimat. Amerika hat seinen ursprünglichen Menscheninhalt zugunsten der europäischen Kolonisation erschöpft; es ist ein ausgewandertes Europa. Seine Riesenfläche hat einen Menschenstrom nach ihren leerstehenden Räumen gelockt, der in letzter Zeit größer war als die natürliche Bevölkerungszunahme am Platze, seit den vierziger Jahren des 19. Jahrhunderts überhaupt die größte Völkerwanderung, die je auf unserem Planeten stattgefunden hat. Die Einwanderung bedeutet also hier einen gewaltigen Zuschuß in der Entwicklung, und keinen Abzug wie beim europäischen Typus. Das Ergebnis ist einerseits jene einzig dastehende Bevölkerungszunahme, die seit einem Menschenalter nicht unter einer Million und seit einem Dezennium nicht unter $1^1/_2$ Millionen jährlich betragen hat, die im vorigen Jahrhundert sich insgesamt auf 71 Millionen belief und sich noch immer auf ungefähr 2% hält; auf der anderen Seite jene ebenso einzig dastehende Zersplitterung der Bevölkerung, die der Großmacht den Charakter eines Nationalstaates von Grund aus zu nehmen scheint. Dazu tritt das religiöse Chaos von etwa 150 verschiedenen Bekenntnissen, unter denen nur der Katholizismus

als eine mächtige und (durch Einwanderung) wachsende Einheit hervortritt.

Eine nähere Untersuchung ergibt einen weißen Stamm („native white of native parentage") von 54% der Gesamtheit um einen angelsächsischen Kern, in dem die höheren Einwanderungselemente ihren Stützpunkt haben. Anthropologisch ist er schwach: in den Stammländern (den Staaten Neuenglands) ist die Zahl der Geburten gesunken, so daß sie beinahe der der Todesfälle gleich ist, nach der Norm und der Methode Frankreichs. Das bedeutet, daß es für den angelsächsischen Sauerteig immer anstrengender wird, die Masse zu durchsäuern. Aber psychologisch hat er eine ganz wunderbare Stärke bewiesen, besonders gegenüber der sonstigen Einwanderung. Abgeschnitten vom Heimatlande, ohne die Stütze natürlicher, innerer Grenzen in dem neuen Lande, unter seinem starken Druck in klimatischer, sozialer und politischer Hinsicht stehend, akklimatisieren und assimilieren sich die Einwanderer so rasch in dem neuen Kulturmilieu, daß man schon die zweite Generation („native white of foreign parentage") als vollständig amerikanisiert betrachten kann. Da diese Generation $20^1/_2$% der Bevölkerung bedeutet, können also, trotz aller genetischen Gegensätze, drei Viertel des Ganzen als national homogen angesehen werden. Man kann auch nicht leugnen, daß ein gemeinsamer amerikanischer Patriotismus von klarer nationaler Färbung mit seinen Wurzeln tief durch alle alten ethnischen Unterschiede dringt. Dies ist die große Verschiedenheit zwischen dem Bevölkerungsproblem der Vereinigten Staaten und dem Österreich-Ungarns; die einzelnen Volkselemente in den Vereinigten Staaten haben ihr altes nationales Pathos unter der Macht eines geheimnisvollen Prozesses verloren, der sie in eine neue nationale Existenz- und Gemeinsamkeitsform hineinzwingt.

Auf dem Boden Amerikas erblicken wir also das Schauspiel der Geburt einer neuen Nation. Im früheren Mittelalter hat die Geschichte dasselbe auf der Insel England gesehen, und das Ergebnis war das englische Muttervolk. Jetzt sehen wir dieses englische Volk als Bodensatz eines Kessels, in dem eine reiche Fülle anderer ethnischer Zutaten am Verschmelzen sind. Der Prozeß ist nicht zu Ende, die Einwanderung zeigt nicht einmal eine Tendenz, ihr Tempo zu verlangsamen. Noch können wir daher die einzelnen Grundstoffe unterscheiden, aber als Ziel des Prozesses erblicken wir mit voller Klarheit ein neues Volkselement, eine neue Menschenart, d. h. eine Nation.

Wir können daher die populäre englische Auffassung nicht teilen, daß „durch den Mund Nordamerikas England zur Welt spricht" (Dilke 1868). Das englische Grundelement wird natürlich, während es die neuen und fremden Stoffe absorbiert, selbst verändert werden. Die „Reinkultur einer Yankeerasse" ist im Entstehen (Roosevelt) mit ihrem eigenen Blick auf die Welt und ihren eigenen Ansprüchen an dieselbe. In ihrem schon ziemlich ausdrucksvollen Gesicht finden wir ererbte englische Familienzüge neben erworbenen neuen. Das alte Erbteil zeigt sich vor allem im sozialen Leben, das hiervon seine auffallende Anziehungskraft auf die Außenwelt erhält, um nicht von der Sprache selbst zu reden. Der neue Yankeetypus scheint zuweilen in seiner auffallenden Jugendlichkeit im Guten wie im Bösen, in seiner ausgeprägt optimistischen Veranlagung, seinem rücksichtslosen „go ahead", seiner naiven Unkenntnis der eigenen Begrenzung dagegen zu reagieren. Aber dies junge und frische Blut, diese starken Nerven und der brennende Fortschrittsgeist bilden eine nicht weniger solide Bürgschaft für die große Zukunft der Vereinigten Staaten als die ungeheuren natürlichen Hilfsquellen des Landes. Das Alte und das Junge vereinigen sich auch im Glauben an diese Zukunft: die spätgeborenen Kinder der Puritaner im heutigen Amerika pflegen ihrerseits den Weltherrschergedanken wie ein „manifest destiny" und mit nicht geringerem Glauben als die Nachkommen der Väter in England.

Objektive Anzeichen für eine solche Kompetenz scheinen gerade in der Vermischung hoher Kulturelemente in dem neuen Blute („einem Gleichmaß englischer Energie und deutschen Wissens", Carnegie) vorzuliegen, ferner in der abhärtenden Erziehung der ursprünglichen Ansiedler in Freiheit und Selbsthilfe sowie in der natürlichen Auswahl bei der heutigen Einwanderung. Aus rein biologischer Notwendigkeit muß ein mehr als gewöhnlich kräftiges, praktisches und unternehmungslustiges Geschlecht daraus hervorgehen, und es ist ja keine Überraschung, wenn es gleichzeitig „das individualistischste ist, das je auf Erden gelebt hat" (Ashley). Hier droht jedoch jetzt eine Gefahr infolge der Entwicklung, die begonnen hat, die Auswahl bei der Einwanderung von den Kräftigen auf die Ausgestoßenen und Elenden zu verschieben. Im neuen Jahrhundert haben derartige schlechtere Elemente aus dem europäischen Osten und Südosten (Rußland, Österreich-Ungarn, Italien) die germanischen bei der Einwanderung vollständig überflügelt, woraus nicht nur für den einheimischen Arbeiter (durch Unterbietung auf dem Arbeitsmarkt), sondern auch für die Qualität der neuen Nation selbst Gefahren entstehen. Hier liegt ein Problem vor, das eine einschränkende Einwanderungsgesetzgebung vollständig zeitgemäß gemacht hat.

Diese „schmutzigweiße" Gefahr ist nicht die einzige, welche die Union auf dem Gebiet der Bevölkerungspolitik bedroht. Nachdem „foreign white" mit ihren $14^1/_2$ % der Gesamtbevölkerung den übrigen weißen Kategorien hinzugefügt worden sind, bleiben noch 11 % für die farbigen Elemente übrig. „Rote" und „gelbe" Gefahren betragen zahlenmäßig nicht $^1/_2$% hiervon, und die erstere ist schon längst überwunden. Dagegen zeigte sich schon früh das Gespenst eines gelben Irland für Kalifornien und hat seit 1882 zu einer vorbeugenden Sondergesetzgebung gegen unwillkommene Einwanderer Veranlassung gegeben. Die Handvoll Chinesen und Japaner, die sich dort, hinter der großen Naturgrenze nach dem inneren Amerika zu, gesammelt haben, werden nämlich ganz natürlich als eine Vorhut der gelben Massen Asiens angesehen, die um jeden Preis vom amerikanischen Kontinent ferngehalten werden müssen. Hierzu kommt noch das national Antipathische, das in einer Einwanderung liegt, die in keiner Weise mit dem amerikanischen Stamm verschmilzt, wie auch das ökonomisch Lästige bei einem Arbeiterstamm, mit dem die eigenen Arbeiter des Landes unmöglich konkurrieren können.

Die wirkliche Bevölkerungsgefahr für die Union („die einzige schwarze Wolke am Horizont der Nation", Münsterberg) ist jedoch „die schwarze", die 10 Millionen Neger; sie ist hinter einer geographischen Linie („color line") lokalisiert, so daß in den Südstaaten Süd=Karolina und Mississippi, in denen die Neger die Majorität haben, bereits ein schwarzes Irland vorliegt. Statistisch war früher die Gefahr größer, bis zu 19%; aber es ist nur die Einwanderung, die der weißen Rasse diese Übermacht verliehen hat. Die Negerfrage wird sich also nicht von selbst lösen; sie läßt sich auch nicht wegschaffen durch „Deportation" nach Afrika nach dem Präzedenzfall Liberia 1821 oder durch „Segregration" in Reservationen wie die der Indianer; dazu spielen die Schwarzen eine zu große Rolle auf dem Arbeitsmarkt. Politisch ist die Gefahr nach der Sklavenbefreiung größer als vorher; der Weiße, der den Neger als vor dem Gesetz gleichgestellt anerkennen muß, entschädigt sich unter der Form der gesellschaftlichen Ächtung; da nun der Neger trotz seiner langsamen Weiterentwicklung dagegen reagieren muß, liegen hier Voraussetzungen für eine gefährliche Zersplitterung auf der Basis eines wirklichen Rassenhasses vor.

Es sieht so aus, als gäbe es bei einer derartigen Situation nur zwei Möglichkeiten: die Verschmelzung der beiden Rassen zu einer neuen oder die Unterdrückung der niedrigeren. Für erstere Lösung scheint die starke Vermischung zu sprechen; Du Bois betrachtet jeden dritten Neger als Mulatten. Wahrscheinlicher erscheint es jedoch, daß die demokratischen Doktrinen eines Tages den praktischen Realitäten weichen werden, so daß wir auf dem Boden Amerikas ein „Herrenvolk" von Yankees auch in dem Sinne finden werden, daß sie auf die mehr oder weniger schwarzen Heloten herabsehen (Hasse).

3. Gesellschaft. Die Größe der Vereinigten Staaten zeigt sich am stärksten auf dem Gebiet der Gesellschaft, was ja beim Zusammentreffen eines solchen Landes und einer solchen Bevölkerung zu

erwarten war. Wir können ruhig behaupten, daß die Geschichte nie zuvor ein Reich gesehen habe, das die Grundbedingung einer modernen Großmachtstellung, die ökonomische Solidität heißt, im selben Maße erfüllt. Dies ist der Typus Englands, noch reiner von Militarismus und noch größer im Umriß.

Die Union ist die reichste Vorratskammer der Welt an Getreide und Fleisch, Baumwolle, Eisen und Kohle. Ein und dasselbe Land besitzt also den Vorrang in allen entscheidenden Artikeln der Weltproduktion. Das ist ein verschwenderischer Überfluß, der reichlich Gelegenheit bietet, anderen etwas abzugeben. Hier zeigt sich die Großmacht Amerika als ein Gegensatz, aber zugleich auch als eine Ergänzung von Westeuropa, dessen übervölkerte Staaten in höherem oder geringerem Grad von der Einfuhr leben müssen. Die Handelsrechnung Amerikas hatte noch bei der letzten Jahrhundertwende Rohwaren von mehr als drei Vierteln des Exports aufzuweisen. Das ist der ökonomische Typus von Kolonialländern, der noch mehr gekennzeichnet wird durch eine positive Handelsbilanz von wenigstens zwei Milliarden. Während aber eine europäische Kolonie auf der anderen Seite von der Industrie Europas abhängig ist, hat die Union hier den eigenen erobernden Typus Europas; sie ist nicht nur von Europa emanzipiert, sondern ein Konkurrent Europas, und zwar mit einer solchen Entwicklungskraft, daß industrielle Fabrikate im jetzigen kurzen Jahrhundert von weniger als ein Viertel auf beinahe die Hälfte ihrer Exportrechnung angewachsen sind. Hier vereinigen sich also die Stärke Europas und die der Kolonien, aber ohne deren Schwäche. Wir sehen eine ökonomische Situation, die weit stärker ist als irgendeine frühere.

Aber nicht bloß in einem augenblicklichen Durchschnitt steht die Gesellschaft der Vereinigten Staaten an ökonomischer Größe über der aller anderen. Sie droht sie in Zukunft noch mehr zu überschatten; denn alle Tendenzen weisen nach oben. Sie hat einen breiteren „margin of growth" als alle anderen (Seth Low). Dieser Vorzug zeigt sich besonders gegenüber ihrem größten, in gewissen Stücken noch unerreichten Rivalen England, dessen Entwicklungslinien in wesentlichen Richtungen nach unten gehen. In der großen Union existiert noch ebensowenig wie in Deutschland ein Gedanke daran, die Ruhe im Rentnerdasein zu suchen, dem England sich nähert, und das Frankreich, wie man behaupten kann, schon erreicht hat.

Unter diesen Umständen ist es ganz natürlich, daß die Staatsmänner Europas im Zeitalter des Industrialismus mit wachsender Unruhe nach dem großen Lande im Westen hinschauen. Von seiner Höhe fällt der Schatten einer amerikanischen Gefahr immer tiefer auf die Länder der alten Welt. Bereits 1869 hat Treitschke den Vereinigten Staaten die Rolle der zukünftigen ersten Seemacht der Welt an Englands Stelle zuerteilt. Daran in erster Linie denkend, sagte ein verantwortlicher Großmachtminister (Goluchowski) 1897, daß „das nächste Jahrhundert auf handelspolitischem Gebiete einen Kampf um die Existenz Europas sehen wird". Auf sehr phantastischer Seite spricht man bereits von „the americanisation of the world" (Stead 1901) als einem reinen Naturgesetz, vor dem es kein Entrinnen gibt. Auch außerhalb der Union existiert also ein starker Widerhall für die Träume innerhalb derselben, die auf nichts Geringeres hinauslaufen als auf „die kommerzielle und ökonomische Suprematie über die ganze Welt" (Lodge 1901) — wobei man sich natürlich hinzudenkt, daß die politische nachfolgen werde.

Die reale Unterlage für diesen Glauben bilden die beiden Hauptrichtungen Landwirtschaft und Industrie. Zuerst fällt uns auf, daß Amerika Stärke in beiden vereint; es hat nicht wie England seine Landwirtschaft der Industrie zum Opfer gebracht, ist aber auch nicht auf dem Standpunkt der primitiven Gewerbe stehen geblieben wie Rußland im großen ganzen. Es ist Agrarstaat und Industriestaat zugleich wie Deutschland, ohne in seinem gewaltigen Raum noch die Sorge Deutschlands am Scheideweg zu empfinden. Zwar kann es nur eine Zeitfrage sein, wann auch dieser Raum so mit Menschen angefüllt sein wird, daß derartige Sorgen entstehen. Die Bevölkerung selbst hat, mit den Anlagen reicher Erben zur Verschwendung, diesen Zeitpunkt durch einen unerhörten Raubbau beschleunigt; Massen von verlassenen Gehöften auf ausgesogenem Boden, ungeheure Flächen verwüsteten oder verbrannten Waldes bezeugen dies ebenso laut wie die gebleichten Knochen der ausgerotteten Büffelherden in der Prärie. Man ist jedoch nunmehr darauf aufmerksam geworden (der Kongreß für „Conservation of natural resources" 1908); gleichzeitig arbeitet man mit Kraft und Erfolg daran, zum Ersatz ein neues Kulturland in der Wüstenzone des Westens durch Bewässerung zu schaffen („Reclamation act" 1902). Im allgemeinen haben die amerikanischen Methoden ihre größten Ergebnisse auf dem Gebiete der Landwirtschaft gewonnen, frei von Schlendrian, unter dem Schutz einer Ansiedlungspolitik („Homestead act" 1862), die den Boden unter viele verteilt hat mit geringer Tendenz zur Latifundienbildung. Es ist daher kein Wunder, daß so viele von den kräftigsten Leuten Europas dorthin gingen, und daß die Landwirtschaft alsdann zu Preisen produzieren konnte, die geradezu jede Konkurrenz ausschlossen.

Nicht weniger vorteilhaft sind die Voraussetzungen für die Großindustrie in diesem an Rohwaren so überreichen Lande, in dem auch keine sozialen Vorurteile oder Traditionen die Unternehmungslust des einzelnen bedrückten, in dem schließlich die Einwanderung für einen unerschöpflichen Zufluß von Arbeitern sorgt, die aus reinem Selbsterhaltungstrieb dazu gezwungen sind, ihre Kräfte bis zur größtmöglichen Intensität anzuspannen. Die günstige Lage des Arbeitsmarktes gewährt Amerika eine große Überlegenheit über die alte Welt. Der Sozialismus kann bei einem Volk, zu dessen Charakterzügen ein unverwüstlicher Optimismus wie auch ein beinahe rabiater Individualismus gehören, und in einer Gesellschaft, deren Vorderseite wirklich diesen lichten Glauben rechtfertigt, schwer vorwärts kommen; der Arbeiter hat es in ökonomischer Hinsicht bereits doppelt so gut wie in Europa (Sombart), für seine Karriere in der Industrie gibt es unbegrenzte Möglichkeiten— und sollte er ermüden, dann bleibt ihm ja immer noch der Ausweg, ein homestead im Westen auf die Gnade einer väterlichen Regierung hin aufzusuchen.

Der Gegenwind, in dem sich die Arbeiterorganisation Amerikas daher durchschlagen mußte, darf einen jedoch nicht irreleiten hinsichtlich des Ernstes der Arbeiterfrage selbst. Das glänzende Gemälde einer welterobernden Industrie zeigt als Kehrseite ein Aussaugesystem, wie es die Welt in einem Kulturland kaum noch gesehen hat. Hier findet man auch den Volkscharakter mit seinem rücksichtslosen Vorgehen ohne Sorge für das Individuum wieder; es muß selbst für sich sorgen. In den Riesenfabriken ist es darum mit dem Arbeiterschutz und der Arbeiterversicherung schlecht bestellt. Gerade diese mangelhafte Humanität hat bis jetzt einen neuen Vorteil vor Europa gewährt, denn die Arbeit gewinnt durch das System. Aber es rächt sich allmählich. Das jetzige, demokratische Regime empfindet vor allem die Verantwortung dafür, daß „wir bis jetzt den Menschenwert nicht genug geschätzt haben" (Präsident Wilson 1913).

Der Streit zwischen Kapital und Arbeit macht jedoch hier nicht im selben Grad wie in Europa die soziale Frage aus. Wenn er auch noch so ernst ist, so steht er doch zurück vor einem gewaltigeren, den man als den Streit zwischen Demokratie und Plutokratie bezeichnen kann. Hier sehen wir das Kapital in seiner furchtbarsten Gestalt, vertreten durch die Konzentrationsunternehmungen der „Trusts" in monopolistischer Absicht. Es ist nicht schwer zu begreifen, warum gerade der Boden Amerikas für diese Entwicklung so günstig war. „Der Turm der Trusts", sagt Schulze-Gävernitz, „steht auf der Jungfräulichkeit der Prärie und der Intelligenz des Farmers"; wir fügen hinzu, in der Luft des Individualismus und der freien Konkurrenz, wo der Starke natürlich privilegiert wird auf Kosten des Schwachen. Auch hier müssen wir zuerst die günstige Wirkung der Erscheinung nach außen hin feststellen, in dem internationalen Warenaustausch; es steht außer Zweifel, daß das Trustwesen einen der stärksten Faktoren in der Eroberungsstellung der Vereinigten Staaten auf dem Weltmarkt und damit in ihrem Großmachtsgebäude selbst bildet. Nach innen wirft aber der Turm so dunkle Schatten, daß die heutige innere Politik keine größere Sorge kennt. Es ist nicht nur das, daß das konsumierende Publikum mit seinen täglichen Bedürfnissen von der Willkür der Trusts abhängig ist; die organisierte Übermacht des Kapitals droht, in die ganze Struktur der Gesellschaft ernstlich einzugreifen, um so mehr, als es hier kein soziales Gegengewicht weder seitens einer Bureaukratie noch eines Feudalismus gibt. Das demokratische Gleichheitsideal, das „Lebensprinzip" der Vereinigten Staaten und ihr „süßer Geruch" für die europäischen Einwanderer der Arbeiterklasse, hat sich in einer Wirklichkeit verflüchtigt, in der man auf der einen Seite jene für das heutige Amerika so charakteristischen Napoleone des Geschäftslebens sieht — einen Rockefeller, Morgan, Vanderbilt, Carnegie — und auf der anderen Seite 10 Millionen, die am Hungertuch nagen. Nie hat die Welt einen solchen Abstand zwischen reich und arm geschaut, und zwar dies ohne Vermittlung durch gleichmäßige Vermögensabstufungen oder alte soziale Traditionen.

Dieser soziale Zustand ist wirklich ein so ernster, daß man die ganze Sache nicht mit dem gewöhnlichen „it will right itself" des Optimismus abfertigen konnte. Mit wachsendem Eifer hat das Publikum gegen diesen von den Trusts gebildeten Staat im Staate an den Staat appelliert. Die altliberale Linie, jetzt vertreten durch die offizielle republikanische Partei, will die freie Konkurrenz durch die Gesetzgebung der Union schützen („Sherman act" 1890). Das jungkonservative Programm Roosevelts erkennt die Berechtigung der Trusts als eine höhere Form des Erwerbslebens an, will aber die Staatskontrolle verschärfen (so 1906 die über die Eisenbahnen). Die demokratische Partei schließlich glaubte früher dem Großkapital durch „das freie Silber" zu Leibe rücken zu können (Bryan 1896 und 1900), hat es aber jetzt als Regierungspartei von einer anderen Seite angegriffen; der Zolltarif 1913 lockerte das protektionistische System (seit 1890) etwas, welches System als „die Mutter der Trusts" und die Hauptursache der teueren Zeit betrachtet wird.

So sind überall starke Kräfte an der Arbeit, um das tiefe Dunkel auf der Kehrseite der Gesellschaft zu entfernen. Es ist aber zu befürchten, daß jeder derartige Sieg zugleich von der Außenwelt als eine Linderung der amerikanischen Gefahr empfunden werden wird; denn es sieht beinahe so aus, als wäre die äußere Stärke dieser Gesellschaft mit deren inneren Schwächen unauflöslich verbunden.

4. **Staat.** Die amerikanische Großmacht hat als Staat der Welt die Lösung des Problems gebracht, eine Riesenfläche und ein Riesenvolk auf demokratischer Grundlage zusammenzuhalten. Die Lösung ist „die Union", die föderative Dezentralisation in 48 Staaten (nach 1912). Das ist eine vollständige Durchführung des Systems „wasserdichter Schotten", das die Staatsmänner Englands ihrem Empire anzupassen suchen (oben S. 115). Das Schiff segelt auch mit der Sicherheit, welche der Besatzung die volle Zufriedenheit mit der Konstruktion verleiht.

Noch heute lebt der Amerikaner mit Stolz unter der Unionsverfassung von 1787, die also den Sturm der Sezession überlebt hat und über das ganze heutige Continental U.S. ausgedehnt werden konnte. Ohne Zweifel zeugt dies von einer feinen Einstellung ins Gleichgewicht und einer geschickten Anpassung an die Verhältnisse von Anfang an; vor allem durch den Gedanken, die Präsidentenmacht auf die Grundlage gleicher unmittelbarer Volkswahl zu stellen wie die Volksvertretung selbst, vereinigt mit der Idee, die eine der Repräsentationskammern auf dem Partikularismus der Staaten aufzubauen und die andere auf der Einheit der Volksmasse. Daß diese grundlegenden Rechtsgedanken so leicht von den 13 ursprünglichen Staaten am Atlantischen Meer auf das heutige interozeane Riesengebiet ausgedehnt werden konnten, muß man wiederum im Zusammenhang mit der eigenen geographischen Einheitlichkeit und der geschichtlichen Jungfräulichkeit des Gebietes sehen. Eine politische Karte der Union unserer Zeit sieht in wesentlichen Teilen wie ein Stadtplan aus mit seinen auf konstruktivem Wege errichteten, gradlinigen Vierteln (Bryce), und das Bild ist nicht ohne Wahrheit; die meisten Staaten hier sind Neuschöpfungen der Staatskunst oder der Zentralmacht selbst, ohne die Stütze der Natur oder Geschichte, wie sie z. B. die Einzelstaaten im Deutschen Reich haben. Darum sind sie nicht dazu angetan, die Einheit mit einem bayrischen Partikularismus zu stören, und tun es immer weniger, je mehr sie in dieselbe große Zirkulation von Menschen, Interessen und Gedanken im Laufe der Zeit hineingezogen wurden. Hier, wo der größte Staat (New York) nicht ein Zehntel des Ganzen einnimmt, bereitet auch kein Verfassungsproblem vom Typus Preußen-Deutschland eine Schwierigkeit.

Diese günstigen Voraussetzungen spiegeln sich in einer Entwicklung wider, die langsam aber sicher den Akzent der Verfassung von „states" auf „united" verschoben hat. Sozial und moralisch, wenn auch nicht politisch, sinkt der Einzelstaat immer mehr an Bedeutung gegenüber der Autorität und der Majestät des Gesamtstaates herab. Der „neue Nationalismus" Roosevelts faßt diese rein staatssozialistische Entwicklung gegenüber dem Partikularismus sowohl wie gegenüber dem Individualismus wie in einer Parole zusammen. Neben der Stärkung der Zentralmacht gegenüber den einzelnen Teilen geht nämlich auch die Stärkung der Exekutivmacht gegenüber den gesetzgebenden Versammlungen und im allgemeinen die Hebung der Autorität des Staates gegenüber der Ungebundenheit des Nationalcharakters her.

Die Umstände haben eine derartige Reaktion geradezu notwendig gemacht. Abgesehen von der Verfassung wird nämlich das öffentliche Leben hier sowie in England von einer starken, dualistischen Parteiorganisation (Republikanern und Demokraten) getragen, die jedoch allmählich den größten Teil des prinzipiellen Inhalts verloren hat und fast zu einer Rennbahn für Glücksjäger ausgeartet ist. Seit den dreißiger Jahren des 19. Jahrhunderts, wo man anfing die Parteimaschine in Gang zu setzen, galt nämlich das sogenannte „spoiling"-System, nach dem die Ämter zwischen den Parteien dem Ausschlag des Wahlstreites gemäß „rotieren" sollten. Hierdurch wurde der ganze

Verwaltungsapparat in den politischen Zweikampf hereingezogen, der auf diese Weise mit egoistischen Interessen zum Schaden der ideellen Gegensätze untermischt wurde. Wenn dieses System wie ein Sicherheitsventil gegenüber dem Bureaukratismus gewirkt hat, so hat es diesen Vorteil teuer erkauft. Wir erblicken ein Bild des Verfalls, das sogar das übertrifft, welches wir bei den romanischen Großmächten sahen, eine Korruption („graft") ohne Gegenstück in irgendeinem Kulturland — besonders bei den Stadtverwaltungen und den gesetzgebenden Korporationen —, eine Cliquenwirtschaft („Ringe" mit ihren leitenden „Bossen"), die in großem Umfang das Volk um die Früchte der Selbstverwaltung betrügt. Hier haben die Trusts trübes Wasser zum Fischen. Aber bei dieser Zusammenpressung zwischen Bossen und Trusts geht die wirkliche Volksfreiheit verloren. Wie die ökonomische Freiheit und die soziale Gleichheit, so ist daher auch die politische Selbständigkeit in der Praxis in ihr Gegenteil, eine „oligarchische Demokratie", umgeschlagen.

Diesen Widerspruch bemerkten wir vorher am Horizonte Englands (S. 107). Das vollständige Fehlen einer parlamentarischen Regierungsmethode in einem Staat, der nie gegen eine absolute Monarchie hat reagieren brauchen, bildet äußerlich einen auffallenden Unterschied zwischen den Vereinigten Staaten und England; aber wir sahen bereits, daß die Allmacht des englischen Parlamentes nur leerer Schein ist, und in Wirklichkeit ist die Präsidentenwahl in Amerika das reine Gegenstück zu dem Entscheid des Volkswillens, der bei den englischen Wahlen zum Unterhaus den zukünftigen Ministerpräsidenten designiert. Dies ist also die Stellung des Präsidenten in Amerika: immer dominierender, je mehr die soziale Übermacht der Trusts eine Kontrolle seitens des Staates nötig hat, und außerdem die Aufgaben der Großmacht nach außen hin ein starkes Einheitsorgan gegenüber Sonderinteressen (Kalifornien gegen Japan) verlangen. In dieser Präsidentenmacht besitzt die Union ein wachsendes monarchisches Element, als Gegengewicht gegenüber der zügellosen Demokratie und als Stärke für ihr öffentliches Leben.

Dieselbe auf Machtkonzentration gerichtete Bestrebung ist auch in den einzelnen Staaten selbst und in der aktuellen Kommunalreform unverkennbar. Sie geht Hand in Hand mit der Tendenz, in der Verwaltung den Volkswillen zugunsten eines technisch geschulten Beamtentums beiseite zu schieben („civil service reform" seit 1883). Es sieht so aus, als wäre diese Reformlinie die wirklich sammelnde gegenüber einer anderen, welche die Entartungen der Demokratie mit noch mehr Demokratie heilen will (Referendum und „recall", Ostrakismus gegen die Beamten).

So finden wir im Staate wie in der Gesellschaft dunkle Schattenseiten, die mit dem Nationalcharakter in natürlichem Zusammenhang stehen, aber zu gleicher Zeit auch wachsame Augen und eine ernste Arbeit, dieselben zu entfernen. Die Fehler sitzen wohl auch nicht tiefer, als daß sie bei größerer Reife überwunden werden können. Man darf auch nicht aus den Augen verlieren, daß sich diese Nation in einer physischen und psychischen Gärung befindet, welche der jetzigen Epoche den ganz besonderen Charakter einer Übergangszeit verleiht. Von dieser geschichtlichen Perspektive aus wird sich vieles anders ausnehmen als in einem statistischen Durchschnitt oder auf einer Schnellphotographie. Mängel und Fehler, die bei einem alten Kulturvolk eine schlimme Prognose zu rechtfertigen scheinen, werden dann eher als Kinderkrankheiten erscheinen. Sind die Leiden ungewöhnlich groß, so werden sie doch von dem gesunden Körper leicht ertragen. Wir dürfen nicht vergessen, daß sich das moderne England aus sozialen und politischen Verhältnissen im 18. Jahrhundert herausgearbeitet hat, die an Schmutz der Korruption kaum hinter dem des heutigen Amerika standen. Nichts veranlaßt uns, die jetzt vorhandenen Schwächesymptome der Vereinigten Staaten als einen Abzug von wirklicher Bedeutung bei einer Großmachtskompetenz aufzufassen, die alle bisher betrachteten in den Schatten stellt.

5. **Auswärtige Probleme.** Mit einem klaren Blick für die geographische Situation seines Landes riet Georg Washington in seinem politischen Testament 1796 seinem Volke, anderen gegenüber

den Schwerpunkt auf kommerzielle Verbindungen zu legen und in „so geringe politische Beziehungen wie nur möglich" zu treten. Hundert Jahre schon ist dieses Prinzip in der auswärtigen Politik der Vereinigten Staaten das leitende gewesen. Ihm entspringt auch die berühmte Monroedoktrin vom 2. Dezember 1823 mit ihren drei Protesten: gegen europäische Intervention in Südamerika, gegen Ausdehnung von Europas „politischem System" auf Amerika, gegen neue europäische Kolonisierung in Amerika (zunächst gegen Rußland gerichtet, das um jene Zeit von seinem Alaska aus seine Hände begehrlich nach „Oregon" ausstreckte). Amerika wollte mit Europa in Frieden leben, da ja auch Europa vor Amerika ruhig sein konnte, und die Vereinigten Staaten — noch nicht halb so groß und nicht den zehnten Teil so bevölkert wie heute — traten als Vertreter Amerikas auf. Dies ist die erste vollkommen bewußte Reaktion gegen Europas Universalhegemonie; zugleich liegt ja darin ein Anspruch auf eigene Hegemonie in der neuen Welt; aber der ganze Standpunkt ist ein negativer und defensiver, und man betont ausdrücklich seine Zurückhaltung auch gegenüber Europas „existing colonies or dependencies" in Amerika.

Die starke Expansionsentwicklung um die Mitte des 19. Jahrhunderts quer über den Kontinent hat die Monroedoktrin wiederbelebt und zu einem Präventivprogramm verschärft: die Vereinigten Staaten sollten selber bedrohte Plätze besetzen, um einer europäischen Einmischung zuvorzukommen (Jukatan=Frage 1848). Gleichzeitig erwachten die ersten Gedanken an einen zentralamerikanischen Kanal, aber nur um das Reich zusammenzuhalten und im Einverständnis mit England (der Clayton=Bulwer=Traktat 1850). Die Unterdrückung der Sezession in den sechziger Jahren machte neue, expansive Kräfte frei, im Geiste Monroes wurde gegen das Napoleonische Kaisertum in Mexiko ein vernichtendes Ultimatum losgelassen, die Doktrin wurde zu dem Verbot erweitert, daß alte europäische Kolonien in Amerika keiner anderen europäischen Macht abgetreten werden dürften (Grant 1869), und mit der Erwerbung Alaskas 1867 trat das

Reich zum ersten Male aus seinem zusammenhängenden Gebiete heraus. Dies letzte war jedoch mehr scheinbar als wirklich, denn Alaska in der Hand der Union wartet auf Kanada. Jedenfalls scheut man sich, die alten Küsten ganz zu verlassen. An eine Einmischung in fremden Erdteilen denkt man noch immer nicht. Noch 1895 glaubt ein Kenner wie Bryce die auswärtige Politik der Union so behandeln zu können „wie Reisende von Schlangen auf Island erzählen, nämlich nur um ihre Nichtexistenz festzustellen".

Aber gerade damals war der Wendepunkt gekommen, der große Bruch mit allen Traditionen. Der Großstaat Nordamerika steht im Begriff, aus der Isolierung herauszutreten und sich am Wettstreit der Großmächte im Zeitalter des Industrialismus zu beteiligen. Der Trompetenstoß ging von Cleveland aus mit seinem hands off gegen England in der Venezuela-Frage 1895, mit seiner positiven Betonung der panamerikanischen Monroedoktrin („we are practically sovereign on this continent"). Im folgenden Jahre wurde Mac Kinley zum Präsidenten gewählt auf das Programm: Annektierung von Hawai, Intervention auf Kuba und „Übernahme der Kanalfrage in eigene Hand"; und diese Punkte wurden unter seiner Präsidentschaft sämtlich zur Ausführung gebracht. Aber aus der Intervention auf Kuba folgte der Erwerb der Philippinen 1899, ein reiner Übergriff in einen anderen Erdteil und intimere Nachbarverhältnisse zu anderen Großmächten; hiermit war die warnende Stimme des Landesvaters Washington in der Luft des modernen Imperialismus völlig verhallt.

Das dominierende auswärtige Problem der Vereinigten Staaten war seitdem der Panamakanal, der nach diplomatischen Vorbereitungen 1900—04 zur Ausführung gebracht wurde 1906—14, und zwar jetzt in voller aggressiver und expansiver Absicht neben der defensiven. Die erste Maßnahme war die, England und überhaupt jeden internationalen Charakter von dem Unternehmen fernzuhalten (der Hay-Pauncefote-Traktat 1901); bestehen blieben die Bestimmungen als „neutrales Fahrwasser" und die gleichen Bedingungen für die Schiffahrt, aber erstere wurden 1911 durch den Beschluß der Union, den Kanal zu befestigen, beschränkt, und letztere wollte man 1912 („die Panamakanalakte") durch Vorrechte für die eigene Küstenschiffahrt der Union annullieren. Dieser Übergriff wurde zwar infolge von Englands Protest von der demokratischen Regierung zurückgezogen, aber auch ohnedies erscheint der Panamakanal deutlich als ein amerikanischer Kaiser-Wilhelm-Kanal, verschieden von dem internationalen Charakter des Suezkanals. Es ist auch klar, daß das neue Verbindungsglied in ganz überwiegendem Maße den Vereinigten Staaten zugute kommen wird, indem es Europa sowohl auf dem Großen Ozean wie auch auf der Westküste Amerikas (bis nach Valparaiso hinab) unbedingt in die Hinterhand drängt. Positiv zielt also der Kanal nach den beiden großen Programmen hin, die, wie wir gesehen haben, der Union durch ihre Lage vorgezeichnet sind: die Vormundschaft über Amerika und die Herrschaft im Stillen Ozean.

Das neue Jahrhundert hat ein stetes, wenn auch langsames und oft verschleiertes Vorwärtsschreiten auf der erstgenannten Linie gesehen. Die Kanalfrage selbst hatte die Loslösung des Staates Panama vom Staate Kolumbien und die Stellung des ersteren unter das Protektorat der Vereinigten Staaten 1903 zur Folge. Schon vorher, 1901, war Kuba in derselben Weise die „Selbständigkeit" garantiert worden. Nachher hat sich die Kontrolle der Union in aller Form über San Domingo 1905 und Nicaragua 1910 ausgedehnt, und die seit 1911 drohende Intervention in Mexiko scheint 1914 Tatsache werden zu sollen. Es handelt sich hier zunächst um die zentralamerikanische und die westindische Welt. In erstem Falle sehen wir eine politische Konzentration innerhalb des nordamerikanischen Kontinents. In letzterem erkennen wir eine neue offensive Defensive. Westindien in der Hand Europas beherrscht sämtliche Aus- und Eingänge des amerikanischen Mittelmeeres und bedroht daher ernstlich den Kanal, während es gleichzeitig mit seinem breiten Keil Nord- und Südamerika durch eine politische Schranke voneinander trennt (Deckert);

aus diesem Grunde hat die Union jetzt ein direktes Interesse daran, Europa aus dieser Position zu verdrängen, teils um seinen Kanal zu schützen, teils um seinen Aussichten auf den südlichen Erdteil freie Bahn zu schaffen.

Hiermit steigt das Problem Südamerikas am Horizont auf, die Frage der Herrschaft über diese tropische und subtropische Riesenreserve mit ihren unermeßlichen Reichtümern und ihrer unentwickelten Menschheit, ohne Zweifel eine der am weitesten ausschauenden Zukunftsfragen der Weltpolitik. Immer bewußter wenden sich die ökonomischen Erobererblicke der großen Union hierher, unter Konkurrenz mit Europa und einem langsam beginnenden Widerstand des Erdteiles selbst. Es ist ein Kampf auf einer äußeren und einer inneren Linie so wie der Englands um sein Empire. In Wirklichkeit steht das südamerikanische Programm der Union im Schutze eines größeren Reichsgedankens, den man sich versucht fühlt, mit dem Gedanken eines Zusammenschlusses in dem Weltreich Englands zu vergleichen, wenn auch hier die nationale Unterlage durch eine geographische ersetzt wird. Panamerika scheint nach einer Organisation zu streben wie British Empire. Es bedient sich desselben Organs, periodischer Konferenzen (Washington 1889, Mexiko 1901, Rio de Janeiro 1906, Buenos Aires 1910), besitzt aber außerdem schon ein ständiges Zentralbureau in Washington („Panamerican Union" 1891) und hat infolge des geographischen Zusammenhanges ein handgreifliches „Symbol" (Hennig) in einem gemeinsamen Unternehmen finden können wie der „Pan American Transcontinental Railway" zwischen Neuyork und Buenos Aires, dem weitaus größten Eisenbahnprogramm der Welt. Wie im Empire haben auch Differentialtarife hier eine Rolle gespielt (zwischen den Vereinigten Staaten und Brasilien). Bis auf weiteres, ehe der Panamakanal vollständig fertig ist und sich die Union hat entschließen können, direkte Dampferlinien nach der Ostküste Südamerikas zu unterstützen, besitzt jedoch Europa noch sein altes Handelsmonopol in diesem Erdteil, und seine allgemeine ökonomische Überlegenheit ist sowohl östlich wie westlich von den Anden im großen ganzen ungeschmälert. Andererseits hat sich viel verändert, seitdem Monroe Südamerika unter die Flügel der Union nahm. Die brüske Politik der Union gegen Spanien, Kolumbien und Mexiko hat bei dem lateinischen Erdteil das Rassenbewußtsein geweckt und ihn die Aussicht auf ein neues Protektorat an Stelle der abgelegten europäischen Vormundschaft erblicken lassen, mit dem Mißtrauen und der Angst vor einer Annäherung, die damit verknüpft sind. Man glaubt z. B. in dem Verhältnis Argentiniens zu den Vereinigten Staaten und dem Panamerikanismus etwas von der Haltung Bulgariens gegenüber dem „Zar Befreier" und dem Panslawismus zu sehen.

So wogt das Problem Südamerika zwischen Nordamerika und Europa, zwischen Panamerikanismus und Amerika-Latinismus hin und her. Zur Beleuchtung des Problems sei ferner noch hinzugefügt, daß die Vereinigten Staaten durch ihre politische Einheit von vornherein sowohl Europa wie dem südlichen Erdteil überlegen sind, und daß sie infolge eines neuen Auswuchses der Monroedoktrin, durch den jede europäische Kontrolle über die amerikanische Finanzverwaltung abgewiesen wird (die Rooseveltdoktrin 1904), ihren alten Konkurrenten gegenüber einen Trumpf in der Hand haben.

Das panamerikanische Programm hat jedoch noch einen Hauptpunkt: die Vereinigung mit Kanada. Hier kommen nationale und kulturelle Gründe hinzu, um den Zusammenschluß zu einem natürlichen zu machen. Für die echten Imperialisten in der Union ist die heutige Sonderstellung Kanadas ein reiner Anachronismus, schlimmer als der der süddeutschen Staaten nach der Errichtung des Norddeutschen Bundes; „wir sehen", so heißt es deshalb schon im Wahlprogramm der republikanischen Partei 1896, „mit Zuversicht einer Verbindung aller englisch redenden Teile unserer Hemisphäre durch freien Vertrag entgegen." Das gewaltige Entwicklungstempo Kanadas im neuen Jahrhundert — auf Grund dessen seine eigenen Staatsmänner eine Parallele zu der Entfaltung, wie sie im vorigen Jahrhundert in der Union stattgefunden hat, erhoffen (Laurier) —

hat außerdem die Sorge der Union wegen einer zukünftigen ernsten Konkurrenz wachgerufen. Unterdessen mehren sich die Verbindungen über die Grenze hinaus, die Union beherrscht bereits trotz der Zollschranke vollkommen die Hälfte des Handels des Nachbarn, während das Mutterland bei einem Drittel oder etwas darüber haltmacht, ein gewaltiger Auswandererstrom ergießt sich jährlich von der Union nach dem westlichen Kanada, und das Kapital folgt in einem anderen mächtigen Strom mit. So arbeiten die natürlichen Faktoren daran, die politischen zu überwinden, welche das Gesicht Kanadas nach Osten statt nach Süden gekehrt haben. Im Jahre 1911 schien die Zeit für einen wichtigen Schritt gekommen zu sein, und die Regierungen hatten sich bereits wegen eines Handelsvertrags geeinigt, der im Gedanken des Präsidenten Taft Kanada zu „an adjunct of U. S." machen sollte; aber das kanadische Volk blieb bei den Wahlen England treu. Daß unter solchen Umständen jedoch die Kanadafrage abkühlend zwischen den beiden angelsächsischen Großmächten liegen muß, ist klar, und nur durch systematische Nachgiebigkeit (z. B. im Alaska-Grenzstreit, entschieden 1903) konnte England nach dem kubanischen Krieg ein gutes Verhältnis zu seinem anspruchsvollen Verwandten bewahren.

Auf dem Großen Ozean hat die Expansion der Vereinigten Staaten mit dem alten Jahrhundert haltgemacht. Es läßt sich früh schon wegen Hawais und der Philippinen ein latenter Konflikt mit Japan verspüren, das hier das bessere geographische Recht zu besitzen scheint. Aber er bildet nur eine Einzelheit in dem bedeutsamen weltgeschichtlichen Kampf um den Stillen Ozean, dessen Wolken jetzt am Horizont aufsteigen, ein Kampf zwischen zwei außereuropäischen Großmächten als Vertreter verschiedener Rassen und Kulturen. Er ließ sich nach der Vermittlung des russisch-japanischen Friedens 1905 durch Amerika in der Luft spüren, loderte infolge der Ausnahmegesetzgebung für japanische Schulkinder in Kalifornien 1906 in einer plötzlichen Flamme auf, wurde 1908 durch eine Statusquo-Entente gedämpft. erhielt durch die Einmischung Amerikas in mandschurische Eisenbahnfragen 1910 neue Nahrung und wurde in Kalifornien zum zweiten Male akut durch dessen Verbot japanischen Erwerbs von Grundbesitz 1913. Man hat auch Grund zur Annahme, daß die Politik der Union gegen Mexiko seit 1911 von dem Verdacht gewisser Intrigen zwischen diesem Land und Japan diktiert worden ist. Die hervorragende Rolle der Union bei dem großen diplomatischen Schauspiel auf der Bühne Chinas ist nicht dazu geeignet, diese Reibung zwischen den Ufern des Großen Ozeans zu vermindern. Das Verhältnis zu Japan ist ohne Zweifel als der wichtigste und wundeste Punkt in der heutigen internationalen Situation der Vereinigten Staaten von Nordamerika zu bezeichnen.

Gegenüber dem europäischen Horizont nehmen die Vereinigten Staaten noch eine reservierte Haltung ein, und noch 1906 (beim Beitritt zur Algecirasakte) sprach man offiziell von der „traditionellen auswärtigen Politik, die eine Einmischung in rein europäische Angelegenheiten verbiete". Nichtsdestoweniger merkt man eine zunehmende Lust zu solcher Einmischung (die Judenfrage in Rußland 1903 und 1911), und sie kann natürlich auf die Dauer nicht von einer Macht unterlassen werden, die in so bedeutendem Maße europäische Volkselemente auf ihr Konto übernommen hat. Im Herzen und in der Wirklichkeit erkennt die große Union keine Grenze für ihre „responsibility" an — wie das Schlagwort für den Imperialismus hier lautet —, wenn auch ihre Staatsmänner noch so enthaltsame Worte im Munde führen.

Suchen wir die zerstreuten Züge dieses großen Reiches zu einem einheitlichen Bilde zusammenzufassen, so können wir kaum einen anderen Unterschied zwischen der Großmacht der neuen Welt und den alten Großmächten machen als den des Entwicklungsgrades. Amerika folgt auf der Bahn Europas nach. Mit Hawai, Portorico, Guam, den Philippinen, Tutuila, die wie Jollen an ihr großes Schiff gekettet sind, und Kuba, S. Domingo, Nicaragua und wohl bald auch Mexiko, die in ihrem Fahrwasser folgen, zeigt die Union jetzt dieselben

allgemeinen Züge wie England, wenn auch im englischen Reiche die
Jollen bedeutend zahlreicher und zum Teil viel größer sind. Es ist
die Gewichtsverteilung zwischen Kernland und Peripherie, die ver=
schieden ist; im übrigen bemerken wir denselben territorialen und
ökonomischen Typus, dessen Prototyp das alte Karthago ist.

Das Besondere bei der Großmacht Amerika besteht nun darin,
daß zum erstenmal die große Gebietsausdehnung sich mit den Vor=
aussetzungen des Karthagotypus in bezug auf die Lage und den Cha=
rakter des Volkes vereinigt hat. Aber dieser Umstand verleiht der
äußeren Expansionspolitik der Vereinigten Staaten einen unorgani=
schen Zug. Dieselbe ist, wie die Frankreichs, aber von einer anderen
Seite betrachtet, nicht von wirklichen Lebensbedürfnissen diktiert. Was
England in anderen Erdteilen sucht, das hat Amerika bereits in sei=
nem geographischen Körper. Sein natürliches Kolonialreich liegt
innerhalb seiner eigenen Grenzen. Es scheint keine politische Not=
wendigkeit vorzuliegen, aus imperialistischen Absichten außerhalb
der Grenzen zu gehen.

Wir stehen hier also vor einer ziemlich reinen Offenbarung des
Machttriebes, der auf dem Grunde alles echten Großmachtlebens
liegt. Daß dieselbe in Amerika mit lauteren Versicherungen von
Liebe zum Frieden und zur Freiheit anderer verbunden ist als sonst=
wo, braucht uns nicht zu verwundern oder als Heuchelei aufgefaßt
werden. Die Geschicke der Völker werden wie die der Menschen mit
geringem Bewußtsein geschaffen. Wie mit abgewandten oder ver=
bundenen Augen hat die große Union Amerikas den Weg des Im=
perialismus betreten.

Hierbei dürfte sich die Monroelehre, die noch immer wie eine
Fahne über die Expansionspolitik gehalten wird, in ihrem wahren
Werte für die Volksmeinung zeigen. Sie ist ein Spiegel, in dem
ein Volk von 100 Millionen seine eigene Größe und weltgeschicht=
liche Aufgabe sieht. Es ist nicht die Doktrin, die den Machtzuwachs
schafft; es ist der Zuwachs, der die Doktrin umgestaltet. So konnte
ein Vorbehalt zur Isolierung Amerikas zu einem Deckmantel für

überseeische Machtentwicklung umgestaltet werden. Aber je heller der Weg erleuchtet wird, desto williger ist auch das Volk, die praktischen Konsequenzen einer solchen Lehre zu ziehen.

Die Zeiten sind daher vorüber, wo man in Amerika die auswärtige Politik und den Militarismus nur zu den schlimmen Übeln der alten Welt zählte. Lange hat sich die traditionelle Phraseologie bei der demokratischen Partei erhalten; aber die neue Strömung geht zu tief, als daß sie sich von der „ideologischen" guten Absicht derselben aufhalten ließe. Nachdem die Union freiwillig den Schutz der Isolierung aufgegeben hat, muß sie sich ihrer erhöhten Verteidigungsaufgaben wegen verstärkte Machtmittel verschaffen, mit der zugehörigen Ablenkung von der rein ökonomischen Arbeit. Wird die Umwandlung dabei haltmachen? Muß nicht der neue Kurs eine stärkere Konzentrierung der Staatsmacht verlangen, als die heutige Verfassung und vielleicht die Demokratie überhaupt sie gewähren können? Wir haben schon Anzeichen in dieser Richtung bemerkt. Es läßt sich denken, daß die imperialistische Entwicklung eines Tages die Yankees vor den Zwang stellen wird, Institutionen zu opfern, mit denen sie sich bisher am meisten gebrüstet haben. Die Vereinigten Staaten mit einem großen Kolonialreich sind ein ganz neues Problem, dessen Bedingungen andere sind, und dessen Prognose daher auch unsicherer erscheinen muß als das heutige Problem.

Daß die Vereinigten Staaten auf der jetzt betretenen Bahn weiterschreiten und auf derselben weit über das heutige hinauskommen werden, läßt sich nicht bezweifeln. Das Urteil über die westindischen und zentralamerikanischen Kleinstaaten muß schon als gesprochen angesehen werden, so daß das Karibische Meer das „eigene Mittelmeer" der Vereinigten Staaten wird; die Welt wird wohl hier recht bald neue Varianten der Selbständigkeitsform nach der Art von Kuba zu sehen bekommen, die den Ausgleich zwischen der idealen Liebe der großen Union für die Freiheit anderer und dem realen Willen zu eigener Macht bildet. Daß auch die Geschicke Kanadas früher oder später auf die eine oder andere Weise mit denen des Nachbarn im Süden werden vereinigt werden, scheint die Auffassung der meisten Beobachter zu sein. Betreffs der südamerikanischen Frage gehen die Ansichten mehr auseinander. Man redet mit ziemlich großem Recht von einem „politischen Gravitationsgesetz", das diese kleineren Staaten zur Union wie Planeten zur Sonne ihres Systems hinziehe (Dekkert); man darf hierbei nie vergessen, daß die kulturelle und politische Übermacht hier vereinigt sind. Andererseits darf man die Macht von Rassegegensätzen und klimatischen Faktoren, die sich hier geltend machen, nicht unterschätzen. Der panamerikanische Gedanke trägt gerade wegen des Gegensatzes zwischen dem germanischen und dem romanischen Amerika einen Keim zur Selbstauflösung in sich. Von der sogenannten „ABC-Allianz" (zwischen Argentinien, Brasilien und Chile) wurde in neuerer Zeit oft gesprochen als dem Kern der „lateinischen Union" in der Neuen Welt und als einem direkten Gegengewicht zur Großmacht Nordamerikas. Die Prophezeiung Moritz Wagners vom naturnotwendigen Untergang der spanisch-amerikanischen Kultur „im Schatten des gigantischen Hickorybaumes der nordischen Freiheit" sieht jetzt unsicherer aus als damals vor 60 Jahren, wo sie ausgesprochen wurde.

Betrachtet man diese zunehmenden Schwierigkeiten auf dem Wege der Union, so wird es einem noch schwerer, an eine amerikanische Gefahr für die Alte Welt, abgesehen vom ökonomischen Gebiet, zu glauben; hier heben die Ozeane als isolierende Schichten jede gefährliche Anziehung auf. Bis zu einem gewissen Grade wird wohl auch die ökonomische Gefahr sich selbst korrigieren, je mehr sich die Vereinigten Staaten mit Menschen füllen und ihre Reichtümer auf diese Weise für den eigenen Bedarf festgelegt werden. Die Gefahr hatte Aktualität bei dem Unterschied zwischen ihrem großen leeren Raum und Europas überfüllten Zimmern. Dieser Unterschied zusammen mit der Zersplitterung Europas und der geringen Entwicklung Chinas gab den Vereinigten Staaten ihre weltgeschichtliche Gelegenheit. Niemand weiß, zu welchen zufälligen Übergriffen sie noch den Willen haben können, diese Gelegenheit zu benutzen, und die Macht, sie zu mißbrauchen. Auch ohne zufällige Konjunkturen wird die Union übrigens, soweit wir sehen können, immer eine der stärksten Mächte der Erde sein. Aber dem äußeren Umfang ihrer Größe hat die Natur selbst im Weltmeere eine Grenze gesetzt. Die Hickorybäume wachsen ebensowenig wie andere in den Himmel. Der „Monroeismus" mag daher einen auf den Kontinent Amerikas ausgedehnten Imperialismus bedeuten (Pétin), aber nicht mehr. Zum Beherrscher der Welt sind die Vereinigten Staaten nicht geschaffen — höchstens zum Beherrscher der Neuen Welt.

Literatur: Ratzel, Die V. St. von Nordam., II (Kulturgeographie) 1893; Deckert, Nordam., 1913, Die nordam. Union als Weltmacht, 1900 (Geogr. Zeitschrift), und Polit.-geogr. Betrachtungen über Westindien, 1896/97 (ebenda); Dove, Die angelsächs. Riesenreiche, II, 1907; Blum, Die Entwicklung der V. St., 1903; Goldberger, Das Land der unbegrenzten Möglichkeiten, 1911; Polenz, Das Land der Zukunft, 1904; Darmstaedter, Die V. St. von Am., 1909; The U. S. as a World Power, 1905 (Annals of the Am. Academy of polit. and soc. Science; Seth Low); The U. S. and Latin America, 1903 (ebenda); The Negro's progress in fifty years, 1903 (ebenda); Du Bois, The negro race in the U. S. A., 1911 (Spiller's Interracial Problems); Münsterberg, Die Amerikaner, 1904; Roosevelt, Amerikanismus, 1903 (Übersetzung); Laughlin, Aus dem amerik. Wirtschaftsleben, 1907; Sombart, Warum gibt es in den V. St. keinen Sozialismus?, 1906; Alb. Shaw, Pol. problems of amer. development, 1907; Ashley, Amer. government, 1905; Bryce, The amer. Commonwealth, 1911; Hart, Foundations of amer. foreign Policy, 1901; Pétin, Les É.-U. et la doctrine de Monroe, 1900; Hennig, Das Unternehmen der panamer. Bahn, 1900 (Geogr. Zeitschr.); Fried, Pan-Amerika, 1910; Coolidge, Die V. St. als Weltmacht, 1908; Millard, Amer. and the far Eastern question, 1909.

VII. Rußland.
Rossija.

Reich 22,3 $\left(\frac{4,9}{17,4}\right)$. Volk 179 $\left(\frac{128}{51}\right)$; Zunahme 2,335,000; Zuwachs $\frac{45}{29}$; Auswanderung 95,000. Eisenbahnen 61,000; Handel n. 5 $\left(\frac{2,9}{2}\right)$; Schiff=
fahrt 1,2. Flotte 175,000; Heer 1,400,000; Ausgaben üb. 11 $\left(\frac{8}{3,1}\right)$. Staats=
schuld 1,92, pro Kopf 144.

Unter Mutterland wird hier das eigentliche Rußland (ohne Finnland, Polen und ganz Kaukasien) gerechnet und zum Reich die Vasallstaaten Kiwa und Bochara.

1. Genesis. Die Keime germanischer Freiheitsentwicklung, die durch die schwedische Ansiedlung im 9. Jahrhundert in Rußlands Erde niedergelegt wurden, trübten sich durch die Verbindung mit Byzanz, die beinahe gleichzeitig eröffnet ward, und gingen infolge der mongolischen Invasion im 13. Jahrhundert verloren. So nahm die Entwicklung hier früh eine andere Richtung als in Westeuropa. Rußland ist der geschichtliche Erbe von Byzanz, wie das Abendland der Roms. Das ganze romantische Jugendwerk der abendländischen Kultur ist wie fremdes Saitenspiel vor den Toren Rußlands ver=
hallt, während drinnen das Volk unter der halbheidnischen Kirche von Byzanz und dem asiatischen Staat des Tataren=Chans gefes=
selt war.

Rußlands erste nationale Aufgabe wurde gegen Ende des 15. Jahr=
hunderts vollbracht, als der Großfürst von Moskau die Befreiung vom fremden Joche durchführte. Hundert Jahre später begann die Revanche in Asien, und seitdem kann die territoriale Zunahme des russischen Reiches als geschichtliche Erscheinung nur mit der angel=
sächsischen Expansion verglichen werden. Noch zu der Zeit Peters des Großen, die in kultureller Hinsicht eine erste bewußte Annäherung an Europa bezeichnet, lag das Reich durch schwedisches und türkisches Gebiet von seinen natürlichen Toren an der Ostsee und dem Schwar=

zen Meer abgeschlossen. Das 18. Jahrhundert sprengte diese Schranken und gab Rußland die Schlüssel zu seinem eigenen Haus in die Hand. Hiermit hatte es seine ersten Kulturgestade gewonnen. Aber dies waren Binnenmeere; weiter davor lagen die Torwege des Öresund und der Dardanellen, deren Schlüssel noch im Besitz von skandinavischen Völkern und der Türkei waren. Deshalb konnte Rußland nicht haltmachen; das 19. Jahrhundert zeigt einen fortwährenden Druck nach beiden Richtungen, wodurch die Reichsgrenze im Westen bis zu den Flüssen Torne, Weichsel und Pruth vorgeschoben wird, aber die direkten Vorstöße nach dem Mittelländischen Meere werden von Westeuropa in Paris 1856 (nach dem Krimkrieg) und in Berlin 1878 (nach dem Balkankrieg) aufgehalten. Asien, wo die Außenwerke schon vor Mitte des 18. Jahrhunderts endgültig bis zum Großen Ozean und sogar darüber hinaus bis zum amerikanischen Ufer (Alaska) gingen, bietet Ersatz, zuerst im Amurgebiete (1858), dann in Transkaspien (1881—87) und Pamir (1891—95), schließlich in der Mandschurei (1896—1900). Aber als es zuletzt die Hand nach Korea ausstreckte, kam auch hier ein ernster Rückschlag, in Portsmouth 1905 (nach dem Krieg mit Japan).

Während dieser territorialen Entwicklung hat sich Rußland kulturell auf seinen eigenen Wurzeln gefestigt. Nach der gewaltsamen Berührung im Krimkriege kam eine neue Reformperiode in der Richtung nach dem europäischen Kulturideal; die Aufhebung der Leibeigenschaft, die Einführung einer Art Selbstverwaltung und der Bau von Eisenbahnen waren das Ergebnis. Gegen Ende des Jahrhunderts machte man sich an moderne Industrieentwicklung. Im Anfang des neuen Jahrhunderts, nach dem Mißerfolg in der äußeren Expansion, kamen die konstitutionelle Verfassung und die Agrarreform. So bietet Rußland jetzt äußerlich das Bild abendländischer Kultur dar. Aber im ganzen hat es noch immer seine byzantinische Staatskirche und seinen cäsaristischen Staatsgeist, noch immer steht es in Weltauffassung, Sitten, sogar Schrift und Datumberechnung abseits von Europa, wie eine Welt für sich, ein „Halbasien".

2. Reich. Beim ersten Blick auf die Karte fällt es auf, daß die russische Großmacht demselben territorialen Typus angehört wie die amerikanische, dem der zusammenhängenden breiten Basis. Nach der Abtretung von Alaska 1867 hat dieser Typus an Rußland seinen reinsten wie auch größten Vertreter. „Der Kaiser aller Reußen" befiehlt über ein Gebiet, das die weitaus größte Einheit auf der politischen Karte ist; und kein Teil des Reiches fällt außerhalb des einen, zusammenhängenden Rahmens.

Im scharfen Gegensatz zu dem zersplitterten Westeuropa bildet also diese gewaltige Ländermasse ein politisches Ganzes. Die Voraussetzung hierfür ist dieselbe wie bei den Vereinigten Staaten: das Fehlen von inneren Grenzen innerhalb des großen Landkomplexes. Die Einheit und die Solidarität der Natur motivieren die der politischen Karte. Es ist eine Zusammenfassung von Stromsystemen in verschiedenen Richtungen wie Frankreich, aber in größerem Maße, ein unvergleichliches Netz von natürlichen Wasserstraßen darbietend. Nur das Uralgebirge bildet eine Unterbrechung, hindert aber den Verkehr nicht mehr als die Appalachen Amerikas; auf beiden Seiten breitet sich gleichförmiger Boden in endloser Ebene aus. Wo der Kosak von seinem Pferderücken hinblickte, nirgends fand er den Horizont gesperrt. Noch einmal sehen wir also auch die psychologische Voraussetzung für ein eroberndes Volk. Gerade die Leichtigkeit, auf diesen Ebenen zu wandern und auf diesen Strömen zu fahren, hat natürlich die Entwicklung zu einem großen Reiche gefördert.

Rußland besitzt aber nicht so sehr die Fülle der Vereinigten Staaten an Gegensätzen als vielmehr eine reine Einförmigkeit im Landschaftstypus: Tundra, Wald, Steppe über unendliche Strecken. Diese Monotonie bestimmt neben der großen Ausdehnung selbst die natürliche Physiognomie des russischen Reiches und verleiht ihr mit Rücksicht auf die Entwicklung einen gewissen Zug von Trägheit. Man darf auch die bedeutenden Abzüge am Kulturwerte des Landes nicht übersehen, nicht bloß in den drei Vierteln des Reiches, die asiatische Annexe bilden, sondern auch im Mutterlande. Wir sehen einen Kul=

turgürtel, eingefaßt von Tundra (im Norden) und Salzsteppe (im Süden), der sich wie eine schmäler werdende Zone nach Osten erstreckt. Hier läßt sich also nicht dieselbe ökonomische Entwicklung erwarten wie in Amerika, wenn auch die Voraussetzungen für Autarkie sonst in großem Maße vorhanden sind.

Der größte Unterschied zwischen den beiden Vertretern des großen Landkomplexes unter den Großmächten liegt jedoch in ihren Grenzverhältnissen. Wenn sich das Riesenland Rußland bisher auf ökonomischem Gebiet nicht so recht geltend machen konnte, so kommt dies in wesentlichem Grade daher, daß es von der Berührung des Meeres so wenig befruchtet wird. Abgesehen von den öden Gestaden des Eismeeres besitzt Rußland noch immer nur einzelne Öffnungen nach halbgeschlossenen Meeren, nach der Ostsee, dem Schwarzen Meer, dem Japanischen Meer. Nur „durch Flaschenhälse" sieht es aufs Weltmeer hinaus. Formell betrachtet hat nur Österreich-Ungarn einen geringeren maritimen Charakter; in Wirklichkeit ist Rußland infolge seiner Masse weitaus die kontinentalste unter den Großmächten — im Guten wie im Bösen der diametrale Gegensatz zu England, welches das Extrem des maritimen Typus repräsentiert.

Eine direkte Folge dieser Eigenart Rußlands ist die zurückgebliebene Entwicklung der Schiffahrt und die Schwierigkeit, die kräftige Seemacht ins Leben zu rufen, welche die Politik nötig zu haben glaubt. Indirekt ist die in der großen Ländermasse liegende Sterilität verstärkt worden durch das fehlende Gegengewicht des Meeres, des Elementes der Bewegung, der Heimat der Freiheit, der Unternehmungslust und der frischen Winde. Dazu kommt jedoch als neues zurückhaltendes Moment die Lage im Schatten. Rußland ist die Rückseite Europas, mit der Rückseite Asiens zu einem Reich zusammengeschnürt! Und schließlich finden wir Landesgrenzen von sehr zweifelhaftem Werte. Tiefe Zipfel von zum Teil direkt konstruierten Linien bezeichnen das nördlichste Stück der Peripherie nach Norwegen, und ein relativ kulturstarker Fluß bildet nach Schweden zu die Grenze; nach Deutschland zu liegen offene Strecken und abgetrennte

Flußsysteme in einer Länge von 1200 km, nach Österreich hin ebenfalls eine geographisch unmotivierte Linie vor der natürlichen der Karpathen in einer Länge von 1100 km. Nach Persien hin hat man im Gegenteil die Gebirgsmauer (den Kaukasus) überstiegen und eine unnatürliche Grenze auf der anderen Seite gezogen. In Asien ist die ganze Politik Rußlands als „ein Jagen nach einer Grenze" charakterisiert worden (Nord von Wartenburg). In Europa muß es alle Konsequenzen einer unnatürlichen Peripherie, besonders in militärischer Richtung, tragen. Der Zwang, tausend Meilen lange Grenzen zu schützen, kommt hier zu dem natürlichen Wunsche hinzu, die Grenzen bis zum offenen Meere hinauszurücken, um Rußland zu einer landmilitärischen Macht allerersten Ranges zu machen und so der rein produktiven Gesellschaftsentwicklung einen neuen Hemmschuh anzulegen. Gleichzeitig muß man jedoch hinzufügen, daß diese Rüstung an der europäischen Front zur Verteidigung stärker ist als zum Angriff; denn dieselbe Breite der geographischen Kontur, welche die Offensive Karls XII. und Napoleons I. neutralisierte, hindert die eigene Konzentration bei Vorstößen nach Westen.

Trotz aller dieser Schwächen in der Peripherie und in Einzelheiten ist Rußland doch die wirkliche Zentralfigur der planetarischen Aufstellung, so weit es die beiden großen Kulturwelten, Westeuropa und Ostasien, in direktem Landzusammenhang berührt. Dies ist seine grundlegende Eigenschaft in weltgeschichtlicher Hinsicht. Wiederum sehen wir ein „Reich der Mitte", ausgesprochener als je, das zu einer Vermittlerrolle geeigneter ist als sogar die Vereinigten Staaten, die durch die Ozeane isoliert werden und im übrigen selbst ganz auf der Seite Westeuropas stehen.

Fassen wir diese vergleichende Analyse zwischen den beiden Riesen unter den Großmächten zusammen. Zwei gewaltige, einheitliche Ländermassen liegen zwischen den beiden Hauptzentren der Kultur. Das eine Land hat das Weltmeer zwischen sich und den Kulturpolen; das andere ist unmittelbar mit ihnen verwachsen, ohne natürliche Grenze und überhaupt ohne den Einfluß von Seewinden. Auf dieser Verschiedenheit beruht zum wesentlichen Teil der Unterschied in der Entwicklung, da das erstere, die Vereinigten Staaten, sich als eine ökonomische Großmacht ohnegleichen, aber als schwache Militärmacht präsentiert, während das letztere, Rußland, in der Statistik als die größte Militärmacht der Welt, aber ohne entsprechende ökonomische Blüte erscheint.

3. **Volk.** Die Einförmigkeit des großen Reiches ist an und für sich günstig für die Entstehung eines Herrschervolkes, das auf den weiten Ebenen Gelegenheit hatte, sich in großem Maßstabe auszubreiten. Seine natürliche Zunahme ist auch unerhört, ein „Fiebertypus" (Mayr), mit starkem Verbrauch von Menschenmaterial, was ebenso sicher auf anthropologische Jugend oder niedrige Kultur hinweist, wie die Stagnation Frankreichs hinsichtlich der Bevölkerung Alter und Überkultur bezeichnet. Andererseits bedingt die Ausdehnung des Reiches Gegensätze in Klima und Vegetationstypus, die ethnische Verschiedenheiten hervorrufen; dazu kommt die schlechte Abgrenzung nach Europa hin, die auf der Nationalkarte ein Durcheinander erzeugen muß.

Damit sind die ethnopolitischen Voraussetzungen des Reiches angegeben. Die „hundert Völker", welche die Tradition in das Reich des Zaren verlegt, ordnen sich um einen Kern und ein die Hegemonie besitzendes Element wie in den Vereinigten Staaten, aber auch in geographischem Sinne, so daß die Großrussen in der Mitte wohnen, umrahmt von einer ganzen Reihe fremder Nationalitäten. Wir bemerken besonders, daß sich so ein Gürtel aus anderen Völkern zwischen Rußland und das eigentliche Europa einschiebt, welcher die Berührung mildert, aber zugleich auch die nationale Sammlung Rußlands durch gewisse zentrifugale Tendenzen stört. Es sind Schweden und Finnen, Deutsche und Esthen, Letten und Litauer, Polen, Ruthenen und Rumänen; die meisten wohnen zu beiden Seiten der Grenze und mit ihren Hauptstämmen im Innern (mit Ausnahme von Schweden, Deutschen und Rumänen).

Zu den fremden Nationen haben wir (nach Kostomaroff) hier auch die Ruthenen oder die „Kleinrussen" gerechnet, die reine Rasse der Steppe, die Bevölkerung des früheren Reiches Ukraine. Die Verfolgung ihrer Sprache durch die Regierung (nach 1876) beweist, daß die Großrussen selbst — die kolonisierende, mit finnischen und tatarischen Elementen vermischte Rasse des Waldes — sich des Nationalgegensatzes bewußt sind. Faßt man den Unterschied nur als einen des Dialekts (H e t t n e r, S e r i n g), dann würde in Österreich-Ungarn wirklich eine „Russia irredenta" existieren, was die Unnatürlichkeit der galizischen Grenze noch verstärkt, denn von diesem Volk von wenigstens 30 Millionen wohnen vier Millionen daselbst. Von panslawischem Standpunkt könnte Rußland der Polen wegen ähnliche Ansprüche auf den Rest von Galizien wie auch auf Posen u. a. machen (9 Millionen Polen, beinahe ebenso viele wie innerhalb der russischen Grenze). Solchen Ansprüchen entsprechen jedoch keine sympathisierende Strömungen jenseits der Grenze; im Gegenteil macht sich hier in der p o l n i s c h e n und der U k r a i n e - F r a g e Rußlands die Zentrifugalkraft geltend, in ersterem Falle als reine Separation. Erst in weiterer Entfernung, wo in Österreich-Ungarn (Tschechen, Kroaten) und auf der Balkanhalbinsel (Bulgaren, Serben) 25 Millionen Slawen ohne territorialen Zusammenhang mit dem Hauptvertreter der Rasse wohnen, ist im P a n s l a w i s m u s ein Irredentismus einzig und allein auf der Grundlage der Rasse hervorgetreten, und zwar mit der Kraft einer „russischen Gefahr" für Europa; er hat den Balkankrieg 1876 hervorgerufen, er wurde durch die bosnische Aktion Österreichs 1908 aufgefrischt (der „Neoslawismus") und muß noch immer zu den den Weltfrieden am meisten beunruhigenden Elementen gezählt werden (die Sympathien für die Serben 1913). Andererseits haben Rumänien und in gewisser Beziehung auch Schweden und Deutschland ihre Irredenta in Rußland, als Unterlage für die r u m ä n i s c h e, f i n n i s c h e und b a l t i s c h e Frage, von denen die erste separatistisch gefärbt ist.

Wir bemerken ferner, daß finnische und arktische Völker den Rahmen im Norden nach Osten hin bis zum Großen Ozean ausfüllen, daß mongolische und tatarische Stämme die lange asiatische Südgrenze ebenso einfassen, und daß auf der noch übrigen Seite, in Kaukasien, ein Völkergewimmel fremder Art herrscht, das besonders Stoff zu einer **georgischen** Frage geliefert hat. Bei dieser Betrachtung schrumpft der russische Nationalstaat nach innen zusammen, dermaßen, daß das Kernvolk selbst schließlich nicht die Hälfte der Bevölkerung des europäischen Rußlands ausmacht.

Es ist dies dasselbe Bild, das wir vorher in Ungarn gesehen haben. Geographisch, statistisch und politisch erinnert die Stellung der Großrussen auf dem größeren Plane Rußlands an die der Magyaren auf der kleineren Bühne. Auch hier finden wir daher eine systematische Unterdrückungspolitik, die sich hauptsächlich gegen die höherstehenden Völker an der Europagrenze richtet, eine künstliche und gewaltsame Assimilierung statt der natürlichen in Amerika, die den Zweck hat, den Puffer gegen Europa zu zerbrechen, so daß Rußland alsdann mit seiner ganzen Masse direkt auf den Westen drücken kann. Dies ist der „russische Gedanke": Einheitlichkeit in Sprache, Recht und Glauben. Religiöse Verfolgung gesellt sich hier zur nationalen. In dieser Beziehung ist die Einheit auf der Grundlage der griechischen Kirche etwas größer (67%), da die Kleinrussen zu den Orthodoxen gezählt werden; andererseits werden die polnische, baltische und finnische Frage durch konfessionelle Gegensätze verschlimmert, und auf diese Rechnung kommen dann noch neue Händel mit Juden, Armeniern und Sektierern.

Zwei moderne westeuropäische Ideen, das Nationalitätsprinzip und die Gewissensfreiheit, haben also hier gegen Altrußland mobil gemacht, das sie durch Gegenangriffe und Gewalt bemeistern will. Die Russifizierungspolitik wurde nach dem letzten polnischen Aufruhr zu einem Programm und dauert also jetzt schon ein halbes Jahrhundert mit ständiger Erweiterung ihrer Ringe und Steigerung ihrer Energie. Die Revolution 1905, deren eine Quelle in dem Verlangen der Nationalitäten nach Selbstverwaltung lag, konnte nur im Anfang dem Hauptquartier Zugeständnisse in dieser Hinsicht abzwingen; darauf kam die Reaktion stärker als je im selben Maße, wie der „Nationalismus" nicht bloß innerhalb der Regierung, sondern auch im neuen

Reichstag eine Macht wurde. Ihre Opfer sind vor allem Polen und
Finnland, ersteres durch die Provinzialeinrichtung zur Stütze des
russischen Elements in den sechs westlichen Gouvernements 1911 und
die Abtrennung eines neuen Gouvernements Kolm 1912 („Polens
vierte Teilung"), letzteres durch Herabdrückung von der Stellung eines
Staates zu der eines Gouvernements (die „Reichsgesetzgebung" 1910,
das „Gleichberechtigungsgesetz" 1912) und entsprechende Drohungen
mit Verstümmelung (der Provinz Wiborg oder wenigstens zweier
Kirchspiele derselben, seit 1911). Besonders hat die Politik gegen
Finnland Europa empört, weil sie eine Verletzung feierlich beschwo-
rener Verpflichtungen ist, und weil Europa einsieht, daß hier ein
treuer Wächter seiner eigenen Kultur in der Gefahr schwebt, auf
seinem Posten erdrosselt zu werden.

Das gute Gewissen bei dieser Unterdrückungspolitik rührt von
der altrussischen Auffassung und der Psyche der Großrussen her.
Der Altrusse (Pobjedonoszew) glaubt den besseren Teil gegenüber Europa erwählt zu haben. In der Kultur des Westens sieht er
nur schlimme Seiten, geldgierigen Industrialismus, sittenverderben-
den Individualismus, staatsumwälzenden Parlamentarismus, vor
deren Ansteckung er „svätaja Rossija", sein heiliges Rußland, bewahren will. Hinter dieser Auffassung liegt ein Glaube an Rußland,
der nicht weniger stark ist als der der Engländer an England
oder der der Amerikaner an die Vereinigten Staaten. Zum drittenmal
finden wir dies Bewußtsein einer Welteroberermission zur eigenen
Ehre Gottes. Es dürfte hier tiefer in die große Masse eingedrungen
sein als anderswo und die ganze Stärke einer primitiven Religiosität
bewahrt haben, die unbegrenzte Geduld verleiht zum Tragen und
Warten, aber geringen Impuls zum Schaffen (das russische „Phlegma",
Ruedorffer). Im russischen „Muschik" sehen wir also einen Menschen, der seinen Verhältnissen vollständig passiv gegenübersteht. Sein
„nitschewo" (es ist gleich) ist der vollständige Gegensatz zu dem „go
ahead" des Amerikaners. Welch ein Unterschied zwischen dem Frei-
heitsverlangen des einen und dem Autoritätsglauben des anderen,

zwischen der Selbsttätigkeit des einen auf der Privatfarm und dem Leben des anderen in der Dorfgemeinde! Der bürgerliche Individualismus, der in Amerika den Charakter der ganzen Gesellschaft bestimmt, war im Problem Rußland lange Zeit ein geradezu unbekannter Faktor.

Wir sehen das Mittelalter noch in der Tiefe der russischen Volksseele leben. Man könnte auch behaupten, es sei der Orient, dem wir hier begegnen. Aber man darf auch die spezifisch russische Steppennatur („schirokaja natura") bei Land und Volk nicht vergessen. Dieser Volkscharakter geht mehr in die Breite als in die Tiefe, hat im Grunde etwas Phantastisches, Uferloses. Daher war es ganz natürlich, daß bei dem Russen, als das Reformverlangen endlich erwachte, seine politische Wirkung in Terrorismus und seine kirchliche in radikales Leugnen umschlug. Der „Nihilismus" und Tolstois prophetische Verkündigung sind ebenso echt russische Erscheinungen wie die Predigt Pobjedonoszews (Kultusminister 1880—1905) von einer unveränderlichen Ordnung in Staat und Kirche.

Diese Gesichtspunkte sind für ein richtiges Verständnis von Rußlands Problemen auch in der jetzigen Übergangs- und kulturellen Anpassungsperiode ausschlaggebend. Im Zeitalter des Verkehrs konnte Rußland seine Seele nicht ganz rein erhalten von den europäischen Ideen, die in seiner Nähe blühen. Die verhaßte abendländische Kultur begann als Begleitung der Eisenbahnen und Fabriken in seine Reihe einzudringen, mit Begeisterung begrüßt von allen solchen Elementen in der Heimat, die das Vaterland von seinem kulturellen Rückständigkeitsmerkmal befreien wollen. Der Streit zwischen den Weltanschauungen ist in das Herz Rußland eingezogen. Dieses Reich, das Europa und Asien verbindet, wurde in seinem eigenen Innern die Walstatt eines Kampfes zwischen Europa und Asien. Aber schon diese Gärung bestätigt, daß Rußland im Herzen etwas anders ist als das aus der Französischen Revolution hervorgegangene Europa — und es wird es auch bleiben.

4. Gesellschaft. Die russische Produktion erhält durch die Einförmigkeit des Landes ein einseitiges Gepräge und durch die kulturelle Schwäche der Bevölkerung einen primitiven Charakter. Hierher haben keine anderen Länder (so wie in Amerika) ihren Überfluß an Arbeitskraft und Energie gesandt. Daher ist man auch in der Arbeit, die Entfernungen durch moderne Verbindungen zu überwinden, nicht weit gekommen. Der weitaus überwiegende Teil der Bevölkerung (wenigstens drei Viertel) hat noch immer sein Auskommen aus Feld und Wiese. Das wirtschaftliche Wohlergehen des Landes ist noch immer an die Landwirtschaft geknüpft, und die energischen Versuche seit den neunziger Jahren (Witte), auf der Grundlage des Eisens vom Ural und der Kohle des Donezbassins und der Baumwolle von Ferghana eine Großindustrie aus der Erde zu stampfen, können das Bild eines reinen Agrarstaates nur in geringem Maße trüben.

Wir bemerken den primitiven Standpunkt im auswärtigen Handel mit seiner aktiven Bilanz (bis zu einer ganzen Milliarde) und seiner schwachen Entwicklung im ganzen; dies ist der reine Kolonialtypus im Gegensatz sowohl zum Kulturtypus Europas wie zu Amerikas höherer Einheit von beiden. Aber diese günstige Rechnung beruht vollständig auf dem Export von Nahrungsmitteln. Rußland ist nächst den Vereinigten Staaten die reichste Getreidekammer und der reichste Viehstall der Welt, und in seiner „schwarzen Erde" schlummern Entwicklungsmöglichkeiten, die nur mit denen des Mississippitales verglichen werden können.

Bei näherer Betrachtung zeigt sich jedoch hier ein beinahe drastisch trauriges Bild. Kein Kulturland hat so schlecht gepflegten Boden wie Rußland (Eckert 1905). Die altertümliche Bodenkultur im gemeinsamen Besitz des Dorfes („mir", „obstschina") raubt der Produktion jede Elastizität, weshalb jede Mißernte Hungersnot im Gefolge hat. In Wirklichkeit ist dieser gewaltige Getreideexport ein blendender Schein, gewonnen durch andauernde Unterernährung großer Teile der Bevölkerung. Auf dem fruchtbarsten Boden Europas fehlt es dem Volke an Brot. Die Kehrseite des herrlichen Gemäldes

des russischen Weltreiches zeigt das Gespenst des „hungernden Rußlands" (Lehmann=Parvus, 1900).

Aber warum nimmt sich der russische Muschik das Brot vom eigenen Munde weg, um es auf den Weltmarkt zu werfen? Die Antwort ist einfach. Die Regierung zwingt ihn, indem sie ihm mitten in der Erntezeit den Steuerexekutor auf den Hals schickt. Man hat von Indien, dem anderen Stammland der Hungersnot, gesagt, daß es eine von England ausgepreßte Zitrone sei; auch der russische Bauer ist eine solche Zitrone, aber der Unbarmherzige, der sie ausquetscht, ist die eigene nationale Regierung. Der Staat braucht nämlich diesen enormen Getreideexport, um die Zahlungsbilanz mit dem Ausland, die sonst eine rein verzweifelte wäre, und damit seinen eigenen sehr in Anspruch genommenen Kredit aufrechtzuerhalten. Von Witte (Finanzminister 1893—1903) wurde diese Wirtschaft in System gebracht. Wir sehen eine langsame, aber durchgehende Enteignung aller Quellen des Reichstums zugunsten der Staatskasse (vor allem das Branntwein=Monopol seit 1895), wir sehen also eine Verschiebung des Vermögens von der Gesellschaft auf den Staat, aber keine wirkliche Vermehrung des Nationalreichtums; wir sehen daher, wie in Italien, glänzende Staatsbudgets gegenüber dem dunklen Hintergrund tiefer sozialer Not. Dies ist ja ein reiner „circulus vitiosus" zwischen einer Industrie, die von den Bestellungen der Regierung, z. B. zu Eisenbahnanlagen, und einem Eisenbahnverkehr, der von Staatszuschüssen lebt. Ein solches System läßt sich nur durch Staatsanleihen aufrechterhalten; als Sicherheit aber für die ausländischen Kapitalisten ist der Getreideexport nötig. Er war der Eckstein des Systems. Fürwahr, Potemkins Geist schwebt noch immer über Rußland! Das agrarische Problem vereinigt sich hier mit einem finanziellen, das ausländischen Beobachtern wohl unlösbar erscheinen könnte. Schon 1902 sieht v. d. Brüggen eine Katastrophe voraus, und 1906 sucht Rudolf Martin die mathematische Notwendigkeit eines Staatsbankrotts nachzuweisen, sogar unter Angabe der kritischen Tage.

Denn der Bauer konnte sich auf die Dauer nicht mit der Rolle eines finanziellen „Versuchskaninchens" zufrieden geben, die ihm die Regierung zuerteilt hatte. Die praktische Wirkung des Systems war eine Reihe von Bauernrevolten mit ihrer ständigen Parole „semlja", Boden, mehr Boden durch Enteignung der Güter des Adels und der Krone — die das halbe Areal einnehmen —, um sie nach Art der Väter zu bewirtschaften und zu verwirtschaften! Dies ist der Hauptstrom, der zur Revolution führte, breiter als die Reaktion der unterdrückten Nationalitäten gegen die Russifizierung und tiefer als die Opposition der abendländisch beeinflußten Elemente gegen den Absolutismus. Deshalb war auch die Lösung der Agrarfrage in den Revolutionsjahren das Hauptthema der Diskussion. Die erste Duma fiel wegen ihrer dem eignen Programm der Bauern entsprechenden Sympathie für die Zwangsenteignung; die Regierung zeigte hier nur wenig Entgegenkommen, sie bot statt dessen neuen Boden in Sibirien an, wohin man schon früher einen Auswandererstrom geleitet hatte; jetzt nahm er größere Ausdehnung an. Aber die wirkliche Lösung sah die Regierung in demselben Mittel wie ein Jahrhundert vorher das absolutistische Regime in Preußen und Schweden, nämlich in der Bodenverteilung. Dies ist der Hauptpunkt in Stolypins großer Agrarreform 1906—10, die grundsätzlich die berühmte russische Dorfgemeinde sprengt. Die Reform, die sich in Wirklichkeit mit erstaunlicher Schnelligkeit entwickelte, will die russische Landwirtschaft aus dem Raubbau zu einer intensiveren Bodenkultivierung führen und damit zugleich der Industrie die Stütze eines lebenskräftigen heimischen Marktes verleihen. Aber sie hat tiefergehende Absichten als nur die Belebung des Erwerbs, sie legt den Keim des Individualismus in die „schwarze Erde", sie schafft die Voraussetzung für einen selbständigen und wirtschaftlich denkenden Bauernstand im europäischen Sinne. Es ist eine Umwandlung der Gesellschaft, die bis in die Tiefe der Volksseele dringt. Solche Fortschritte können nicht ohne soziale Gefahren gemacht werden; man ist dem Werke auch mit Mißtrauen und Widerstand begegnet, besonders seitens der liberalen Opposition, die das Entstehen eines Bauernproletariats befürchtet. Aber sicher ist es, daß Rußland diese Probe durchmachen muß, wenn es überhaupt zu einem höheren Gesellschaftszustand gelangen will. Daß es der neuen Regierung (Kokovzoff) gleichzeitig gelungen ist, das finanzielle Problem zu lösen und sogar Abzahlungen auf die Staatsschuld zu machen (nach 1909), zeugt von verborgenen Kräften in diesem großen Lande, die alle Berechnungen zuschanden machen.

5. **Staat.** Die unerhörte Ausdehnung des russischen Reiches zusammen mit den orientalischen Charaktereigenschaften des russischen Volkes weist auf den Cäsarismus als die natürliche Staatsform hin. Dieser Umstand ist ein wesentlicher Anlaß dafür, daß die große Völkerwanderung Europas ihren Weg übers Meer nach Westen genommen hat statt in dieses nahegelegene Gebiet; im Osten fühlte man sich „wie bei einem kalten Winde" (Ratzel).

Der Reichserbauer und Landesvater Peter der Große legte den Grund zu diesem Staate. Sein erstes Kennzeichen ist sein inniges Zusammenleben mit der Kirche; Staat und Kirche sind eins, mehr als sonstwo in der europäischen Welt. Es liegt auch unverkennbar ein religiöses Moment in der Hundetreue des Muschiks zum „weißen Zaren", der Inkarnation seines „heiligen Rußlands". Während Peter die Kirche zu einem staatlichen Departement machte, umgab er gleichzeitig den Thron mit einer festen Organisation weltlicher Verwaltung. Damit kam Rußland aus dem mongolisch gefärbten Despotismus des „moskowitischen Zarentums" in den wohlwollenden Absolutismus des „russischen Kaisertums"; aber damit wurde auch der Keim zu einer Zwischenmacht zwischen Kaiser und Volk in der Bureaukratie gelegt.

Ihr Wachstum wurde ein Jahrhundert später durch die Zentralisation Alexanders I. gefördert (Einführung der Ministerien 1802). Nun erhielt die Beamtenschaft („tschin") ihre natürlichen Kristallisationspunkte und konnte unter sich solidarisch werden. In der Tat trägt „tschin" das russische Weltreich und hält es zusammen so wie das Eisengerüst einen amerikanischen Wolkenkratzer. Wenn die

Verfassung in der Theorie ein absolutes „Selbstherrschertum" war, so war sie in Wirklichkeit eine Beamtenherrschaft, die im Namen des Zaren Rußland in den brutalsten Polizeistaat verwandelte. Dies ist der zentralisierte Staatstypus des europäischen 18. Jahrhunderts in seinem Glanze, kaum getrübt durch die Tatsache (entdeckt von Harthausen um die Mitte des 19. Jahrhunderts), daß unter der „Autokratie in den Höhen" eine „Demokratie in der Tiefe" wohne in der kommunistischen Dorfgemeinde der Bauern. Einen größeren Gegensatz zu den Vereinigten Staaten kann man sich nicht denken. Aber nach dem Gesetz von der Begegnung der Extreme hat sich dieser Gegensatz in eine Ähnlichkeit verwandelt. Auch Rußland ist auf seinen Wegen zu einer korrumpierten Verwaltung gekommen. „Unsere Staatsform ist die Monarchie, beschränkt durch den Meuchelmord", sagte man zur Zeit Alexanders I.; Rußlands wirkliche Staatsform war die Alleinherrschaft des Bureaukratismus, beschränkt durch die Korruption.

Wohl zu merken ist es, daß diese Bureaukratie einen demokratischen Zug hat, insofern als sie sich in starker Standeszirkulation auch aus den niedrigsten Schichten der Gesellschaft rekrutiert. Rußlands Verfassungsproblem wird ferner dadurch bestimmt, daß jenes Gesellschaftselement, das die große Französische Revolution machte, „le tiers état" oder die Mittelklasse, hier so schwach ausgebildet ist. Als sich der Geist des Abendlandes schließlich auch über das Gebiet der Verfassung ergoß, wurde die Aufstellung zum Kampf daher eine andere als in Frankreich 1789: nicht niedrigere Klassen gegen höhere, nicht „das Volk" gegen den Adel, sondern die „Intelligenz" gegen die „Bureaukratie". Innerhalb dieser Intelligenz trifft man so heterogene Elemente wie Studenten, Industriearbeiter und verarmte Adelige. Von solchen Kreisen ging gegen Ende des 19. Jahrhunderts der revolutionäre Angriff aus, der wie eine regelrechte Belagerung geheime Unterminierungsarbeit in Laufgräben verrichtete, ehe er zum offenen Sturm auf das Bestehende überging. Von hier kam der Ruf nach einer Konstitution als der einzigen Rettung aus aller politischen Not.

Dies ist die dritte Wurzel der Revolution neben dem Verlangen der Grenzbevölkerung nach nationaler Selbständigkeit und der agrarischen Not der Bauern. Hier war die Regierung ebenso wie in der Nationalitätsfrage anfangs gegen alle Zugeständnisse, seitdem die liberale Ära Alexanders II. mit dem polnischen Aufstand ein jähes Ende erreichte. Die Selbstverwaltung in Provinziallandtagen („semstvo"), die seitdem noch bestand, hatte man durch besondere Ukase 1890 und 1900 wieder zu begrenzen gesucht. Man versteht das Verantwortungsgefühl der Regierung bei der Aufgabe, das große Reich mit seinen inneren Gegensätzen zusammenzuhalten, die eine repräsentative Verfassung wachzurufen droht; die Spuren Österreichs jagen Schrecken ein. Das Problem der Volksfreiheit wird also hier durch das des äußeren Zusammenhaltes eines Riesengebietes mit vielen Völkern kompliziert. Aber der Bankrott der Bureaukratie in der auswärtigen Politik gegen Japan 1905 gab der Revolution Wind in die Segel, so daß sich die Regierung zu einem Entgegenkommen auf dieser Linie entschließen mußte. Durch „das Oktobermanifest" 1905 erhielt Rußland eine magna charta, und im Mai 1906 wurde ein vollständiges konstitutionelles „Staatsgrundgesetz" mit einer „Reichsduma" zur Seite des Zaren formuliert.

Die politische Erdbebenwelle, die von der Französischen Revolution 1789 ausging, die um die Mitte des 19. Jahrhunderts die absoluten Königreiche Mitteleuropas und in den sechziger Jahren desselben Jahrhunderts die habsburgische Autokratie überwältigt hatte, war also auf ihrem Weg nach Osten schließlich im Ernst auch nach dem heiligen Rußland gelangt und hatte seinen Selbstherrscherthron zu Fall gebracht. Aber seine Kapitulation hatte doch den Schein der Freiwilligkeit, die neue Verfassung entstand auf dem Wege der Oktroyierung Schritt für Schritt (wie in Österreich 1860—61), das Zarentum behielt also die Führung; hierin liegt die Voraussetzung für die spätere Entwicklung der Revolution, die für den Verfassungshistoriker große Ähnlichkeit mit dem Verlauf in Preußen 1848—50 aufweist. Mit den zuerst gewählten Dumas erwies sich jede Zusammenarbeit als unmöglich, und die Regierung schickte sie nach kurzen Sessionen (Mai—Juli 1906, März—Juni 1907) nach Hause. Auf eigene Hand, nur kraft „der historischen Machtbefugnis des russischen Zaren", oktronierte darauf die Regierung, im Juni 1907, ein neues Wahlgesetz, das den Einfluß der revolutionären Elemente (der Bauern, der fremden Nationalitäten) reduzierte. Es war ein Staatsstreich wie die Juliordonnanzen in Frankreich 1830: aber es folgte keine Julirevolution. Der russischen Revolution war der Stachel genommen, die Apathie des Volkscharakters machte sich nach den Überanstrengungen geltend, und während dieser Ruhe aus Müdigkeit begann nun die Restauration Rußlands, in normalem Zusammenwirken zwischen Regierung und Reichstag nach dem November 1907.

Die Ehre, auf diese Weise die Revolution in friedliche Reformbahnen gelenkt zu haben, gebührt vor allem Stolypin (Ministerpräsident 1906—1911). Die Kraft hierzu erhielt er durch ein Bündnis mit dem neuen Nationalismus; die Vergewaltigung der gesetzlichen Freiheit Finnlands ist u.a. als ein Opfer für die Genesung Rußlands anzusehen. So trieb ihn die Reaktion zurück in die Arme der Bureaukratie und der Polizeiregierung. Der Umstand, daß die Regierung zu wiederholten Malen die neuen Schranken durchbrochen hat, erschüttert doch nicht die Tatsache, daß die Duma allmählich die Stellung eines konstitutionellen Reichstags erlangt hat, so daß man sich dieselbe jetzt kaum aus dem russischen Staatsleben wegdenken kann. Ein großes Stück der Scheidewand zwischen Europa und Rußland ist in kurzer Zeit durch diesen Ausgleich der Revolution mit der Gegenrevolution gefallen.

Es muß sich noch zeigen, ob die neue Position fest ist, oder ob die Revolution nur wieder in die Laufgräben gegangen ist, um sich auf einen neuen Sturm vorzubereiten (Alexinsky). Es wäre sicherlich verfrüht, das ganze Verfassungsproblem als bereits gelöst anzusehen. Es wurde schon angedeutet, daß die politische Gleichung Rußlands nicht eine, sondern zwei Unbekannte hat, nämlich die des Zusammenhaltes neben der der Volksfreiheit. Soweit bis jetzt die Erfahrung reicht, gibt es nur zwei haltbare Formen für die politische Organisation eines Riesenreiches: Cäsarismus, das Prinzip des alten Rom, oder Föderalismus, das Prinzip der neuen Welt. Da Rußland jetzt auf einem Mittelweg zwischen beiden, dem Konstitutionalismus auf unitarischer Grundlage, haltgemacht hat, so ist man versucht hierin nur eine Übergangsstufe zu sehen, von der aus sich die Entwicklung derzeit zu einer Föderation autonomer Gebiete und Landesteile fortsetzen, in der also zur gegebenen Zeit der Nationalität neben der politischen Selbstverwaltung im allgemeinen Rechnung getragen werden wird. Aber es muß sich wahrlich vieles in diesem Staat ändern, ehe er zu dieser definitiven Antwort auf seine Verfassungsfrage gelangen kann; denn sie bedeutet, daß sein jetziges Rückgrat, der Bureaukratismus, vollständig gebrochen sein muß.

6. **Auswärtige Probleme.** „Ein großes Schiff braucht ein tiefes Fahrwasser" sagt Dostojewski. Die auswärtigen Probleme Rußlands werden von folgenden zwei Gesichtspunkten aus bestimmt, dem des großen Landkomplexes und dem der eingeschlossenen Lage. Das Ergebnis zeigt sich unter dem Bild eines Inlandeises, das in vier Zungen das Meer zu erreichen sucht. So sehen wir ein mittelländisches, ein atlantisches, ein indisches und ein pazifisches Expansionsprogramm, die alle zueinander gehören mit der gemeinsamen Absicht, „den zu engen Rock mit den zugenähten Ärmeln" (Nowoje Wremja, Neujahr 1905) abzulegen, die aber sonst nacheinander oder miteinander abwechselnd auftreten, entsprechend dem Gesetz vom geringsten Widerstand.

Das mittelländische Programm ist das älteste. Von einem anderen Gesichtspunkt aus ist es ein byzantinisches; das Verlangen nach einem Kulturmeer vereinigt sich hier mit der Sehnsucht nach der Hagia Sofia in Konstantinopel („Zarigrad"), dem religiösen Pol der russischen Religion, und wird durch die Fiktion eines Erbrechts auf den byzantinischen Kaiserthron gestärkt (nach der ehelichen Verbindung aus dem Jahre 1472). Acht Kriege mit der Türkei in den letzten beiden Jahrhunderten zeigen den Ernst auf dieser Front. Der Rückschlag durch den Krimkrieg hatte auch ein Zurückdrängen vom Schwarzen Meere zur Folge, das für unverletzlich erklärt wurde; aber dieses Servitut schüttelte Rußland 1871 ab und schuf auf diesem Meere eine große Flotte als Angriffswaffe gegen Konstantinopel, so wie es auch vom Kaukasus aus einen Aufmarsch zu Lande südlich vom Meere plante. Für die Dardanellen gilt aber noch das Durchfahrtsverbot vom Jahre 1841; der Zutritt zum Mittelländischen Meer ist noch immer abgesperrt. Seit 1878 ist auf dieser Linie auch keine direkte Aktion vorgenommen worden.

Das atlantische Programm, das zweite europäische, war im 18. Jahrhundert vollkommen aktuell und führte 1809 zu einer Grenzregulierung, die mit einem Finger gegen Malanger und mit einer drohenden Faust gegen Varanger zeigt. Nach der Mitte des 19. Jahrhunderts milderte sich hier der Druck, nachdem Rußland die Verpflichtung auferlegt worden war, Åland nicht zu befestigen (1856).

In Wirklichkeit bezeichnet der Krimkrieg den Wendepunkt, an dem die Expansion Rußlands zu einer planetarischen wird, mit der Hauptfront nach Asien. Bis dahin erschien es im Verhältnis zu dem in Kleinstaaten zersplitterten Europa wie ein Mazedonien im Vergleich mit Griechenland, in größerer Auflage. Dasselbe „Gravitationsgesetz", auf das wir in der neuen Welt bei den Vereinigten Staaten hingewiesen haben, schien hier zum Unglück für Europa in Tätigkeit zu sein. Das Gespenst der russischen Gefahr lag seit Napoleon I. über Europa („in hundert Jahren wird Europa kosakisch sein") und wurde durch die starke Haltung Rußlands während der Nachwirkungen der Februarrevolution im Abendland neu belebt. Derartige Stimmungen begleiteten das Gerücht von einem organischen Plan und einer geheimen Tradition im Zarenhause, die 1812 („buchstäblich" 1836) in Frankreich veröffentlicht und als „das Testament Peters des Großen" sehr besprochen wurde. Hier finden wir ein vollständiges politisches Schema zur Unterwerfung des „abgelebten Europa" unter das Joch des „jungen und gesunden" Rußlands, so wie es „im Rat der Vorsehung bestimmt worden sei". Die wissenschaftliche Kritik (Breßlau 1879) hat jetzt dieses Aktenstück als eine reine Fälschung, angefertigt zugunsten des russischen Feldzugs Napoleons I., nachgewiesen. Im Volksglauben hat es sich sowohl innerhalb wie außerhalb Rußlands besser erhalten, so daß es sogar mit der Monroedoktrin gleichgestellt werden konnte, als Spiegel für das vorsehungsgemäße Selbstbewußtsein eines großen Volkes und als Formel für seine weltpolitische Mission (Zimmermann 1901). Es sieht aber aus, als habe der Krimkrieg die Suggestion auf Europa gemildert. Zur selben Zeit war die politische Freiheit im Westen vollständig zum Durchbruch gekommen. Hierdurch erhielt das Gefühl kultureller Überlegenheit, das die Wirkungen der Anziehungskraft der großen Masse zu neutralisieren suchte, erhöhte Stärke. An der östlichen Front dagegen kann sich die Größe Rußlands ohne einen in seiner Kultur begründeten Abzug geltend machen, ebenso wie die der Vereinigten Staaten in ihrem Erdteil. Dies ist die innere Motivierung für die Frontveränderung, durch welche der Schwerpunkt der russischen auswärtigen Politik jetzt von Europa nach Asien verschoben worden ist.

Aus einem zufälligen Grunde tritt auch das indische Programm in den fünfziger Jahren in den Vordergrund; es hat direkt den Charakter einer Revanche gegen England wegen seines Widerstandes gegen das byzantinische Programm. Der indische Bogen Rußlands (wie auch der mittelländische) hat zwei Sehnen: die eine ist die der gegen Indien selbst gerichteten Eroberung, in der andern klingt das allgemeine Verlangen nach dem Meere, hier besonders nach dem Persischen Meerbusen. Das mystische Testament kennt beide, aber mehr als Umwege zum europäischen Ziel. In der Tat sehen wir, wie sich jetzt Rußland während eines Menschenalters in dieser Expansionsrichtung konzentriert, bis es in Kaukasien eine starke Basis gegen Persien und in Transkaspien und Pamir eine doppelte Angriffsfront direkt gegen Indien gewonnen hat. Während dieser Zeit nimmt die Weltgeschichte den Charakter einer Art Zweikampf zwischen Rußland und England an, und Indien ist der große Zankapfel. Aber gleichzeitig verfolgt Rußland seine traditionelle Politik nach Gewinnung

VII. Rußland

von Meeresgestaden, und Bender Abbas am Tore des Indischen Ozeans soll das ausersehene Ziel gewesen sein (Curzon 1892), während eine dahin durch Persien geplante Eisenbahn das Mittel war.

Das Jahr 1895 bezeichnet jedoch eine neue Frontveränderung; Rußland macht an den Grenzen Persiens und Indiens halt und sammelt statt dessen seine ganze Kraft für das pazifische Programm. Es ist das dritte Weltmeer, das die Blicke auf sich zieht. Davon wissen die Verfasser des „Testamentes" gar nichts. In Wirklichkeit hat hier draußen eine parallele Tätigkeit seit den fünfziger Jahren stattgefunden, wo man die Bedeutung des Amur, als des einzigen Stromes in Nordasien, der in ein Kulturmeer fließt, voll erkannte. Schritt für Schritt schiebt Rußland seine Positionen nach Süden (Wladiwostok 1860), dem „warmen Meere" zu; die Anlage einer Eisenbahn dorthin durch ganz Asien war schon des Zusammenhaltes wegen nötig, seit 1891 ist sie im Bau, aber sie kann nicht gut in dem vom Weltmarkt abgelegenen Japanischen Meere endigen, das außerdem noch vom Winter und von fremden Mächten an der Einfahrt (so wie die Ostsee) geschlossen werden kann, deshalb richtet man sein Augenmerk auf Port Arthur, nach dem der Weg durch die Mandschurei führt. Man merkt das genaue Seitenstück zu Bender Abbas und Persien. Aber hier wurde gerade 1895 ein Strich durch die Rechnung gemacht, indem Japan seiner Selbsterhaltung und seiner Machtentfaltung wegen nach seinem Sieg über China Beschlag auf Port Arthur legte. Hier beginnt der verhängnisvolle Konflikt mit Japan, der unvermeidlich war, weil die entgegengesetzten Interessen der beiden Großmächte einander unbedingt kreuzen mußten.

Anfangs hatte Rußland das Übergewicht. Auf diplomatischem Wege (mit der Hilfe Frankreichs und Deutschlands) manövrierte es unmittelbar die Gegner aus Port Arthur hinaus, pachtete den Platz selber 1898 von China und setzte sich während des Boxeraufstandes 1900 in der Mandschurei fest, so daß dieses große Land für immer in seinem Besitze zu sein schien. In einem Glanz und einer Größe wie nie zuvor — seit dem ersten Friedenskongreß im Haag auch umstrahlt von den „Prinzipien des Rechts und der Gerechtigkeit" — zieht Rußland so in das neue Jahrhundert ein. Der zwischen dem Eis des Weißen Meeres und der Sackgasse des Schwarzen Meeres eingeschlossene Riese hatte schließlich einen Arm nach dem Gelben Meere frei bekommen. Aber da war die Katastrophe nahe. Der Krieg mit Japan (1904—05) zeigte, daß das imponierende Gebäude nur eine weltgeschichtliche Potemkinfassade war. Der Weg nach dem Stillen Ozean wird wieder geschlossen — aller Wahrscheinlichkeit nach für immer.

Die unmittelbare Folge der Niederlage war die Revolution in der Heimat. Weder der staatsmännische Gedanke, die geopolitische Schwäche Rußlands zu überwinden, noch das Verdienst einer unleugbaren Kulturtätigkeit in Asien (Curzon 1889) konnte die Bureaukratie retten von der Verantwortung für eine Politik, die sich zunächst als deren eigenes Interesse auf Kosten der Nation und der Gegenwart darstellt. In noch höherem Maße sehen wir hier den unorganischen Kraftverbrauch, den wir beim Studium des heutigen französischen Kolonialreiches gesehen haben: Rußland, das an Gebiet mehr als genug hat, und das mit seiner eigenen Industrie sich nicht einmal selbst satt machen kann, braucht wirklich keine Expansionspolitik zu führen, am allerwenigsten, wenn so große innerpolitische Aufgaben ihrer Lösung harren.

Es lag daher nahe, die Revolution als den Schlußpunkt dieser ganzen Geschichte eines unersättlichen Landhungers zu begrüßen, der sich unruhig von der einen Aussicht auf die andere wirft, in seinem ständigen Suchen nach Beute. War nicht jetzt endlich die Zeit gekommen, daß der in der Volksseele liegende orientalische Unterstrom von Friedensliebe (v. d. Brüggen) zutage trat, so daß der Expansionstrieb von selbst verschwand? Der erste Schritt des neuen Rußlands in der auswärtigen Politik schien diesen Glauben zu bestätigen. Durch die Entente mit England 1907 wurde das indische Programm auch auf seiner persischen Linie in aller Form ad acta gelegt. Dies ist das Entscheidende für die auswärtige Politik, wie das Oktobermanifest 1905 hinsichtlich der inneren. Und die friedliche Ära schien sich zu befestigen, da Rußland durch Beteiligung an dem Integritätstraktat Norwegens 1907 und am Ostseetraktat 1908 seine Abstandnahme auch von dem atlantischen Ziele anzeigte.

Es stellte sich jedoch bald heraus, daß diese Bureaukratie, wie die Bourbonen Frankreichs, nichts gelernt und nichts vergessen hat. Kaum fühlte sie sich Herr der Situation, als sie ihr System in der auswärtigen Politik wieder aufnahm. Direkt und offenbar hat die Welt dies bereits bei der alten indischen und der pazifischen Linie erfahren, die beide jetzt, nachdem sie von den Meeren abgeschnitten sind, sich als ein rein persisches und ein rein chinesisches Landprogramm mit direktem Eroberungszweck erweisen. Nachdem die Kaiserzusammenkunft in Potsdam 1910 die Schwierigkeiten seitens Deutschlands auf der Grundlage der Ausgleichung der deutschen Interessen in Persien und der russischen an der Bagdadbahn entfernt hatte, ist Rußland in seiner persischen Interessensphäre, die nach 1911 so gut wie vollständig besetzt wurde, zur Tat geschritten. Außerdem hat die Revolution in China Gelegenheit zur Einmischung geboten, die zur Errichtung eines Protektorats über die äußere Mongolei 1912 benutzt wurde.

Man sieht also, daß Rußland nach seinem Zusammenbruch in Asien keineswegs ganz nach Europa zurückgekehrt ist (Pichon). Nichtsdestoweniger enthält dieses Urteil eine Wahrheit, insofern als man auch auf dem byzantinischen und dem atlantischen Schauplatz neue Tätigkeit merkt. Ersteres wird durch das Balkanbündnis 1912 bezeichnet, das unter den Auspizien Rußlands eine bestimmte und deutliche Doppelspitze gegen die Türkei und Österreich-Ungarn hatte. Der neueste Krieg gegen die Türkei ist also von Rußland, nicht von den Kleinstaaten heraufbeschworen worden, sein Ergebnis ist aber diesen bis zu dem Grad zugefallen, daß Rußland nach Beendigung der Krisis von Konstantinopel und dem Mittelländischen Meere weiter entfernt zu sein scheint als vorher. Die Wiederaufnahme des atlantischen

Programms — nach Reventlow „eine der bemerkenswertesten Erscheinungen des Jahres 1913" — wird ihrerseits von Verkehrs- und militärischen Maßnahmen bezeichnet, die unzweideutig darauf hinausgehen, Finnland zu einer Operationsbasis zu machen, und zwar nicht bloß für den Widerstand gegen einen deutschen Vorstoß auf St. Petersburg, sondern auch für „einen strategischen Aufmarsch nach Westen" (Sahlbeck 1912). Die Vernichtung der Verfassung Finnlands zeigt sich hier als ein Glied eines größeren taktischen Planes, der in den skandinavischen Ländern Unruhe verbreitet hat und eine Gefahr für das ganze europäische Staatssystem bedeutet.

Ein Überblick über die Geschichte Rußlands in den letzten Jahren gewährt auf der äußeren wie der inneren Bühne denselben Eindruck: große Veränderungen, die aber nicht bis auf den Grund reichen. Der Bureaukratie ist es zum Teil gelungen, ihr System bei der Revolution in Sicherheit zu bringen. Noch immer im Besitz großer Machtvollkommenheit hat Zar Nikolaus II. im Jahr 1913 das dreihundertjährige Jubiläum seines Hauses feiern können; noch immer lebt sein Staat zum wesentlichen Teil von der Trunksucht des Volkes (das Branntweinmonopol) und hält seinen auswärtigen Kredit durch Erpressung der Nahrungsmittel vom Volke (Getreideexport) aufrecht; noch immer dominiert der Wille Großrußlands nach Unterdrückung der fremden Gastvölker wie nach äußerem Wachstum.

Vor allem durch ihr Bündnis mit dem Nationalismus in den breiten Schichten des Volkes konnte die Bureaukratie ihre Stellung gegenüber allen Verfolgungen wegen einer langen Mißwirtschaft aufrechterhalten. Dieser Nationalismus geht in Wirklichkeit in aggressiver Richtung weiter als die Leitung selbst. Die beiden Strömungen, deren mächtige Gärung dem heutigen Rußland einen Übergangscharakter verleihen, kämpfen auch auf dem Gebiet der auswärtigen Politik. Auf der einen Seite steht die neue Zeit, vertreten durch die Linke in der Duma („die Kadetten") und durch die revolutionäre Bewegung; auf ihrem Programm stehen vor allem innere Reformen, sie ist daher entschieden friedlich, Gegner der Zwangs- und Expansionspolitik und folglich auch zurückhaltend bei den Ausgaben für Verteidigungszwecke (besonders auf dem Gebiet der Marine). Auf der anderen Seite finden wir aber beim Oberhaus (dem Reichsrat) und bei der Rechten in der Duma viel von dem Militarismus und der Eroberungslust der alten Zeit wieder, die aus nationalistischen Quellen gespeist werden und eine Art Vorzugsrecht darauf haben, bei der Regierung Gehör zu finden. Die nächste Zukunft Rußlands hängt davon ab, welche von diesen Strömungen definitiv die Oberhand gewinnen wird. In dieser Hinsicht ist als konstantes und einendes Element der tiefe Rassengegensatz zwischen Slawen und Germanen zu bemerken; es läßt sich annehmen, daß die neue Zeit dieses Gefühl in demselben Maße verstärkt hat, wie sie den Staat demokratisiert, die Gesellschaft ausgeglichen und so den eigenen Instinkten des Volkes größeren Raum gewährt hat. Das neue Rußland nähert sich Europa mit dem Mund, aber sein Herz ist noch immer weit von ihm entfernt.

„Das Testament des Zaren Peter" schrieb Rußland die Aufgabe des alten Mazedonien und später des römischen Kaisertums zu, nämlich die, in einem Reiche eine ganze Kulturepoche zusammenzufassen und abzuschließen. Die Erfahrungen des großen Krieges im Osten und spätere nahmen diesen Alp von der Brust Europas, indem sie die tönernen Füße des Kolosses entblößten, und es ließen sich damals sogar Stimmen hören, die den Zerfall des Reiches prophezeiten. Die Parallele Mazedonien gegen Griechenland wurde von einer anderen abgelöst, der des alten Persien gegen Griechenland. Aber diese Stimmen dürften bereits wieder verstummt sein. Die Großmacht Rußlands besitzt zu starke Wurzeln in der Natur und in der Geschichte, als daß sie mit einem politischen System sterben könnte. Die russische Gefahr steht in diesem Augenblick wieder am Himmel, nicht weniger gefahrdrohend als vor einem halben Jahrhundert, wo Henri Martin gegen dieselbe das Losungswort erhob: „Europa den Europäern."

Ohne Zweifel täten Europas Mächte klug daran, auf solche Wächterrufe zu hören und ihre Widerstandskraft durch Zusammenschluß zu stärken. Einen ganz besonderen Grund hierzu haben sie bereits in dem welkenden oder abnehmenden Wachstum ihrer Stämme im Vergleich zu dem frischen Grünen des slawischen Stammes. Aber in dem Prozeß kommt noch ein Moment hinzu, der für die Zukunft geeignet ist, die Drohungen des mystischen Testamentes zu mildern. Die mazedonisch-römische und die altpersische Parallele leiden, was Rußland betrifft, an einem gemeinsamen Fehler, nämlich dem, seine Zukunft nur in Verbindung mit Europa zu betrachten. Seine pazifische Politik hat diese Voraussetzung ein für allemal zu einer veralteten gemacht, indem sie Rußland zwei Fronten, die in Asien neben der in Europa, gegeben hat. Der Druck Rußlands auf Europa dürfte also mit der Zeit ausgeglichen werden durch den Gegendruck auf Rußland vom „großen Orient" her, nachdem dieser jetzt endgültig in das Staatensystem eingetreten ist.

Je mehr die dunklen Wege der Geschichte erhellt werden, desto mehr glauben wir daher eine neue Perspektive mit immer bestimmteren Umrissen über das „svätaja Rossija" sich erheben zu sehen: nicht mehr ein welteroberndes Mazedonien oder Rom, noch weniger ein baufälliges Reich des persischen Großkönigs, sondern auch politisch den vermittelnden und mildernden Puffer zwischen den beiden Kulturwelten, die es geographisch verbindet — Europa und Asien, den Weißen und den Gelben.

Literatur: Boustedt-Trietsch, Das Russische Reich in Europa und Asien, 1913; Sering, Rußlands Kultur und Volkswirtschaft, 1913 (Sammelwerk); Henri Martin, R. et l'Europe, 1866; Breßlau, Das Testament Peters des Großen, 1879 (Hist. Zeitschrift); A. Leroy-Beaulieu, L'Empire des Tsars et des Russes, 1881—89; v. d. Brüggen, Das heutige R., 1902; Pobjedonoszew, Sammlung Moskow. Studien, 1904; Wallace, Russia, 1905; Hettner, Das europ. R., 1905; Ular, Die russ. Revolution, 1905; Rudolf Martin, Die Zukunft R.s, 1906; Palme, Die russ. Verfassung, 1910; Marchand, Les grands problèmes de la pol. intér. russe, 1912 Krahmer, R. in Asien, 1899—1904; Mc Cormick, The tragedy of R., 1907; G. Trubetzkoi, R. als Großmacht, 1913; Alexinski, Modern R., 1913 Hoetzsch, R., 1913.

VIII. Japan.
Dai Nihon.

Reich 0,67 $\left(\frac{0,29}{0,38}\right)$. Volk 73 $\left(\frac{53,7}{19,3}\right)$; Zunahme 750,000; Auswanderung 30,000(?). Eisenbahnen 9,000; Handel n. 2 $\left(\frac{0,95}{1}\right)$; Seefahrt 3,25. Flotte n. 400,000; Heer über 600,000 (?); Ausgaben 7,5 $\left(\frac{3,75}{3,75}\right)$. Staatsschuld üb. 5; per Kopf 9,8.

Zum Mutterland wird hier Jeso (Hokkaido) nicht gerechnet.

1. Geschichtliche Entwicklung. Die erste Epoche in der Geschichte Japans wurde im sechsten Jahrhundert eingeleitet, wo das Volk in den chinesischen Kulturkreis eintrat. Es übernahm jedoch nie das fremde Ideal vollständig, bewahrte sein eigenes in Kunst und Literatur, nahm Konfutse und Buddha an, ohne von seinem nationalen Vorväterkultus („Shinto") zu lassen, und faßte die neue Moral in seiner Weise auf, so daß die Loyalität gegen Kaiser und Vaterland das erste Gebot wurde statt der Kindespflicht und der Familientreue Chinas. Tausend Jahre später kam die erste Berührung mit dem Abendlande (Portugiesen und Holländern), das damals zur Zeit der Renaissance über die ganze Erde stürmte. Sicherlich wäre auch Japan dieser tatkräftigen Kolonisation zum Opfer gefallen, wenn es nicht von einer Art Massensuggestion bei der Ahnung der Gefahr wie eine Schnecke in das Gehäuse getrieben worden wäre. Führer des Nationalismus war damals, zu Beginn des 17. Jahrhunderts, der Reichsvorsteher („shogun") Ijejas. Im Schutze seiner Absperrungspolitik und seiner starken feudalen Gesellschaftsordnung fand es Zeit zu innerer Konzentration, so daß es allein unter den farbigen Rassen der Erde auf eigenen Füßen stehen konnte, als die planetarische Situation unter der Fahne des Abendlandes über die Welt kam.

Amerika war es, das Japan aus seiner Isolierung herausrief; dies geschah mit gelinder Gewalt im Jahre 1854. Die Mächte Europas folgten nach, und in abgenötigten Handelsverträgen mußte das Land seine Tore den kommerziellen Eindringlingen halb öffnen, die sich selbst Konsulargericht und Veto gegen die Veränderung der Zollsätze vorbehielten. Die Invasion des Westens hatte also Japan unter partielle Vormundschaft gebracht. Aber damit hatte das Volk auch ein erstes nationales Ziel erhalten: das Merkmal der Unselbständigkeit abzuschütteln und Gleichstellung mit Europa zu gewinnen.

Jetzt bekam die Welt ein Schauspiel ohnegleichen zu sehen. Es fing als eine Restauration an; die Reichsverweserschaft, die zwei Drittel Jahrtausend lang das nationale Königtum zu einer halb religiösen Fiktion reduziert hatte, wurde abgeschafft, und „der Mikado" übernahm wieder die wirkliche Leitung 1867. Mit dem Shogunat fiel die ganze alte Feudalgesellschaft, der dritte Stand tritt auf auf der Grundlage des niederen Adels der „Samurai", aus der Restauration entwickelt sich eine Revolution, 1869—71. Dann folgt ein direkter Bruch mit dem chinesischen Ideal und eine Neugestaltung im Geiste Europas; aus der Revolution geht eine neue Zivilisation hervor. Es war eine neue Massensuggestion, aber diesmal nicht vom Abendland ausgehend, sondern nach ihm hinzielend; die Nation legt entschlossen die Tracht der Gelben, die sie $1\frac{1}{4}$ Jahrtausend getragen hatte, ab und zieht die der Weißen an.

Die Geschichte kennt keine Analogie zu der Tatsache, daß ein Volk zweimal sein Ideal gewechselt hat. Die Welt hat auch bis jetzt keine so durchgreifende Veränderung in einer so kurzen Zeit erlebt wie die, aus der Japan vor einem Menschenalter als Teilnehmer am europäischen Kulturleben hervorging. Weiterhin wird untersucht werden, in welchem Grade der Übergang als ein vollständiger zu betrachten ist. Wir merken die Absicht, welche darin bestand, sich als ebenbürtig mit Europa zu zeigen, um die Beeinträchtigung seiner souveränen Stellung durch Europa wieder aufzuheben. Als Japan im Kriege mit China eine achtunggebietende Macht entfaltete, hielt

Europa die Zeit für gekommen, auf diese Beeinträchtigung zu verzichten. Durch die Traktatsrevision 1894—99 erhielt Japan wieder volle Justiz- und Handelshoheit, wogegen es für Fremde vollständig geöffnet wurde. Die Überreste der früheren Absperrungspolitik wurden also mit dem alten Jahrhundert entfernt und mit ihnen jede Spur einer Unterklassenstellung im international-politischen System. Japan hatte seine erste nationale Aufgabe gelöst.

Aber aus dieser defensiven Aufgabe ging unmittelbar auch die Stellung als Großmacht hervor. Die Revolution machte Kräfte auch zur Expansion frei. Schon in den siebziger Jahren begann Japan in der nahegelegenen Inselwelt territorialen Gewinn einzuheimsen. Der Krieg mit China 1894—95 brachte als Ergebnis Formosa und die Halbinsel mit Port Arthur, wenn sie auch später auf Veranlassung Rußlands wieder zurückgegeben werden mußte. Es war nur folgerichtig, daß Japan bei der Expedition gegen Peking 1900 einen Platz an Europas Seite erhielt als den Großmächten ebenbürtig. Die Allianz mit England 1902 unterstrich diese Stellung. Und nach dem Sieg über Rußland 1904—05, der als reales Ergebnis Korea sowie Teile von Sachalin nebst der Mandschurei (mit Port Arthur) brachte, verlieh Japan seinen Gesandten bei den Großmächten den Rang von Botschaftern, als äußeres Zeichen seiner jetzt unbestrittenen Gleichstellung. In weniger als einem halben Jahrhundert hat es den Entwicklungsprozeß von einer „quantité négligeable" zur modernen Großmacht durchgemacht, und zwar mitten im schwierigsten Gedränge mit alten Großmächten gerade zu der Zeit, wo diese ihre besten Zukunftsaussichten auf demselben Markte erblickten, also ohne die Gunst der Konjunkturen, die beim Vormarsch Englands eine so große Rolle gespielt haben.

Mit einem stärkeren Eindruck denn je, daß die wissenschaftliche Lösung der staatlichen Probleme einen irrationalen Rest übrig lasse, wollen wir nun die objektiven Voraussetzungen der jüngsten Großmacht für ihren hohen Rangplatz prüfen.

2. **Reich und Volk.** Wie eine Festdekoration aus Inselgirlanden,

angebracht an der pazifischen Küste Asiens, präsentiert sich „Dai Nihon" auf der Karte. Dies ist auch das erste, was in die Augen fällt, wenn man über seine Voraussetzungen für eine Großmachtsexistenz nachdenkt: die Insularität und die Lage. Es ist England in neuer Auflage. Wie England liegt es dicht an der Küste des Kontinents, der den einen Kulturpol der Menschheit trägt, schaut aber mit der anderen Seite nach dem Weltmeer; nur mit dem Unterschied, daß hier die Kulturseite dem Meere zugekehrt ist. Die Voraussetzung für eine bedeutende Entwicklung in beiden Fällen ist die, daß das vor den Toren befindliche Meer ein Kulturmeer wird. Diese trat bei dem pazifischen Britannien drei Jahrhunderte später ein als bei dem atlantischen. Bis zum 19. Jahrhundert mußte daher Japan von der Kultur abseits liegen; dann geht für dasselbe die gleiche Lageverwandlung vor sich wie für England im 16. Jahrhundert. Mit dem Eintritt des Stillen Ozeans in die Weltgeschichte stellt es sich heraus, daß Japan einen Vorzugsplatz besitzt, in Wirklichkeit eine Zwischenlage zwischen Osten (China) und Westen (den Vereinigten Staaten) ähnlich der Rußlands, verbunden mit beinahe demselben Schutz der Isolierung, wie ihn die Vereinigten Staaten haben. Wenn Japan früher und gründlicher als irgendein anderes orientalisches Land seine rein asiatische Begrenzung überwinden konnte, so ist dies eine klare Wirkung dieser eigentümlichen Lage, und diese Veränderung war ihrerseits die notwendige Voraussetzung für die Entstehung der Großmacht.

Der Reichtum der Küste an Häfen verstärkt die maritimen Anlagen und spiegelt sich in der heutigen Entwicklung der Schiffahrt im Krieg und Frieden ab. Im übrigen kann man aber nicht umhin festzustellen, daß die Mutterinseln Japans ein armes Land sind. Wie an Größe und Gestaltung, so steht es auch hinsichtlich der Produktionsmöglichkeiten Italien am nächsten: in der beschränkten Ausdehnung der Landwirtschaft, im Mangel an Rohprodukten wie Eisen und Baumwolle, ebenso im Reichtum an Wasserkraft. Nur der ungewöhnliche Fleiß der Einwohner konnte diesem stark kupierten Gebirgsland Ertragsmöglichkeiten in hinreichendem Grade abgewinnen. Man darf sich nicht verhehlen, daß die wirtschaftliche Grundlage der japanischen Großmacht vielleicht schmäler ist als die irgendeiner anderen.

Deshalb ging Japan von seinen Inseln hinaus und setzte sich auf dem Kontinent fest. Dort findet es die entbehrten Reichtümer, Eisen und Kohle in der Mandschurei und die Möglichkeiten für eine großartige Reis- und Baumwollenkultur in Korea. Aber freilich hat es damit andererseits die Verantwortung für unnatürliche Landesgrenzen auf sich genommen. Der jetzige Typus des Reiches sucht statt dessen seine Einheit im Innern, in der Lagerung um ein und dasselbe Japanische Meer: das dritte Beispiel eines zirkummarinen Großmachtbildes nach dem Mittelmeerreiche Roms und der Ostseeherrschaft Schwedens. Aber dieses Bild ist kaum mehr als ein Schein, da das Japanische Meer kaum den Charakter eines Kulturmeeres hat. Der Schwerpunkt der Expansion hat sich China, dem großen Markt in Wirtschaft und Politik, zugeneigt, und dort ist vielleicht eine Fortsetzung zu erwarten.

Durch die Expansion erhielt Japan auch fremde Nationen (13 Millionen Koreaner, 4 Millionen Chinesen und Malaien) und trat damit aus seiner Stellung als homogenster Nationalstaat der Kulturwelt heraus. Noch verbleiben jedoch im Reiche als Ganzem 75 % für den Mutterstamm, während nicht 1 % davon außerhalb leben. Der Vorzug der einheitlichen Nationalität ist also als wohlgesichert anzusehen. Durch die Insularität hat sich diese Nationalität auf der Grundlage einer ursprünglichen Vermischung zwischen arktischen, malaiischen und vielleicht auch polynesischen Elementen um einen mongolischen Kern zu einer stark nationalen Eigenart vertieft. Wir bemerken, daß auch die Geschichte des asiatischen England also mit dieser Kreuzung von Menschenrassen anhebt, in der der Völkerpsychologe das Anzeichen einer großen Entwicklung erblickt.

Wenn hierin eine Erklärung für die besondere Begabung der japanischen Nation im allgemeinen liegt, so sehen wir gleichzeitig auch den Grund für ihre Sonderstellung im Orient und ihre Abweichung vom chinesischen Typus im besonderen. Vor allem wirkt hier der malaiische Einschlag im Volkscharakter; man stellt ihn nicht nur in Zusammenhang mit dem Seemannstrieb und der „südländischen" Impulsivität — wobei auch eine Wechselwirkung mit der Maritimität und der vulkanischen Natur des Heimatlandes wahrscheinlich ist —, sondern auch mit einer kriegerischen Aktivität und ferner einer ästhetischen Veranlagung, die gegen das friedliche und prosaische China sehr abstechen. Im ganzen ist der Gegensatz groß zwischen diesen beiden: dem romantischen und progressiven Lebensideal des einen, dem realistischen und konservativen des anderen, dem Stolz des einen sich selbst zu übertreffen, dem Hochmut des anderen sich selbst genug zu sein. Das japanische Moralgesetz und sein Ehrenkodex, die Nitobe unter dem Namen „buschido" (der Weg kämpfender Ritter) für uns analysiert hat, führt den Gedanken zu Anschauungen der europäischen Feudalzeit zurück; während China in seiner trockenen Verstandesgemäßheit und in seinem ungeschminkten Materialismus fern ab ist vom Wege der Ritter.

Je schärfer wir hinblicken, desto mehr wird sich jedoch diese Kluft nach rechts im Vergleich zur Kluft nach links, zwischen Japan und Europa=Amerika, verringern, und zwar in dem Grade, daß man schließlich glaubt, die Seele Japans verschmelze mit der Chinas zu einer höheren orientalischen Einheit gegenüber dem ganzen Abendland. „Jamato damashii" ist von dem chinesischen Volkscharakter durch einen Sund getrennt, aber vom „american spirit" durch ein Meer, wie auf der Karte. Es wird immer klarer, daß sich Japan mit der abendländischen Kultur nicht durchsäuern, sondern nur „bepanzern" wollte (Haushofer). Europa konnte nur mit seinen eigenen Waffen besiegt werden; die Europäisierung war also für Japans Emanzipation und sein Streben nach Größe notwendig. Aber dieselbe Vorsicht, die 1300 Jahre früher bei der Anpassung an das chinesische Ideal Wache stand, setzte auch jetzt der Umgestaltung eine Grenze, so daß sie bei der äußeren, praktischen und technischen Seite des Lebens, bei Verkehr und Industrie, Rechtsordnung und Krieg stehen blieb. Auf die Einrichtungen der Gesellschaft hat sie wenig Einfluß ausgeübt, und von „l'intime" der täglichen Sitte und der Weltanschauung ist sie fast vollständig abgeprallt. So hat die christliche Mission nach der Arbeit eines halben Jahrhunderts nicht mehr als 150000 Seelen gewinnen können. Wir sehen einen biegsamen Baum, der sich vor dem Winde neigt, aber nicht entwurzelt wird. Unter der Decke unserer Zivilisation schlägt ganz sicher das orientalische Herz Japans ebenso fremd uns gegenüber wie je.

Seit Percival Lowells Analyse „der Seele des fernen Ostens" 1888 pflegt man das Rassengeheimnis des Orients in dem einzigen Worte Unpersönlichkeit zusammenzufassen, eine Diagnose, welche durch die feinfühlenden, wenn auch etwas stark idealisierenden Spezialanalysen von Lafcadio Hearn 1894—1904 vertieft wurde. Die niedrigere Persönlichkeitsentwicklung läßt die gelbe Rasse als speziellen Träger der Solidaritätsidee erscheinen, die sich auf politischem Gebiet als Autoritätsglauben und Pflichtgefühl und auf dem moralischen als Altruismus äußert, während die reiche Entwicklung der Persönlichkeit den weißen Mann zum Vertreter der Idee des Individualismus macht mit dem daraus entspringenden Freiheitssinn und Gerechtigkeitsverlangen auf politischem, Egoismus auf moralischem Gebiete. Japan repräsentiert also in der Welt der Großmächte noch reiner als Rußland den Gegensatz zum individualistischen Gesellschaftstypus, der auf der anderen Seite des Großen Ozeans seinen Höhepunkt erreicht hat. Wird das immer so bleiben? Wird Japan auf die Dauer sich den Gehalt und den Geist des Abendlandes vom Leibe halten können, nachdem es dessen Formen angenommen hat? Scharfsichtige Beobachter wie Rathgen 1905 glauben bereits den Vormarsch des weißen Ideals unter der Gestalt eines Auflösungsprozesses zu sehen, der sogar schon begonnen hat an die ethischreligiösen Grundlagen der alten Gesellschaft zu rühren. Wir übersehen solche Anzeichen nicht; es ist, als wolle das Meer zwischen Asien und Amerika zusammenschrumpfen. Aber gegenüber der Auffassung, die in dem Gegensatze zwischen Japan und dem Westen nichts anderes sieht als den Gradunterschied zwischen verschiedenen Entwicklungsstadien (Sidney Gulick), ist zu bemerken, daß Europas Ideen in dem neuen Milieu umgestaltet werden müssen, und daß sie nur in der Umgestaltung die Kraft zum Siege gewinnen können. Jedenfalls ist das heutige Japan als eine selbständig entwickelte Art der Menschheit zu betrachten, die mit den beiden höchsten Kulturwelten zusammengehört und gleichzeitig von ihnen relativ isoliert ist.

Das Bild beginnt dem Rußlands zu gleichen: ein Janus mit zwei Gesichtern, eine Volksseele hin- und hergezerrt zwischen zwei Idealen. Auf dem ersten allgemeinen Rassenkongreß (in London) 1911 wurden sowohl von russischer wie auch von japanischer Seite im Namen des Vaterlandes weit umfassende Ansprüche auf die Rolle des Versöhners zwischen der Zivilisation des Westens und der des Ostens vorgebracht: psychologische Reflexe der geographischen Zwischenlage. Das junge Japan geht allgemein mit so großen Gedanken um und stärkt sie mit der Macht einer geheimnisvollen Prophetie der Sonnengöttin selbst, der himmlischen Stammutter des Volkes im Urbeginn der Zeit. Die Voraussetzung hierfür ist die Stellung des Vaterlandes als des natürlichen Sammlers und Führers der asiatischen Kulturarbeit (nach der Formel Okakuras: „Asien ist eins") und ihres Beschützers gegen europäische Übergriffe. Die Zuversicht zu solchen Träumen gewährt die wunderbare Geschichte der letzten Jahre, während das Weltmeer vor den Toren der Heimat die weiten Perspektiven schenkt. Daß die Japaner das Salz der asiatischen Welt sind („der Champion der gelben Rasse", Labroue), ist eine feststehende Ansicht weit über ihre eigenen Grenzen hinaus. Alles vereinigt sich, um die jüngste Großmacht mit den subjektiven Voraussetzungen für ihren Beruf, die im Glauben des Volkes an sich selbst und an seine große Mission liegen, auszurüsten.

3. **Gesellschaft und Staat.** Für Japan erwartet man von vornherein denselben Weg zur Größe, den England eingeschlagen hat, vor allem den des Handels, und denselben allgemeinen Größentypus, den ökonomischen. Es weckt deshalb Verwunderung, auf jenen fernen

Inseln eine auffällige ökonomische Schwäche zu finden. Der Handels=
umsatz — seinem Charakter nach europäisch, mit Unterbilanz, wobei
auf der Importseite Rohprodukte dominieren und auf der Exportseite
Fabrikwaren stark hervortreten — ist der weitaus geringste, den
eine Großmacht aufzuweisen hat, auf den Kopf berechnet nur ein
Drittel von dem Umsatz Italiens, den wir schon für schwach an=
sahen. Dagegen sehen wir Japan in der militärischen Statistik als
die dritte Macht zu Lande, direkt nach Rußland und Deutschland.
Im Gegensatz zu den Voraussetzungen der Natur scheint also die
jüngste Großmacht ihre Ansprüche nicht auf materielle Gründe, son=
dern auf rein militärische Überlegenheit zu bauen. Sie ist mit dem
Kampf um die Grenze verschont, spart aber trotzdem keine Kraft
von den Verteidigungslasten für die Produktion. Diese schwache Wirt=
schaft und dieser starke Militarismus stellen Japan unter denselben
Typus wie Rußland, dessen äußere Voraussetzungen sämtlich ver=
schieden sind, und andererseits in reinsten Kontrast zu den Ver=
einigten Staaten.

Dabei sagen wir uns, daß wir ja erst am Anfang des Pro=
zesses stehen. Japan hat — auch hierin gleicht es Italien — sich
nicht organisch entwickeln können; seine rein politischen Aufgaben in
militärischer Organisation und Rechtsordnung haben der gesunden
Wirtschaftpolitik vorausgehen müssen (Kaneko). Die Frage
dreht sich daher ganz besonders um die Entwicklungstendenz und
nicht nur um die Ziffern des Tages. Da erscheinen diese kleinen Zah=
len als das Ergebnis eines beinahe einzig dastehenden raschen Wachs=
tums, und es scheint nur eine Frage der Zeit zu sein, wann das Land
auch in dieser Hinsicht seinen Platz unter den Großmächten recht=
fertigen wird. Mit dieser Entwicklung vor Augen hat man sogar
von dieser Konkurrenz eine „gelbe Gefahr" für Europa gewittert.
Gegen Ende des 19. Jahrhunderts, nach dem Debüt Japans im
Kriege gegen China, war die Diskussion darüber sehr aktuell und
besonders lebhaft. Der Gedanke war der, daß die Industrie Ja=
pans die Europas zuerst in Ostasien selbst und dann in immer weite=

ren Kreisen ausstechen würde, und zwar infolge der billigen Arbeit, die ihrerseits auf den geringen Lebensansprüchen der Rasse beruht. Man nahm daher diesen Faktor als einen konstanten an, so daß der Unterschied zwischen europäischen und japanischen Produktionsverhältnissen immer gleich bleiben würde.

Jetzt haben wir bereits erfahren, daß dies ein Fehler beim Aufstellen der Rechnung war. Das Steigen der Arbeitslöhne war in neuester Zeit in Japan ebenso groß und ebenso schnell wie jede andere Entwicklung. Es liegt ja auch in der Natur der Sache, daß sich die Verhältnisse bei näherer Berührung zwischen Osten und Westen bis zu einem gewissen Grad ausgleichen werden. Der Industrialismus wird Japan nicht mehr wie andere Länder mit seinen Schattenseiten verschonen. Eine Arbeiterfrage ist im Anrücken, und der Sozialismus ist bereits als Partei hervorgetreten (1901), so daß die Regierung eingreifen und ihn verbieten mußte (1907). Außerdem ist zu bemerken, daß hier gewisse ungünstige Nationaleigenschaften speziell hindernd im Wege stehen, nämlich Mangel an Geduld und Ausdauer beim Arbeiter, zu starke Spekulationslust und unentwickelte Handelsmoral beim Unternehmer, außerdem die Traditionen der Feudalzeit, wo der Kaufmann in der Rangordnung nicht nur unter allen Edelleuten, sondern auch unter Bauern und Handwerkern stand. Es ist fraglich, ob sich dieses Volk je mit dem prosaischen Lebensideal des Industrialismus wird ganz aussöhnen können. In Wirklichkeit ist dies Ideal einer Gesellschaft fremd, der es an seinen Voraussetzungen einer individualisierten Menschheit mangelt, und das einem Volke eingeimpft worden ist, das zu einem ganz anderen Lebensinhalt und Glücksideal als materiellem Arbeitsgewinn emporschaut, nämlich zu einem friedlichen Zusammenleben mit der Natur nach stolzen Jugendkämpfen. Japan in den Fabriken ist nicht mehr dasselbe wie Japan im Felde, wo es seinem eigenen Rasseninstinkt und uralten Gewohnheiten folgt.

Fügen wir alsdann die schon besprochenen Schwächen der eigenen Basis des Landes hinzu, dann wundert es uns nicht, daß die „gelben"

Sorgen am Ende des Jahrhunderts jetzt bei besserer Beleuchtung bedeutend verblaßt sind. Die wirkliche Gefahr droht nicht von Japan, sondern von China, das die breite geographische Basis und das echte Kaufmannsblut besitzt. Über das Problem Japan erheben sich im Gegenteil ernste Schatten. Vorurteile können überwunden, Mängeln kann abgeholfen werden; und niemand kann ihm den großen Trumpf in der Weltkonkurrenz, den es in seinem rein geographischen Vorsprung gegenüber dem größten Zukunftsmarkt der Welt, China, besitzt, aus der Hand nehmen. Aber solange das japanische Volk die doppelte Bürde einer erstklassigen Verteidigung zu Land und zu Wasser tragen muß, so lange müssen auch seine Aussichten auf ökonomische Entwicklung in englischem Maßstabe gering oder gleich Null sein.

Der Industrialismus, der bereits (1908) die landwirtschaftliche Bevölkerung auf 60% der gesamten Einwohnerzahl reduziert hat, war zur Erhaltung der Bevölkerung in diesem armen Lande notwendig. Demselben Zwecke dient in den letzten Jahren die Auswanderung nach Amerika, in Wirklichkeit eine auf Jahre hinaus ausgedehnte Sachsengängerei, welche die Zahlungsbilanz des Landes mit ungefähr 60 Millionen jährlich verbessert (Grünfeld), die aber auf internationale Schwierigkeiten stößt, denn daraus folgt eine wirkliche gelbe Gefahr für Amerika. Die Auswanderung nach den asiatischen Nebenländern wiederum erleichtert direkt den Druck der Bevölkerung in der Heimat, hat aber keine große Proportionen angenommen.

Auf diesem schwierigen Wege finden wir immer die Regierung an der Spitze, sie lenkt die Auswanderung nach politischen Zwecken, sucht das Volk zu ökonomischem Sinn zu erziehen, steht in engen Verbindungen mit der Industrie und den Banken, ermuntert die Privatunternehmungen durch reichliche Subventionen und tritt sogar selbst direkt als Unternehmer auf (das Stahlwerk in Wakamatsu). Sie ist also in dem „neuen Nationalismus", auf den die Vereinigten Staaten so zögernd sich eingelassen haben (S. 142), voll orientiert. Es ist ein Staatssozialismus auf allen Gebieten, der ganz besonders gegen den kommunistischen Typus der chinesischen Gesellschaft absticht.

In der neuen Ära hat man hierin Europa nachgeahmt, indem Japan im Jahre 1889 — ein halbes Menschenalter vor Rußland — eine repräsentative Verfassung und eine konstitutionelle Regierungsform annahm; im neuen Jahrhundert glaubte man sogar eine parlamentarische Regierung mit regelrechter „Oszillation" zwischen rechts und links in den Ministerien zu sehen. Bei näherer Betrachtung zeigt es sich jedoch, daß dieser Parlamentarismus kaum etwas mehr ist als ein „Frontornament" (Haushofer) auf dem Bau oder höchstens ein „Sicherheitsventil" (A. Lloyd) an der Regierungsmaschine. Die äußere Unansehnlichkeit des Parlamentsgebäudes im Vergleich mit dem gewaltigen Palast des Kaisers hinter Gräben und Wällen gewährt einen klaren Begriff vom wirklichen Machtverhältnis. Die untergeordnete Rolle des Volkswillens beruht nun weniger auf den eigenen Beschränkungen durch die Verfassung (in der Initiative und dem Budgetrecht des Reichstags) als auf dem sie umgebenden Milieu. Hoch über dem parlamentarischen Spiel hat diese Verfassung ihren Schwerpunkt in der Person des Kaisers und in dem ihn umgebenden Rat der „alten Staatsmänner" („genro"). Die Geschichte Japans ist nicht die seiner Könige, aber sie erhält eine eigentümliche Färbung durch ein rein orientalisches Gefühl für die Legitimität, das die abendländischen Formen nicht vernichten konnten. Hier sehen wir die Spitze des Ahnenkultus, der noch besonders gehegt wird durch die Fiktion einer durch alle Zeiten hindurch ununterbrochenen Erbfolge. Und die heutige Generation hatte wahrlich allen Grund, mit halbreligiöser Ehrfurcht zu dem 123. (?) Glied dieser Kette, dem Kaiser Mutsuhito, aufzuschauen, in dessen erleuchtete Regierungszeit („medji", 1867—1912) die ganze Reformation eingeschlossen ist: setzen wir das Werk als Maßstab für die Größe des Mannes, dann spähen wir in allen Büchern der Geschichte vergebens nach einem größeren Namen.

In welchem Maße die neueste Zeit diese Grundlage des japanischen Staates hat verändern können, ist nicht leicht zu beurteilen. Als wir im Februar 1913 sahen, wie ein Straßentumult einen Ministerwechsel gegen den ausdrücklichen Willen des neuen Kaisers herbeiführte, mußten wir uns fragen, ob das Herz der Nation auf dem Wege sei, sich zu ändern. Zufällige Verirrungen unter unverdauten fremden Einflüssen dürften Japan jedoch nicht im Ernst vom Weg der Autorität abbringen, den uralte Traditionen im Verein mit dem tiefsten Instinkt der Rasse vorgezeichnet haben.

4. **Auswärtige Probleme.** Wir haben gesehen, daß das japanische Reich recht schwach ist, um die Stellung einer Großmacht im planetarischen Zeitalter aufrecht zu erhalten. Will sich Japan an dem Wettstreit des Imperialismus beteiligen, dann steht es unter dem Zwange seine Basis zu erweitern, d. h. expansive Politik zu treiben. Dahin wird es auch von der elementaren Pflicht gewiesen, die Lebensbedürfnisse eines übervölkerten Landes zu befriedigen. Hier findet sich also die naheliegende Notwendigkeit für eine äußere Ausdehnung, nach der wir bei Rußland und Frankreich vergebens gesucht haben.

Der Minister des Auswärtigen Komura hat einmal im japanischen Parlament die Perspektive für diese Politik aufgestellt: umgeben von Riesenvölkern (von Chinas 400, Rußlands 160, der Vereinigten Staaten 100 Millionen) muß auch Japan so schnell wie möglich versuchen, eine dreiziffrige Millionenzahl zu erreichen. Bei der Gelegenheit sah er die Lösung in einer Kolonisation auf dem Festland. Das ist das **asiatische Kontinentalprogramm**, das auf die geographische Nachbarschaft, den mongolischen Rassenkern und das orientalische Kulturferment zurückgeht. Es wendet das Gesicht gegen Rußland und China und verlangt deshalb eine Entwicklung des Landheeres; es hat seine Stütze in alten militärischen und nationalistischen Kreisen und war im großen ganzen bis heute Regierungsprogramm (Katsura). Im Gegensatz hierzu steht ein **maritimes und pazifisches Programm** mit seinen

Stützen in der Insularität, dem malaiischen Blute und der planetarischen Sehweite, die aus den neuen Kultureinflüssen folgte. Es ist das Programm des neuen, liberalen Japan (vorbereitet von Ito). Es legt den Schwerpunkt auf die Flotte und sucht sein „Shin Nihon" (Neues Japan) durch „den Zug nach Süden", nach den Inseln des Stillen Ozeans und dem Festland Amerikas, also ohne Rücksicht auf geographische Konzentration in der Heimat. Zwischen diesen beiden Linien geht nun der Weg des Landes der Zukunft entgegen. Der Dualismus in der Seele Japans nimmt hier in konkurrierenden praktisch-politischen Idealen Gestalt an: der Kampf Spartas und Athens in ein und derselben Brust (Haushofer), in planetarischem Format und auf dem psychologischen Hintergrund eines weltgeschichtlichen Gegensatzes. Aber zusammen umfassen sie die Träume von der „Suprematie auf dem Stillen Ozean und dem Festlande Asiens", die Kaneko im Nationalwerke im Namen seiner Landsleute, zwar nur im kommerziellen Sinne, eingesteht.

Nach dem Siege über Rußland stand Japan am Scheideweg. Sollte es nach rechts oder nach links abbiegen, mit China gegen die Welt oder mit seinen eigenen naheliegenden Interessen auch gegen China? Zu jener Zeit sah Europa die Wolken sich zu einer „gelben Gefahr" zusammenziehen wie nie zuvor. Der „panmongolische Bund", mit der Seele Japans im Körper Chinas, würde ein autarkisches Weltreich bedeuten, gegenüber dem auch das der Vereinigten Staaten und das Rußlands in den Schatten treten würde. Aber es stellte sich bald heraus, daß das Blut nicht dicker als Wasser war. Die Politik Japans gegen China erwies sich als kein Spiel des Gefühls auf den Saiten der Rasse, sondern als klare Interessenpolitik, ebenso selbständig wie die gegen die übrige Welt.

Dagegen wurde nun durch die kalifornische Schulfrage 1906 (oben S. 150) eine neue feindliche Front enthüllt, auf der man bis jetzt sichere Sympathien besaß, und zwang zu diplomatischer Rückendeckung. Dieser Aufgabe dienten die Statusquo-Ententen mit Frankreich und Rußland 1907, welche schließlich durch die Entente mit den Vereinigten

Staaten 1908 ergänzt wurden. So hatte die Regierung die Hände frei, um eine starke auswärtige Politik auf der Grundlage des Kontinentalprogramms zu führen; 1909 wurde China zu neuen bedeutenden Zugeständnissen in der Mandschurei genötigt, und 1910 wurde Korea in ein japanisches Generalgouvernement verwandelt. Hiermit waren die völkerrechtlichen Konsequenzen des letzten Krieges vollständig gezogen.

Durch eine bewundernswert wache und zielbewußte Eisenbahnpolitik stärkte Japan gleichzeitig seine Stellung in der südlichen Mandschurei in dem Grade, daß sich ein neues Expansionsprogramm zeigt, welches über die Kreise des Jahres 1905 hinausgeht. Der hierzu eingeschlagene Weg war der Bismarcks gegenüber Österreich, die Verwandlung des besiegten Gegners in einen Bundesgenossen. Dies ist die liberale und russenfreundliche Politik Itos, welche nach dem Tode des großen Reichserbauers (1909) schließlich triumphierte. Durch ihren Vorschlag, die Eisenbahn der Mandschurei zu internationalisieren unter Ablösung der im Besitze Rußlands und Japans befindlichen Konzessionen, förderten die Vereinigten Staaten diese Entwicklung (neuer Traktat zwischen beiden 1910), und die chinesische Revolution führte zu einer förmlichen Entente 1912, zur Feststellung der Interessensphären Rußlands und Japans in der Mandschurei und der Mongolei. Die formelle völkerrechtliche Abwicklung steht noch aus und bewirkt eine latente Kriegsgefahr Japan-China, die im Herbst 1913 einem Ausbruch nahe zu sein schien.

Das, was hier die Hand Japans zurückhält, ist seine schwache finanzielle Rüstung und die Rücksicht auf die Vereinigten Staaten, wo der Konflikt 1913 wieder akut wurde. In Wirklichkeit zeichnet sich „der Krieg nach zwei Fronten" beinahe ebenso deutlich am Horizont Japans ab wie an dem Deutschlands. Mit freiwillig dargebotenen Zugeständnissen hat es bisher meisterlich verstanden, nach orientalischer Sitte „sein Gesicht zu bewahren" im Verkehr mit seinem herausfordernden Gegenüber auf dem andern Ufer des Großen Ozeans. Wenn man aber die kulturelle und ökonomische Spannung über dem Großen Ozean bedenkt, wo die überflüssigen Menschenmassen Asiens nach Osten, und der reiche Goldstrom Amerikas nach Westen wie eine Art Passat und Antipassat nach dem Gesetz der Schwere fließen; wenn man den Anspruch beider Parteien auf die Herrschaft über dieses Meer hinzufügt; wenn man überhaupt die geographische Situation betrachtet, die den Philippinen (nebst Alaska und Hawai) beinahe den Charakter amerikanischer Pfänder in der Hand Japans verleiht — dann ist man zu zweifeln geneigt, ob ein friedliches Verhältnis sich auf die Dauer zwischen den beiden Großmächten wird aufrechterhalten lassen, die den größten Abstand an Lebensanschauung repräsentieren, und die zugleich die einzigen sind, welche noch nie die Prüfung einer Niederlage durchgemacht haben.

Ohne Zweifel hat Haushofer mit seiner Bemerkung recht, daß die Gefahr mit den modernen liberalen Strömungen in Japan wachse. Das Streben nach einem Parlamentarismus im Verfassungsleben korrespondiert mit jener Seite der Volksseele, welche den Zug nach dem Meere empfindet. Wir sehen das englische Beispiel wieder und erinnern uns an Englands eigene Entwicklung von einer kontinentalen zu einer maritimen Politik. Aber gerade auf dieser Entwicklungsbahn muß Japan in immer stärkere Konkurrenz zu Amerika geraten. Diese Aussicht ist natürlich auch für England nicht günstig, den Bundesgenossen, der von Anfang an den entscheidenden Schritt Japans im Großmachtwettstreit mit seiner Unterstützung deckte. Die Zeiten haben sich jetzt sehr verändert seit jenen Tagen, wo sie in gemeinsamer Spannung gegen Rußland ihre Vernunftehe schlossen, 1902; sie hat auch im dritten Traktat 1911 ihren wesentlichen Inhalt verloren und verschleiert jetzt die zunehmende Kühle Englands, je mehr Japan zu einer Macht auf dem Meere heranwächst.

Das große X bei allen Zukunftsberechnungen für den großen Orient ist jedoch China. Dieses Reich macht jetzt eine Zeit der Gärung durch, deren Ausfall in hohem Grad seine eigene Zukunft, die der Welt und ganz besonders die Japans bestimmen wird. Be-

VIII. Japan

steht China diese Probe in Einigkeit und Zusammenhalt — wenn auch mit Verzicht auf Nebenländer, die mehr zu seiner Größe als zu seiner Stärke beitragen —, dann wird eine wirkliche gelbe Gefahr über Amerika und Europa und auch über Japan kommen, und dann kann man sich Japan gut als den ständigen Bundesgenossen der Weißen denken, der Amerika als Pufferstaat dient so wie Rußland Europa. Zerfällt dagegen China, dann scheint Japan eher der Feind als der Verbündete der weißen Rasse zu werden, und dann dürfte Amerika der Schauplatz eines entscheidenden Kampfes sein.

So sehen wir am Schluß dieser Betrachtung über die einzige exotische Großmacht der Welt dasselbe Bild wie am Anfang, einen Dualismus zwischen zwei Idealen und zwei politischen Programmen, die sich mit einer Art Naturnotwendigkeit in derselben Volksseele drängen. Mit ihnen beiden ist sie groß geworden, bis ihre Hoheitsträume keine Grenze mehr kannten. Aber gerade ihr Gedränge hindert sie, das Höchste zu erreichen. Auch die Chrysanthemen werden nicht in den Himmel wachsen.

Literatur: Griffis, The Mikado's Empire, 1912 (1876); Rathgen Die Japaner in der Weltwirtschaft, 1911 (1905); Stead, J. and the Japanese, 1904 (Sammelwerk, darunter Nitobe, Kaneko); Porter, The full recognition of J., 1911; Lafc. Hearn, J., An attempt at interpretation, 1904; Sidney Gulick, Evolution of the japanese, 1905; Dehn, Die gelbe Frage, 1905 (Weltpol. Neubildungen); Kjellén, Den stora orienten (der große Orient), 1911; Sunematsu, The risen sun, 1905; Aubert, Paix japonaise, 1906, und Américains et japonais, 1908; Putnam Weale, The coming struggle in eastern Asia, 1908; Labroue, L'impérialisme japonais, 1911; Haushofer, Dai Nihon, Betrachtungen über Groß-Japans Wehrkraft, Weltstellung und Zukunft, 1913; Grünfeld, Die jap. Auswanderung, 1913; Bruce Mitford, J.'s inheritance, the country, its people and their destiny, 1913.

Schlußfolgerungen.

Unsere Untersuchungen über die einzelnen Großmächte sind abgeschlossen. Es bleibt noch übrig, die empirischen Beobachtungen zu generellen Bestimmungen zu vereinigen.

Von vornherein fällt es auf, daß weder der große Flächeninhalt (Brasilien) noch die große Einwohnerzahl noch auch beide zusammen (China, Indien) an sich das Großmachtsprivilegium in sich schließen. Der Eintritt Japans in die hohe Gesellschaft zeigt, daß ein solcher Platz auch kein Monopol der arischen Rasse oder der christlichen Religion ist. Unwesentlich ist, wie wir finden, schließlich auch die rechtliche Form. Großmächte treten unter allen möglichen Staatsformen auf, vom Cäsarismus Rußlands bis zum Parlamentarismus Englands, von Frankreichs Zentralisierung bis zu Amerikas Föderation.

Auf indirekten Wegen werden wir hierdurch zu einer ersten und grundlegenden Schlußfolgerung geführt. Die Großmacht ist kein mathematischer, sondern ein dynamischer, kein ethnischer oder kultureller, sondern ein psychologischer Begriff. Die großen Maße sind nötig, ebenso hohe Kultur und eine gewisse Verfassungsharmonie, aber sie konstituieren eine Großmacht erst, wenn ihnen eine starke Seele eingeflößt wird. Die Großmacht ist prinzipiell ein mit reichlichen Machtmitteln ausgestatteter Wille, der sich in Ansprüchen und Einflüssen in der äußeren Welt abspiegelt. Wir fügen hinzu: ein Wille zu größerer Macht. Keine Großmacht ist im Grunde „saturiert". Großmächte sind „Expansionsstaaten" (Lamprecht). Deshalb sehen wir sie alle mit einem größeren oder geringeren Anhängsel von

Interessensphären auftreten; die Interessensphäre gehört mit zum Begriff der Großmacht — wir möchten sagen, wie der Schwanz zu dem des Kometen.

Diese Bestimmungen geben tatsächlich die Lösung von gewissen Eigentümlichkeiten im geographischen Auftreten der Großmächte. Sie gehen alle von der gemäßigten Zone aus, denn nur dort kann der Nationalwille seine Stärke bewahren. Sie gehören auch ohne Ausnahme der nördlichen Halbkugel an, denn nur dort verbürgt die reiche Gliederung der Erde eine abhärtende Reibung zwischen den Volkswillen und eine starke natürliche Auswahl. Die Forderung einer für den Verkehr günstigen Lage folgt aus dem für die Großmacht charakteristischen starken Willen ebenso wie die Forderung eines gesunden Klimas und die hinreichenden Platzes.

Dieselbe Bestimmung verbreitet auch Licht über den Lebensprozeß der Großmächte. Sie entstehen und vergehen mit dem Willen zum Wachstum selbst. Für sie gibt es nicht bloß einen leiblichen, sondern auch einen geistigen Tod: die Resignation, das freiwillige Austreten aus dem Wettstreit um die höchsten Ziele, das spontane Aufgeben der Ansprüche, sich an der politischen und kulturellen Gestaltung der Menschheit zu beteiligen. Großmächte sterben, wie die Naturvölker, aus Mangel an Willen zum Leben in höchster Fülle und Kraft.

Hinsichtlich der Machtmittel unterscheiden wir zwei entgegengesetzte Großmachtstypen, den ökonomischen auf der Grundlage des Geldes und den militärischen auf der der Waffen. Die Vereinigten Staaten und England repräsentieren jenen am reinsten, Rußland und Japan diesen; aber in Deutschland und Frankreich fanden wir Übergangs- und Mischformen von beiden. Da nun das Meer das Medium des Handelsgewinnes und das Festland das der militärischen Rekrutierung ist, so entspricht dieser Gegensatz im Charakter einem anderen in äußerer Gestaltung, nämlich dem maritimen und kontinentalen. Wiederum sehen wir Rußland und England als Extreme, Frankreich und Deutschland in einer Amphibienstellung. Aber hier scheinen die Vereinigten Staaten und Japan die Regel aufzuheben, da erstere (wie auch Österreich-Ungarn) zum kontinentalen, letzteres (wie auch Italien) zum maritimen Typus gehören; die Abweichungen erklären sich in dem einen Falle aus der geographischen Isolierung und im anderen aus den aggressiven Aufgaben beim Debüt. Da ein Großhandel Stützpunkte draußen in der Welt nötig hat, zeigt sich schließlich die maritime Großmacht in typischer Weise als ein zersplittertes Reich von Mutterland und Kolonien, während die kontinentale Macht eine geschlossene Formation aufweist. Wieder einmal bewahren England und Rußland (Österreich-Ungarn) die Reinheit der Typen; aber hierbei stehen Frankreich und Deutschland entschieden auf englischer Seite, und auch die Vereinigten Staaten neigen sich jetzt dahin, während Japan sich insofern dem geschlossenen Typus nähert, als seine verschiedenen Landesteile in ein und demselben Meere und in seiner Nähe gesammelt liegen.

So kreuzen sich die verschiedenen Typen in den Physiognomien gewisser Großmächte. Eine weitere Beobachtung zeigt, daß die Typen nicht konstant und kaum ebenbürtig sind. Da wir hiermit die Aufmerksamkeit von dem jetzigen Bild auf die Entwicklungstendenzen lenken, dürfen wir uns von den verschiedenen Mängeln und Schwächen, die unsere speziellen Studien im Leben jeder Großmacht aufgedeckt haben, nicht irre machen lassen. Derartige Mängel brauchen ihr Horoskop ebensowenig zu verdunkeln, wie die Schwächen eines großen Mannes im Privatleben ihm die Laufbahn zu verschließen brauchen. Erst wenn sie eine gewisse Grenze im Vergleich zu denen anderer überschreiten, ist Gefahr im Anzuge. Wir bewegen uns hier immer auf relativem und zugleich schwankendem Boden.

Es hat jedoch den Anschein, als ob der zersplitterte Typus auf maritimer Basis weniger lebenskräftig wäre wie der geschlossene kontinentale. Die Geschichte scheint dabei zu sein, ersteren zu entfernen, so wie es früher mit den Großmachtstypen geschah, die von einem einzigen Handelsemporium (Karthago, Venedig) ausgegangen waren oder sich an Strommündungen (Portugal, Holland) oder um ein Binnenmeer (Rom, Schweden) niedergelassen hatten. Dies hängt mit der heutigen stärkeren Betonung der Autarkie, der (relativen) ökonomischen Selbstgenügsamkeit, als Bedingung für die Großmachtsstellung zusammen. Die Zukunft dürfte erhöhte Forderungen an die natürliche Tragkraft der Mutterländer stellen. Die feste geographische Basis scheint (mit Hilfe der Eisenbahnen) auf dem Weg zu sein, wieder die Oberhand über das lose Gewebe der maritimen Verbindungen zu gewinnen. Dies bedeutet aber nicht, daß der kontinentale Typus durchgehends stärker ist; eher scheinen unsere Beobachtungen nach der Richtung hin zu zeigen, daß das Ideal eine Harmonie zwischen Land- und Seeinteressen sei. Deshalb haben England und Japan kontinentale Hinterländer zu ihren insularen Kernen gesucht, und aus demselben Grunde strebt Rußland nach ausgedehnterem Gestade zu seinem massiven Körper.

Wenn also die Großmächte der Zukunft mehr auf ihre eigenen Hilfsquellen angewiesen sein werden, so werden sie auch mit einem g r ö ß e r e n M a ß s t a b in rein äußerer Hinsicht gemessen werden müssen. Der große Raum erzeugt die Großmacht nicht von selbst, aber noch weniger kann man sie sich ohne ihn denken. Dies folgt direkt aus der Erweiterung der Szene über die ganze Welt. Staaten, die, am Horizont Europas gemessen, groß zu sein schienen, mußten bei planetarischer Perspektive zu Kleinstaaten reduziert werden. Es ist klar, daß die heutigen Großmächte einer Übergangszeit angehören, die sich den sowohl in quantitativer wie qualitativer Hinsicht erhöhten Forderungen der planetarischen Situation noch nicht hat anpassen können.

Es ist auch bereits „ein Begriff über dem alten Großmachtsbegriff" (Haushofer) entstanden. Das Jahr 1912 sah zwei Sechsmächte-Kombinationen auf der großen und der kleinen Bühne der Weltgeschichte, in China und in der Levante; bei ersterer (das „Syndikat") fehlten Österreich und Italien, bei letzterer (repräsentiert durch die „Botschafterkonferenz" in London) fehlten Japan und die Vereinigten Staaten. Diese vier erscheinen somit rein formell als Mächte niederer Ordnung, als l o k a l e G r o ß m ä c h t e. Nur England,

Rußland, Deutschland und Frankreich sind allgegenwärtig als planetarische oder Weltmächte.

Diese Aufstellung hat jedoch nicht den Charakter definitiver Auswahl und verlangt Berichtigung aus zwei neuen Gesichtspunkten, dem der Entwicklung und dem der Maßverhältnisse. In ersterer Hinsicht hat ein japanischer Beobachter neulich für einige dieser Herrenvölker zu bestimmen gesucht, „wieviel die Uhr geschlagen hat". Er sah Frankreich an seinem Abend stehen, England am Mittagswendepunkt, Deutschland in der elften Stunde des Vormittags, aber sein eigenes Land in der Stunde nach Sonnenaufgang. Das Bild ist suggestiv und erscheint in seinen Hauptzügen unangreifbar; wir können es dahin ergänzen, daß die Stunde Österreich-Ungarns ebenso offenbar auf den Nachmittag zu verlegen ist als die Frankreichs, die der Vereinigten Staaten und Italiens ebenso sicher auf den Vormittag wie die Deutschlands, während die Rußlands näher der Mittagsstunde oder in dieselbe fallen dürfte. Vom Gesichtspunkt der mathematischen Proportionen sinken Italien und Japan, aber steigen die Vereinigten Staaten bis zur Ebenbürtigkeit mit den höchststehenden. Da nun alle Zeiger letzteren Landes vorwärts zeigen, fühlen wir uns veranlaßt, ihm einen Platz in der „planetarischen" Auswahl der Zukunft anzuweisen, während Frankreich mit seinem niedrigen anthropologischen Barometerstand und seinem schwachen Entwicklungstempo überhaupt diese Stellung nicht auf die Dauer dürfte bewahren können. Diese beiden dürften also in der zukünftigen Aufstellung die Plätze miteinander vertauschen müssen. Was England, Rußland und Deutschland betrifft, so bestätigt die quantitative Analyse die politische, jedoch nicht ohne Unsicherheit hinsichtlich Deutschlands.

Nur sechs Mächte, schreibt Hart 1901, werden „unzweifelhaft auf ein Jahrhundert hinaus Großmächte sein", nämlich Rußland, Deutschland, England, die Vereinigten Staaten, Japan und China. Wir erkennen die heutige Kombination im großen Orient wieder, mit der Änderung, daß China den Platz Frankreichs eingenommen hat. Unsere Gesichtspunkte werden auch in diesem positiven Punkt das Urteil des amerikanischen Gelehrten bestätigen. China ist ein Riesenland in der gemäßigten Zone mit Gleichgewicht zwischen Land und Meer; an gesamter Einwohnerzahl steht es über allen Völkern und an industriellen Möglichkeiten über allen Reichen. Es hat also alle Voraussetzungen für die Großmachtstellung außer der einen notwendigen, dem Willen zur Macht; und es kann nur eine Frage der Zeit sein, wann er erwachen wird. Wenn wir dabei recht gesehen haben, daß der Großmachtsrang der Zukunft die qualitative Bedingung der Autarkie nebst der quantitativen der großen Maßverhältnisse fordern wird, dann wird sich in der Tat herausstellen, daß nur die Vereinigten Staaten und Rußland ebenso klare Erwerbsurkunden besitzen wie das uralte „Reich der Mitte". Dann sehen wir kaum einen selbständigen Platz für Japan neben China. Dann kommt selbst England zu kurz, insofern es sich nicht als British Empire organisieren kann. Dann finden wir auch für Deutschland nur eine feste Aussicht, als Oberhaupt eines föderierten Zentraleuropa.

Die britische Föderation ist bereits ein völlig aktuelles Problem, das wir an seinem Platz mit allen seinen Schwächen und Gefahren untersucht haben. Die europäische Föderation ist noch nicht im Ernste auf die Tagesordnung gekommen, die Idee hat aber viel ältere Vertreter (Sully, Alberoni); und das, was früher nur ein voreiliger Gedanke war, fängt jetzt an den Charakter einer Notwendigkeit im Interesse der Selbsterhaltung anzunehmen. Nur durch Zusammenschluß können die heutigen europäischen Staaten ihre Widerstandskraft gegenüber schneller wachsenden Gegnern bewahren, die ihre Gebiete mit zweistelligen Millionenzahlen messen und ihre Einwohner mit dreistelligen zählen und sie gleichzeitig mit eigenen Vorräten ernähren können; ihre Schatten sehen wir bereits über unserem Erdteil in der amerikanischen, der russischen und der gelben Gefahr. So ist Europa unter einen Druck geraten, der möglicherweise einmal stark genug sein wird, die mächtigen Tatsachen und Traditionen, welche es noch in rein souveräne Teilchen zersplittern,

Schlußfolgerungen

zu überwinden. In einem solchen Zusammenschluß erscheint aber Deutschland als der geographisch und kulturell natürliche Führer. Für Deutschland selbst würde das bedeuten, daß es als Verwalter des Erstgeburtsrechtes Europas den Weltherrscherberuf anträte und also die unermeßliche Kraftquelle ausnützte, die ihm bis heute zu fehlen scheint, den Glauben an eine solche Mission. Da wir hier aus den greifbaren zeitlichen Entwicklungsfaktoren eine Pentarchie von Weltmächten an Stelle von Harts Hexarchie und der gegenwärtigen Oktarchie herauskonstruiert haben, überrascht es uns wie eine psychologische Bestätigung, daß diese Auswahl gerade die Völker umschließt, von denen jedes den großen Traum einer schließlichen Herrschaft über die Welt träumt (das Pathos der Japaner hier auf die Chinesen übertragen), diese und keine anderen. Die äußeren und inneren Bedingungen für die allerhöchste Rangordnung der Geschichte scheinen hier sich zu vereinigen.

Die Wissenschaft hat nur einen allgemeinen Vorbehalt betreffs der Begrenzung ihres Gesichtskreises hinzuzufügen. Die logische Konstruktion ist selbst da, wo sie von Erfahrung am gesättigtsten erscheint, immer in Gefahr, ihre geraden Linien von „imponderablen" Faktoren gestört zu sehen, vor allem durch jene „geistigen Kräfte" und „moralischen Energien", in deren Wechselwirkung und Aufeinanderfolge Ranke das innerste Geheimnis der Weltgeschichte sah. Der große Zusammenhang der Entwicklung erschließt sich nie ganz der reinen Vernunft, die nach Denkgesetzen auf der Basis bisher gewonnener Erfahrung operiert. Die Versuche des Gelehrten, den Vorhang der Zukunft zu durchdringen, müssen mit dem Zugeständnis beginnen und schließen, daß wir nur teilweise sehen.

Wenn aber die Wissenschaft keine genaue Antwort auf die Frage zu geben vermag, welche Mächte in kommenden Zeiten die großen sein werden, so ergibt sie doch für die Zukunft, die wir mit einiger Sicherheit überschauen können, Resultate, die das Urteil des englischen Staatsmannes insofern bestätigen, daß die großen Staaten größer

Schlußfolgerungen

werden würden. Das Urteil bedeutet zugleich, daß die kleinen Staaten immer kleiner und an Zahl immer weniger würden. Ist das nicht eine logische und praktische Konsequenz? Die Burenstaaten 1901, Korea 1910, Marokko 1911 zeigen auch in frischer geschichtlicher Erfahrung diese Seite der Entwicklung, den Untergang von Kleinstaaten durch die Gewalt von Großmächten. Kuba 1901, Panama 1903 und die übrigen amerikanischen Vasallen bezeugen dasselbe in milderer Form, eine Art feudalistischer Aufsaugung der Kleinen durch die Großen. Die Entstehung Italiens und Deutschlands haben bereits früher gezeigt, wie die Entwicklung nach der Richtung hin tätig ist, daß Kleinstaaten in einer neuen Großstaatsform auf- und untergehen. Wir glauben hier verschiedene Offenbarungen ein und desselben allumfassenden Prozesses zu sehen, der im Sinne der angeführten Prophezeiung verläuft. Wird er sich fortsetzen, bis alle Kleinstaaten eines mehr oder weniger schmerzfreien Todes gestorben sind? Das ist die letzte große Frage, die uns bei dieser Untersuchung begegnet. Es fehlt uns nicht ganz an Material, uns ein Urteil darüber zu bilden.

Es muß dabei unsere besondere Aufmerksamkeit erregen, daß nicht bloß die große Mehrzahl alter Kleinstaaten doch noch immer neben den großen besteht und gedeiht, sondern daß auch im Staatensystem immer neue hinzukommen, und zwar selbst in Europa, jenem Teil dieses Systems, der am dichtesten bebaut und mit Großmächten am meisten überfüllt ist. Norwegen 1905 (1815), Bulgarien 1908 (1878) und Albanien 1913 sind die frischen Fälle. Gerade die letzte Balkankrisis hat den Kurs der Kleinstaatsform in bemerkenswertem Grad erhöht, und zwar nicht bloß dadurch, daß sie die Expansionsfähigkeit von Kleinstaaten zeigte, sondern ganz besonders dadurch, daß sie Kleinstaaten in einer direkten, wenn auch verdeckten, Konkurrenz mit Großmächten (Österreich-Ungarn und Rußland) den Sieg zuerteilte. Hier sieht man also einen Prozeß in direkt entgegengesetzter Richtung, nach Stärkung der Kleinen statt nach ihrem Untergange. Die Entwicklung hat ihr vollständiges Gegenstück auf privatökonomischem Gebiete, nämlich im Fortbestand und Gedeihen des Handwerks neben den modernen Fabriken. Das Todesurteil Salisburys über die kleinen Staaten hat seine Parallele im Todesurteil von Marx über die kleinen Unternehmungen; bisher sind beide von der Erfahrung Lügen gestraft worden — der Imperialismus und der Sozialismus haben sich in dieser Hinsicht als gleich schlechte Propheten erwiesen!

Bei unseren Untersuchungen haben wir keine einzelne Macht auf Universalherrschaft lossteuern sehen. Wir glauben nun eine Grenze zu erblicken für die Ausbreitung der Großmachtsform überhaupt. Die großen Staaten werden größer werden, aber dieser Typus wird doch nicht die ganze Erde einnehmen. Auch für die Kleinstaaten ist Platz reserviert. Die kleinen Staaten werden an Zahl weniger werden, aber nicht ganz verschwinden — wobei es von der eigenen Kraftentwicklung und Klugheit jedes einzelnen abhängt, ob er zu den Auserwählten gehören wird oder nicht. Derart ist die bisherige Erfahrung, und wir haben keinen Grund zur Annahme, daß sie von der Zukunft umgestoßen werden wird.

In unseren Tagen will es manchmal scheinen, als bewege sich die Gewalt unverhüllt in der politischen Welt gemäß dem Naturgesetz, daß der Starke den Schwachen verschlingen wird. Dies Gesetz ist zwar mächtig in der Geschichte, aber allmächtig ist es nicht. Macht ist überhaupt nicht das letzte Wort der Geschichte, sondern Kultur: geistige sowohl wie materielle, moralische ebensosehr wie physische. Die Mächte, ohne Selbstzweck, sind Werkzeuge, deren sich die Geschichte bei der Kulturarbeit bedient. Aber diese Arbeit wird sicherlich am besten durch vereintes Wirken von großen und kleinen Staaten gefördert. Die speziellen Kolonisationsaufgaben unserer Zeit haben ein Latifundienwesen im Staatensystem hervorgebracht; eine andere Zeit wird vielleicht eine allgemeine Reaktion erleben zugunsten des politischen Kleingrundbesitzes, wenn die planetarische Szene einmal fertiggestellt ist. Denn der Differenzierungstrieb der Menschheit ist ebenso tief wie der Assoziationstrieb, und die Kultur würde leiden durch die endgültige Unterdrückung des einen der beiden.

Schlußfolgerungen

So wird die Existenzform des Kleinstaates schließlich von der Idee der Menschheit geschützt. Über dem Kleinstaat steht die Großmacht, aber über der Großmacht steht die Menschheit, die sie beide für ihre Zwecke nötig hat.

Literatur: Ratzel, Pol. Geographie, 1903; Schneider, Die großen Reiche der Vergangenheit und der Gegenwart, 1904; Ranke, Die großen Mächte, 1833; Max Lenz, Die großen Mächte, 1900 (Deutsche Rundschau); Marcks, Die imperial. Idee in der Gegenwart, 1911 (Männer und Zeiten); Lamprecht, Deutsche Gesch. der jüngsten Vergangenheit und Gegenwart, 1911; Julius Wolf, Das Deutsche Reich und der Weltmarkt, 1901; Sartorius v. Waltershausen, Wirtschaftl. Föderation von Mitteleuropa, 1902 (Zeitschr. für Sozialwissenschaft); Paul Dehn, Weltwirtschaftl. Neubildungen, 1904, und Weltpolit. Neubildungen, 1905; Schalk, Der Wettkampf der Völker, 1905; Arthur Dix, Geogr. Abrundungstendenzen in der Weltpolitik, 1911 (Geogr. Zeitschrift); Ruedorffer, Grundzüge der Weltpolitik in der Gegenwart, 1914; Kjellén, Stormakterna (Die Großmächte), I—IV, 1911—1913, und Politiska essayer, 1914.